채 권 총 론

김 봉 수 저

청목출판사

머리말

채권총론은 민법 제3편 제1장의 규정들을 해석하는 학문 분야입니다. 이 부분은 민법의 다른 영역에 비해서 비교적 분량이 적은 편이지만, 난이도는 높은 편이어서 초학자가 쉽게 이해하기 어려운 부분이라고 생각합니다. 그래서 이 책의 목표는 두 가지로 정했습니다. 첫째는 법조문의 해석과 직접 관련이 없는 순수이론적인 설명은 최소화하는 반면 민법 규정의 해석을 충실히 한다는 것이고, 둘째는 독자들이 이해하기 쉽게 쓴다는 것입니다. 그래서 각 주제의 앞머리에 해당 민법 규정을 제시하였고, 쉬운 예를 들어 설명하려고 노력하였습니다. 본문을 한글로만 작성하면서도 민법 규정은 한자를 그대로 사용하였는데, 이는 학생들의 한자공부에도 약간의 도움을 주려는 의도에서 비롯된 것입니다. 이 책에 관하여 의견이 있으시면 rlaqhdtn7@gmail.com으로 보내주시기 바랍니다. 이 책을 통하여 민법을 공부하는 독자 여러분들의 고민이 조금이라도 해소되기를 희망합니다. 끝으로 교정을 도와준 이예원 조교와 손효영, 목지선, 이현진 학생에게 감사의 말씀을 드립니다.

2010. 1.

김 봉 수

차 례

제 5 장 다수당사자의 채권관계 — 169

-주요참고문헌-

곽윤직, 채권총론, 제6판, 박영사, 2007
김대정, 채권총론, 개정판, 도서출판 fides, 2007
김상용, 채권총론, 개정증보판, 법문사, 2003
김형배, 채권총론, 제2판, 박영사, 1999
이은영, 채권총론, 제3판, 박영사, 2006
장재현, 채권법총론, 경북대학교출판부, 2006
송덕수, 신민법강의, 박영사, 2008
지원림, 민법강의, 홍문사, 2007

* 주요참고문헌의 인용은 저자명으로만 표기함.

제 1 장

채권의 목적

Ⅰ. 서론

1. 채권의 의의

채권(債權)은 특정인에 대하여 일정한 행위를 청구하는 것을 본질적 요소로 하는 권리이다. 예를 들어 A가 B에게 100만원을 빌려주면 그 100만원을 돌려달라고 청구할 수 있는 권리가 생긴다. 이때 A는 B에게 100만원의 금전채권을 가지고 있다고 말할 수 있는데, 100만원을 반환해 달라고 요구할 수 있다는 개별 권능에 주목하면 A는 B에게 100만원에 대한 반환청구권이 있다고 표현하게 된다. 이와 같이 포괄적이고 추상적인 권리라는 측면에서는 '채권'이라고 표현하게 되고, 어떠한 행위를 할 것을 요구하는 구체적이고 기능적인 측면을 강조하면 '청구권'이라고 표현하는 것이다. 만약 위 사례에서 100만원의 변제기가 2010. 12. 31.이라면, 그 날짜가 되기 전에도 A는 B에 대하여 채권을 가지고 있다고 말할 수 있지만, 100만원의 반환청구권은 2010. 12. 31.이 되어야 발생된다. 따라서 채권과 청구권은 완전히 일치하는 개념이 아님을 알 수 있다.

2. 채권의 특질

채권과 대비되는 권리는 물권이므로, 채권의 특질은 물권과 비교하여 설명할 수 있다. 채권은 특정인에 대하여 일정한 행위를 요구할 수 있는 권리이므로 배타성이 없다. 즉, 채권은 채무자에 대해서만 주장할 수 있는 권리이고, 그 외의 다른 사람에 대해서는 주장할 수 없는 것이 원칙이다. 민법에서 '채권적'이라고 표현하는 것은 특정인에 대해서만 권리를 주장할 수 있다는 것을 의미하는 경우가 많고, '물권적'이라고 표현하는 것은 누구에게든 권리를 주장할 수 있다는 것을 의미하는 경우가 많다. 위와 같이 물권은 누구에게나 주장할 수 있으므로, 그 권리의 내용이 정형화될 필요가 있다. 그래서 물권은 이른바 물권법정주의가 적용되어 법률과 관습법에 의해서만 성립될 수 있다. 그러나 채권은 당사자 사이에서만 효력을 발생하므로, 당사자 사이의 약정에 의하여 자유로이 성립될 수 있다.

3. 채권 실현의 과정

채권은 특정인의 일정한 행위에 의하여 실현된다. 따라서 채권자는 우선 채무자에게 채무의 이행을 청구하게 되고, 채무자가 이행을 하면 채권은 실현됨과 동시에 소멸되게 된다. 그런데 채무자가 이행을 하지 않는 경우에 어떤 방법으로 채권을 실현하여야 하는가? 가장 전형적인 방법으로 채권자가 소를 제기하여 판결을 받은 후 강제집행을 하여 채권을 실현하는 것을 생각할 수 있다. 그런데 채권자가 소를 제기한 경우에 채무자가 패소할 것을 예상하여 강제집행을 면하려고 자기 재산을 처분해 버리거나 다른 사람에게 양도한 것처럼 꾸밀 가능성이 있다. 그러므로 채권자는 소를 제기하기에 앞서서 채무자가 재산을 은닉하거나 처분하지 못하도록 조치를 취할 필요가 있다. 이러한 조치를 보전처분이라고 한다. 보전처분에는 가압류와 가처분이 있다.

4. 채권의 효력

위와 같이 채권자는 채무자에 대하여 채무이행을 청구할 수 있고, 이행이 없으면 소를 제기할 수 있으며, 판결을 받은 뒤에는 강제집행을 할 수 있다. 즉 채권은 청구력, 소구력(訴求力), 집행력이 있다. 그리고 채무자가 이행을 하면 채권자는 당연히 그것을 수령할 수 있고, 그것이 부당이득이 되지 않으므로, 채권은 급부보유력을 가지고 있다고 말하기도 한다. 그 외에도 채권자는 제3자의 불법한 침해에 대하여 손해배상을 청구할 수 있고, 채무자의 책임재산을 보전하기 위하여 채권자대위권과 채권자취소권을 행사할 수 있다. 채권은 청구권을 본질적인 요소로 하므로, 일반적으로 청구력과 급부보유력을 채권의 최소한의 요건으로 이해한다. 그렇다면 청구력과 급부보유력만 존재하고 소구력과 집행력이 없는 채권도 존재할 수 있을 것이다. 그러한 채권에 대응하는 채무를 자연채무라고 한다. 즉, 자연채무의 채권자는 재판 외에서 이행을 청구하거나 채무자의 이행을 받을 수 있지만,[1] 채무자가 이행하지 않는다고 해서 소를 제기할 수는 없다. 따라서 소를 제기하지 않기로 하는 합의가 있는 채권은 자연채무로 파악된다. 그 외에 채권자가 승소판결을 받은 후 소를 취하한 경우의 채무, 채권은 존재하나 채권자가 패소판결을 받고 그 판결이 확정된 경우의 채무, 파산절차 또는 개인회생절차에 의하여 면책된 채무 등이 있다. 모두 채권은 존재하지만 소를 제기하여 판결을 받는 것이 불가능한 경우이다. 주의할 것은 강제집행을 하지 않기로 합의한 채권에 대해서는 소를 제기하는 것이 가능하므로 자연채무로 보지 않는다는 것이다.

5. 채권의 집행력과 '책임'의 개념

앞서 언급한 바와 같이 채권은 강제집행을 할 수 있는 집행력이 있다. 물론 채권이 있다고 하여 곧바로 강제집행을 할 수 있는 것은 아니며 판결, 확정된 지급명령, 강제집행승낙의 취지가 기재된 공정증서 등 집행권원이 있어야 강제집행을 할 수 있다. 책임은 여러 가지 의미로 사용되는 단어이지만, 채무와 비교하여 사용될 때에는 채무의 이행이 강제될 수 있는 상태를 의미한다. 즉 강제집행을 당할 수 있는 상태가 바로 책임이다. 일반적으로 채무가 있으면 이행이 강제되는 것이 보통이지만 그렇지 않은 경우도 있다. 당사자 사이에서 강제집행을 하지 않기로 특약을 할 수도 있고, 상속한 정승인과 같이 법에 의하여 일정한 범위 내로 책임이 한정되기도 한다. 위와 같이 채권은 존재하나 책임이 없거나 제한되는 경우[2]

---

1) 따라서 자연채무의 이행을 받은 것은 비채변제 또는 부당이득이 되지 않는다. 이와 같이 상대방의 급부를 받을 수 있고 그것이 부당이득이 되지 않는 것을 급부보유력이라고 표현한다.

가 있는 반면, 물상보증인이나 저당부동산의 제3취득자는 채무가 없으면서도 강제집행을 당할 수 있는 상태에 있기 때문에 채무 없이 책임만을 부담한다고 볼 수 있다.

6. 채권의 종류

채권은 다양한 기준에 의하여 분류될 수 있지만, 민법은 '채권의 목적'에 따라 채권을 분류하고 있다. 이때 채권의 '목적'이란 '목적물'과는 다른 개념이라는 점을 주의해야 한다. 앞서 채권은 특정인에게 일정한 행위를 청구할 수 있는 권리라고 정의하였는데, 이때 특정인에게 청구할 수 있는 '일정한 행위'를 채권의 목적 또는 '급부(給付)'라고 하는 것이다. 급부는 보통 경제적 가치를 가지지만, 금전으로 가액을 산정할 수 없는 것이라도 채권의 목적으로 할 수 있다(373조). 민법은 급부의 내용에 따라 채권을 특정물채권, 종류채권, 금전채권, 선택채권 등으로 분류하고 있다.

Ⅱ. 특정물채권

第374條 (特定物引渡債務者의 善管義務)
特定物의 引渡가 債權의 目的인 때에는 債務者는 그 物件을 引渡하기까지 善良한 管理者의 注意로 保存하여야 한다.

第462條 (特定物의 現狀引渡)
特定物의 引渡가 債權의 目的인 때에는 債務者는 履行期의 現狀대로 그 物

2) 이 경우에도 소는 제기할 수 있으므로 소구력이 없는 자연채무와는 구별되는 개념이다.

件을 引渡하여야 한다.

第467條 (辨濟의 場所)
① 債務의 性質 또는 當事者의 意思表示로 辨濟場所를 定하지 아니한 때에는 特定物의 引渡는 債權成立當時에 그 物件이 있던 場所에서 하여야 한다.

1. 의의

특정물채권은 특정물의 인도를 목적으로 하는 채권이다. 인도할 목적물이 대체성이 없거나 당사자의 의사표시에 의하여 인도할 목적물이 특정된 경우에 특정물채권이 된다.

2. 특정물의 보존

가. 특정물채무자의 주의의무

(1) 원칙 : 선량한 관리자의 주의

특정물의 인도가 채권의 목적인 때에는 채무자는 그 물건을 인도하기까지 선량한 관리자의 주의로 보존하여야 한다(374조). 이때 '선량한 관리자의 주의'는 어느 정도의 주의를 뜻하는 것인가? 이는 해당 사무를 처리하는 평균인에게 요구되는 주의를 말한다. 여기에서 주의해야 할 점은 위 평균인은 추상적인 일반인 또는 사회 전체의 평균인이 아니라 구체적인 사안과 관련하여 그 업무를 처리할 것으로 기대되는 보통 사람을 의미한다는 것이다. 선량한 관리자의 주의의무를 다하였다는 입증책임은 채무자에게 있다. 따라서 특정물채권의 채무자는 자신이 선량한 관리자의 주의의무를 다하였다는 것을 입증해야 하고, 이를 입증하지 못하면 채무불이행에 의한 손해배상책임을 면하지 못한다.

(2) 예외 : 자기재산과 동일한 주의

민법 제695조는 "보수 없이 임치를 받은 자는 임치물을 자기재산과 동일한 주의로 보관하여야 한다."라고 규정하고 있고, 이는 제374조에 대한 특별규정으로 보아야 할 것이므로, 무상으로 특정물을 임치받은 경우에는 선량한 관리자의 주의가 아니라 자기재산과 동일한 주의로 보관하면 된다. 증여계약에 관하여 제695조를 유추적용해야 하는지에 관하여 견해가 대립되는데, 특정물을 증여하기로 약정한 후 그 특정물을 인도하기 위해 보관하고 있는 사람의 지위는 무상으로 임치를 받은 사람과 유사하다고 보아야 하므로, 제695조를 유추적용하는 것이 타당하다고 본다.[3)]

나. 선관주의의무의 존속기간

채무자는 '인도하기까지' 특정물을 선량한 관리자의 주의로 보존하여야 하는데, 위 '인도하기까지'의 의미는 계약에서 정한 이행기를 의미하는 것이 아니라 '실제로 이행할 때'를 의미하는 것으로 해석된다.[4)] 그런데 계약에서 정한 이행기가 경과한 뒤 실제로 이행할 때까지 선관주의의무를 부담하는 경우는 채무불이행이나 채권자지체가 성립되지 않는 경우에 한정될 것이다. 채무자가 이행지체를 한 경우에는 과실이 없어도 지체 중에 생긴 손해를 배상하여야 하므로(392조 본문), 채무자가 특정물을 선량한 관리자의 주의로

---

3) 같은 취지 : 이은영, 채권각론, 280면. 반대 취지 : 민법주해(14), 고영한 집필부분, 32면.

4) 곽윤직, 26면; 이은영, 94면; 장재현, 39면.

보관하였다 하더라도 손해가 발생하면 배상할 의무가 있다. 또한, 채권자지체 중에는 채무자는 고의 또는 중대한 과실이 없으면 불이행으로 인한 모든 책임이 없으므로(401조), 채무자가 특정물의 보관에 관하여 선량한 관리자의 주의를 하지 않은 경우에도 그것이 중과실로 인정되지 않는다면 채무불이행책임을 부담하지 않는다.

3. 특정물의 인도방법

특정물의 인도가 채권의 목적인 때에는 이행기의 현상대로 그 물건을 인도하여야 한다(462조). 채무의 성질 또는 당사자의 의사표시로 인도장소를 정하지 않은 경우에는 채권 성립 당시에 그 물건이 있던 장소에서 인도한다(467조).

4. 위험부담 · 하자담보책임과의 관계

가. 문제의 소재

만약 특정물을 매매의 목적물로 하였는데, 매도인이 선량한 관리자의 주의를 다하였음에도 불구하고 목적물이 멸실되거나 훼손된 경우에 다음의 두 가지 의문이 생길 수 있다. 첫째, 매도인은 매수인에게 채무불이행책임을 지는가? 둘째, 매도인은 매수인에게 매매대금의 지급을 청구할 수 있는가? 이러한 문제는 매매의 경우에 가장 전형적으로 발생할 수 있지만, 매매 외의 쌍무계약[5]에 관하여도 같은 문제가 발생할 수 있다.

---

5) 계약 당사자가 서로 대가적 의미를 가지는 채무를 부담하는 계약을 쌍무계약이라고 한다.

나. 특정물의 멸실 · 훼손과 채무불이행

먼저 민법 제462조에 의하여 특정물의 인도는 이행기의 현상 그대로 인도하도록 되어 있으므로, 매도인이 선량한 관리자의 주의를 다하였다면 설령 그 목적물이 멸실되어 인도할 수 없게 되거나 훼손된 상태 그대로 인도하더라도 채무불이행책임은 발생되지 않는다.

다. 특정물의 멸실과 반대급부 청구권의 소멸

선량한 관리자의 주의로 매매 목적물인 특정물을 보관하였다면 그 특정물이 멸실되어 인도할 수 없게 된 경우에도 채무불이행이 되지 않음은 위에서 본 바와 같다. 그러나 그렇다고 하여 매도인이 매수인에게 매매대금 지급을 청구할 수 있는 것은 아니다. 매매는 쌍무계약이고, 쌍무계약의 경우에는 당사자 일방의 채무가 당사자 쌍방의 책임 없는 사유로 이행할 수 없게 된 때에는 채무자는 상대방의 이행을 청구하지 못하므로(537조), 특정물이 멸실되어 인도하지 못하였다면 그 대가는 받을 수 없다. 이를 채무자가 위험을 부담한다고 표현한다.[6)]

라. 특정물의 훼손과 하자담보책임

특정물을 매매한 경우에는 매도인의 담보책임에 관한 민법 규정

---

6) 특정물채권에 있어서 현상 그대로 목적물을 인도하면 되는 것을 가지고 채권자가 위험을 부담한다고 표현하는 경우가 있는데(곽윤직, 27면), 이를 쌍무계약에 있어서의 위험부담과 구별하기 위하여 전자를 급부의 위험이라고 하고, 후자를 대가의 위험이라고 하기도 한다. 그러나 그것 역시 혼동의 여지가 있으므로 특정물의 인도와 관련해서는 아예 위험부담이라는 표현을 사용하지 않는 것이 좋다고 생각한다. 보통 아무 수식어 없이 위험부담이라고 할 때에는 쌍무계약에 있어서 대가의 위험을 의미하기 때문이다.

이 적용된다. 그 중 특히 특정물의 훼손과 관련 있는 부분은 하자담보책임이다. 매수인은 매매 목적물에 하자가 있는 경우에 그로 인하여 계약의 목적을 달성할 수 없으면 계약을 해제할 수 있고, 기타의 경우에는 손해배상만을 청구할 수 있다(580조① 본문, 575조①). 그러나 매수인이 하자 있는 것을 알았거나 과실로 인하여 이를 알지 못한 때에는 그러하지 아니하다(580조① 단서). 위와 같은 매도인의 담보책임은 무과실책임이므로, 채무자가 특정물을 선량한 관리자의 주의의무로 보관하였는지 여부와 관계없이 적용된다. 즉, 매도인이 매매 목적물인 특정물을 선량한 관리자의 주의로 보관하였으나 훼손된 경우에 그 목적물을 현상 그대로 인도하면 채무불이행은 성립되지 않지만, 하자담보책임은 면할 수 없다.

5. 특정물로부터 발생한 과실의 귀속

가. 매매 등 유상계약의 경우

민법 제587조는 매매계약 있은 후에도 인도하지 아니한 목적물로부터 생긴 과실(果實)은 매도인에게 속한다고 규정하고 있다. 한편, 판례는 매매목적물을 인도하기 전이라도 매수인이 매매대금을 완납한 때에는 그 이후의 과실수취권은 매수인에게 귀속된다고 하고[7], 부동산매매에 있어 목적부동산을 제3자가 점유하고 있어 인도받지 아니한 매수인이 명도소송제기의 방편으로 미리 소유권이전등기를 경료받았다고 하여도 아직 매매대금을 완급하지 않은 이상 부동산으로부터 발생하는 과실은 매수인이 아니라 매도인에게

---

7) 대법원 1993. 11. 9. 선고 93다28928 판결.

귀속되어야 한다고 한다.[8] 이러한 판례의 태도는 민법 제587조를 원칙으로 삼으면서도 대금지급 여부에 따라 과실수취권자를 정하는 것으로 이해할 수 있다. 한편, 제587조는 매매에 관한 규정이지만, 다른 유상계약에 관하여도 준용된다(567조).

나. 무상계약의 경우

통설은 특정물채무자는 이행기까지 생긴 과실을 수취할 수 있으나, 이행기 이후 실제로 인도할 때까지 생긴 과실은 채권자에게 인도할 의무가 있다고 하면서, 제587조는 유상계약에 관하여 예외를 규정한 것이라고 한다.[9] 그러나 위와 같은 통설은 근거가 부족할 뿐만 아니라, 특정물채권이 대부분 유상계약에 의하여 발생한다는 점을 고려하면 제587조가 예외규정이라는 것도 불합리하다. 특정물 인도를 목적으로 하는 무상계약의 경우에 과실수취권이 법률에 규정된 바 없다면 원칙적으로 특정물의 소유자가 그 과실도 수취할 수 있다고 보아야 할 것이다. 다만, 특정물채권을 발생시킨 계약에 과실수취권자를 명시한 경우 또는 계약의 해석에 의하여 과실수취권자를 정할 수 있는 경우에는 그에 따라야 할 것이다.[10]

---

8) 대법원 1992. 4. 28. 선고 91다32527 판결.

9) 곽윤직, 27면; 김형배, 57면; 송덕수, 770면; 이은영, 103면.

10) 지원림, 780면은 수익종결형 인도의무의 경우에는 반환의무가 성립한 때, 즉 이행기부터 과실수취권이 채권자에게 귀속되며, 권리부여형 인도의무의 경우에는 원칙적으로 목적물이 채권자에게 이전될 때까지 채무자가 과실수취권을 가진다고 한다. 이러한 견해는 저자의 견해와 완전히 일치하는 것은 아니지만, 계약의 내용에 따라서 과실수취권이 정해져야 한다는 점에서는 공통점이 있다고 생각한다.

Ⅲ. 종류채권

> **第375條 (種類債權)**
> ① 債權의 目的을 種類로만 指定한 境遇에 法律行爲의 性質이나 當事者의 意思에 依하여 品質을 定할 수 없는 때에는 債務者는 中等品質의 物件으로 履行하여야 한다.
>
> ② 前項의 境遇에 債務者가 履行에 必要한 行爲를 完了하거나 債權者의 同意를 얻어 履行할 物件을 指定한 때에는 그때로부터 그 物件을 債權의 目的物로 한다.

1. 의의

종류채권은 인도해야 할 물건의 종류와 수량만 정해져 있고 인도할 목적물 자체는 정해져 있지 않은 채권이다. 예를 들어 인터넷서점에서 홍길동 저 「채권총론」 10권을 주문한 경우 채권총론 10권을 인도받을 채권은 종류채권이다. 한편, '이 창고 안의 쌀 중에서 100kg'과 같이 한정된 범위 내에서 인도할 물건의 종류와 수량을 정하는 경우도 있는데, 이를 제한종류채권 또는 한정종류채권이라고 한다.

2. 종류채권의 법률관계

가. 목적물 특정 전의 법률관계

특정물채권은 이행기의 현상대로 목적물을 인도하여야 하므로, 목적물이 멸실되면 목적물 인도의무를 면하고, 목적물이 훼손되어도 그대로 인도해야 하는 반면, 종류채권의 경우 채무자는 완전한 물건을 구하여 채권자에게 인도할 의무를 부담한다. 즉, 해당 종류물이 모두 멸실되어 존재하지 않게 되거나 사회통념상 그 종류물을 조달하는 것이 불가능하다고 인정될 때에는 종류물 인도의무를 면하지만, 그 외의 경우에는 종류물의 인도의무를 면하지 못한다. 이때 채무자가 채권자에게 인도할 종류물의 품질이 문제되는데, 법률행위의 성질이나 당사자의 의사에 의하여 품질을 정할 수 있는 때에는 그에 따르고, 그렇지 않은 경우에는 중등 품질의 물건으로 이행하여야 한다(375조①).

한편, 제한종류채권의 경우에는 한정된 범위 내의 종류물만이 목적물이 되므로, 해당 범위의 종류물이 멸실되면 설령 다른 곳에서 같은 종류의 물건을 구할 수 있다 하더라도 채무자는 종류물의 인도의무를 면한다.

나. 목적물 특정 후의 법률관계

(1) 특정물채권의 법리 적용

목적물이 특정된 이후에는 그 특정된 물건을 채권의 목적물로 하므로(375조②), 특정물채권과 유사하게 다루어진다. 따라서 채무자는 특정된 물건을 선량한 관리자의 주의로 보관하다가 이행기에 현상 그대로 인도하여야 한다.

(2) 변경급부의 가능성

그런데 종류채권의 목적물이 특정되었다고 하여 특정물채권과 완전히 똑같다고는 볼 수 없다. 왜냐 하면 특정된 종류물이 멸실·훼손된 경우에도 같은 종류의 다른 물건을 지급함으로써 동일한 경제적 효과를 달성할 수 있기 때문이다. 통설은 특정된 종류물이 멸실·훼손된 경우 채무자는 같은 종류의 다른 물건을 인도하고 그 대가를 구할 수 있다고 한다. 이를 변경권이라고 한다. 채무자가 특정한 물건과 같은 종류의 다른 물건을 인도하는 경우에 그 물건은 계약에서 정한 그 종류와 수량의 물건이므로 원칙적으로 채권자는 그 수령을 거절하지 못한다고 해야 한다.[11] 다만, 채권자가 특정된 물건만을 수령하겠다고 주장할 만한 정당한 이유가 있다면 변경급부의 수령을 거절할 수 있다고 해석해야 할 것이다.

3. 종류채권 목적물의 특정

가. 목적물이 특정되는 시기

인도할 물건의 종류와 수량만을 정한 경우에도 이행을 하려면 그 종류의 물건 중에서 실제로 인도할 목적물을 정할 수밖에 없다. 이를 목적물의 특정이라고 한다. 위에서 본 바와 같이 특정 전후의 법률관계가 달라지므로, 언제 목적물이 특정되는지 여부는 중요한데, 민법은 채무자가 이행에 필요한 행위를 완료하거나 채권자의 동의를 얻어 이행할 물건을 지정한 때에 목적물이 특정된다고 규

11) 같은 취지 : 송덕수, 778면; 이은영, 116면.

정하고 있다(375조②). 이때 채무자가 이행에 필요한 행위를 완료하는 것을 '이행의 제공'이라고 한다.

나. '이행에 필요한 행위를 완료한 때'의 의미

이행의 제공이 인정되려면 채무의 내용에 따라 즉시 이행될 수 있는 상태가 되어 있어야 한다. 그런데 채무의 성질이나 당사자의 약정에 따라 그 내용은 다양하게 정해질 수 있다. 특히 이행장소와 관련하여 크게 채권자의 주소지 또는 약속된 특정 장소에서 이행되어야 하는 경우와 채권자가 채무자의 주소지에 와서 수령해 가는 경우로 나눌 수 있다. 전자를 지참채무라고 하고 후자를 추심채무라고 한다. 민법은 당사자 사이에 별도의 약정이 없는 경우 지참채무를 원칙으로 한다(467조②).[12]

지참채무의 경우 채권자의 주소지 또는 약정한 이행장소에서 채권자가 언제든지 급부를 수령할 수 있는 상태가 된 때 이행제공이 있다고 인정된다.[13] 추심채무의 경우 채무자가 목적물을 분리하여 즉시 이행할 수 있는 상태로 만들어 놓고 채권자에게 이를 수령해 가라고 통지를 하면 이행제공이 있다고 인정된다.[14] 지참채무, 추심채무가 아닌 특수한 채무의 경우에는 그 채무의 내용을 검토하여야 한다. 예를 들어 목적물을 특정의 주소로 발송하면 채무를 이행한 것으로 인정되는 채무는 해당 목적물을 발송한 때 이행제공이 인정될 것이다.

---

12) 다만, 특정물은 채권성립 당시 물건 소재지가 이행장소이다(467조①).

13) 이를 '현실제공'이라고 한다.

14) 이를 '구두의 제공'이라고 한다.

다. 제한종류채권의 목적물 특정

제한종류채권도 종류채권이므로 급부목적물의 특정은 원칙적으로 종류채권의 급부목적물의 특정에 관한 민법 제375조 제2항이 적용된다. 따라서 채무자가 이행에 필요한 행위를 완료하거나 채권자의 동의를 얻어 이행할 물건을 지정한 때 목적물이 특정된다. 그런데 판례는 제한종류채권의 당사자 사이에 지정권의 부여 및 지정의 방법에 관한 합의가 없고, 채무자가 이행에 필요한 행위를 하지 아니하거나 지정권자로 된 채무자가 이행할 물건을 지정하지 아니하는 경우, 선택채권에 관한 제381조[15]를 유추적용하여 채권의 기한이 도래한 후 채권자가 상당한 기간을 정하여 지정권이 있는 채무자에게 그 지정을 최고할 수 있고, 만약 그 최고에도 불구하고 채무자가 이행할 물건을 지정하지 않으면 지정권이 채권자에게 이전한다고 한다.[16]

Ⅳ. 금전채권

> **第376條 (金錢債權)**
> 債權의 目的이 어느 種類의 通貨로 支給할 것인 境遇에 그 通貨가 辨濟期에 强制通用力을 잃은 때에는 債務者는 다른 通貨로 辨濟하여야 한다.

---

15) 제381조 (선택권의 이전) ① 선택권행사의 기간이 있는 경우에 선택권자가 그 기간 내에 선택권을 행사하지 아니하는 때에는 상대방은 상당한 기간을 정하여 그 선택을 최고할 수 있고 선택권자가 그 기간 내에 선택하지 아니하면 선택권은 상대방에게 있다. ② 선택권행사의 기간이 없는 경우에 채권의 기한이 도래한 후 상대방이 상당한 기간을 정하여 그 선택을 최고하여도 선택권자가 그 기간 내에 선택하지 아니할 때에도 전항과 같다.

16) 대법원 2009. 1. 30. 선고 2006다37465 판결.

第397條 (金錢債務不履行에 對한 特則)
① 金錢債務不履行의 損害賠償額은 法定利率에 依한다. 그러나 法令의 制限에 違反하지 아니한 約定利率이 있으면 그 利率에 依한다.
② 前項의 損害賠償에 關하여는 債權者는 損害의 證明을 要하지 아니하고 債務者는 過失없음을 抗辯하지 못한다.

1. 의의

금전채권은 금전의 지급을 목적으로 하는 채권이다. 금전은 물건으로서 거래되는 것이 아니라 가치의 척도로서 기능한다.[17] 즉, 금전은 그것이 표상하는 가치의 크기가 중요하지 어떤 종류의 금전으로 지급하는지는 중요하지 않다. 그래서 민법은 채권의 목적이 어느 종류의 통화로 지급할 것인 경우에 그 통화가 변제기에 강제통용력을 잃은 때에는 채무자는 다른 통화로 변제하여야 한다고 규정하고 있다(376조).

2. 금전채무불이행에 관한 특칙

가. 손해배상액

(1) 원칙

금전채무불이행으로 인한 손해배상액은 약정이율이 있으면 그 이율에 의하고, 약정이율이 없으면 법정이율에 의한다(397조①).[18]

17) 물론 화폐수집의 경우와 같이 금전 자체가 물건으로 거래되는 경우도 있는데, 그 경우는 금전채권이 아니라 특정물채권 또는 종류채권에 해당하는 것으로 보아야 할 것이다.

다만, 손해배상액을 예정하거나 실제 발생한 손해액을 배상한다고 약정하는 것은 가능하며, 그 경우 약정에 따라 손해배상액이 정해진다.

(2) 실손해의 배상 여부

실제 손해가 약정이율 또는 법정이율을 초과하는 경우에 그 실제 손해를 입증하여 손해배상을 구할 수 있는가 아니면 그 경우에도 손해배상액은 약정이율 또는 법정이율에 한정되는가? 이에 관하여 약정이율 또는 법정이율을 넘는 손해의 배상은 구할 수 없다는 견해[19]와 이를 제393조 제2항의 '특별손해'에 해당한다고 보아 채무자가 그 사정을 알았거나 알 수 있었을 경우에는 배상책임이 있다고 해석하는 견해[20]가 대립하고 있다.

약정이율 또는 법정이율을 초과하는 실손해는 특별손해에 해당한다는 견해도 일견 합리적이기는 하나, 민법 제397조가 '금전채무불이행에 대한 특칙'이라는 제목 아래 "금전채무불이행의 손해배상액은 법정이율에 의한다. 그러나 법령의 제한에 위반하지 아니한 약정이율이 있으면 그 이율에 의한다."라고 단정적으로 규정하면서 이를 초과하는 손해에 관하여 별도의 예외조항을 두지 않고 있는 점을 고려하면 현행법의 해석론으로 특별손해설과 같은 입장을 취하기는 어렵다고 생각한다. 다만, 입법론으로는 특별손해설을 지지한다.

18) 보통 연체이자라고 부르는 것이 여기에 해당할 것이다.
19) 곽윤직, 36면; 송덕수, 843면. 이 견해가 통설이라고 하는 경우가 많으나 현재로서는 통설로 볼 수 없다.
20) 김형배, 69면; 지원림, 884면. 이은영, 126면은 채무불이행책임의 법리에 따라 상당인과범위 내의 실손해에 대하여 배상청구를 할 수 있다고 하나, 이것을 통상손해로 보는지 특별손해로 보는지 여부는 분명하지 않다.

(3) 법정이율의 적용에 관한 사례

(가) 제소전화해가 있는 경우 약정이율이 정해진 소비대차에 관하여 제소전화해를 하였는데, 그 채무를 불이행한 경우 지연손해는 소비대차에서 정한 약정이율에 의하는가 법정이율에 의하는가의 문제가 있다. 이에 대하여 판례는 제소전화해를 한 경우 그 화해는 창설적 효력을 가지게 되므로 화해 전의 사유를 가지고 화해의 효력을 다툴 수 없고 화해가 이루어지면 종전의 법률관계를 바탕으로 한 권리의무관계는 소멸한다고 할 것이므로 변제기 후의 지연손해에 대하여 화해조항에 별도의 정함이 없으면 변제기 후의 지연손해는 법정이율에 의한다고 한다.[21]

(나) 파산채권자에 대한 배당금지급채무 파산채권자에 대한 배당금지급채무가 지체된 경우의 지연손해는 원래의 채권에 정해진 약정이율 또는 원래의 채권에 적용되던 법정이율[22]이 적용되어야 하는가 아니면 일률적으로 민사법정이율인 연 5%가 적용되어야 하는가? 이에 관하여 판례는 배당금 지급청구권에는 다양한 종류의 파산채권이 모두 반영되어 있어, 원래 채권의 성격이 반드시 그대로 유지된다고 보기는 어렵고, 배당금 지급채무의 이행은 파산재단을 대표한 파산관재인의 의무이지 파산자의 의무는 아니라는 등의 이유로, 파산채권자에 대한 배당금지급채무에 관하여는 파산채무의 원래 속성이나 파산자가 상인인지 여부와는 무관하게 연 5%의 민사법정이율이 적용된다고 한다.[23]

---

21) 대법원 1981. 9. 8. 선고 80다2649 판결.
22) 상사채무이면 연 6%, 민사채무이면 연 5%.
23) 대법원 2005. 8. 19. 선고 2003다22042 판결.

나. 손해증명의 면제

금전채무의 불이행으로 인한 손해배상에 관하여 채권자는 손해를 증명할 필요가 없다(397②). 그런데 판례는 채권자가 손해발생의 주장조차 하지 않은 경우에는 지연이자만큼의 손해배상을 인용할 수 없다고 하여 채권자의 주장책임은 면제하지 않았다.[24)]

다. 무과실 항변의 금지

일반적으로 채무불이행은 채무자 등의 고의, 과실이 있어야 성립된다. 그러나 금전채권의 경우에는 채무자가 과실 없음을 항변하지 못한다(397②). 그런데 불가항력에 의하여 금전채무를 불이행한 경우에 채무불이행책임이 발생되는지 여부[25)]에 관하여는 견해가 나뉘고 있는데, 불가항력의 경우에 면책을 인정하는 견해[26)]가 다수의 지지를 얻고 있는 것으로 보인다.

3. 화폐가치의 변동과 사정변경 원칙의 적용 여부

화폐가치의 급격한 변동으로 인하여 당초에 약정한 금액을 지급하는 것이 심한 불공평을 초래하는 경우에 사정변경의 원칙을 적용하여 지급해야 할 금전의 액수를 변경하거나 계약해제를 인정할 수 있는지 여부가 문제된다. 아직까지 이를 긍정한 판례는 없고,

---

24) 대법원 2000. 2. 11. 선고 99다49644 판결.

25) 이 문제는 불가항력에 해당하는 상황이 존재하는 동안 연체이자 발생이 중단되는지 여부의 문제이지 금전채무 자체를 면하는지 여부에 관한 문제가 아님을 주의하여야 한다.

26) 곽윤직, 35면; 김형배, 70면; 송덕수, 782면; 이은영, 123면; 지원림, 795면. 불가항력의 경우에도 손해배상을 해야 한다는 견해는 김상용, 53면.

금전가치의 변경을 이유로 계약해제를 주장한 사안에 관하여 해제권을 부인한 판례만 확인된다.[27] 사정변경의 요건을 엄격하게 적용하여 신중하게 적용한다면, 금전채권이라 하여 사정변경의 원칙이 배제될 이유는 없다고 본다.

4. 외화채권

第377條 (外貨債權)
① 債權의 目的이 다른나라 通貨로 支給할 것인 境遇에는 債務者는 自己가 選擇한 그 나라의 各種類의 通貨로 辨濟할 수 있다.
② 債權의 目的이 어느 種類의 다른나라 通貨로 支給할 것인 境遇에 그 通貨가 辨濟期에 强制通用力을 잃은 때에는 그 나라의 다른 通貨로 辨濟하여야 한다.

第378條 (同前)
債權額이 다른나라 通貨로 指定된 때에는 債務者는 支給할 때에 있어서의 履行地의 換金市價에 依하여 우리나라 通貨로 辨濟할 수 있다.

민법 제378조에 의하면 채권액이 다른 나라 통화로 지정된 경우라도 채무자는 지급할 때에 있어서의 이헝지의 환율에 의하여 우리나라 통화로 변제할 수 있다. 그런데 '지급할 때'가 변제기를 의미하는지 실제 지급할 때를 의미하는지에 관하여 의문의 여지가 있다. 민법에 의하여 외화채권을 우리나라 통화로 변제할 수 있다 하더라도 그것은 원래 외화로 변제되어야 할 채권이므로 당연히

---

27) 대법원 1963. 9. 12. 63다452 판결. 그러나 대법원이 현재도 같은 견해를 유지하고 있는지는 분명하지 않다. 대법원은 비교적 근래에 사정변경으로 인한 계약해제가 인정될 수 있음을 천명한 바 있기 때문이다.(2007. 3. 29. 선고 2004다31302 판결, 그러나 이 판결의 사안에 관하여는 사정변경의 요건을 갖추지 못하였다고 보았다.)

실제로 변제하는 시점에 원래 약정한 외화만큼의 가치를 가진 우리나라 통화를 지불하여야 그 채무가 이행되었다고 평가할 수 있을 것이다. 따라서 변제기를 기준으로 하는 것은 부당하고 실제 이행할 때를 기준으로 해야 한다. 판례 역시 '실제로 이행할 때'를 기준으로 한다고 해석한다.

한편, 외화채권의 채권자가 원화로 환산한 금액의 지급을 구하는 소를 제기한 경우에는 어떻게 환산하여야 하는가? 그 경우 실제 채무를 이행하는 시점은 판결 선고 이후이므로, 실제 이행할 때의 환율을 판결 주문에 반영할 수가 없다. 판례는 위와 같은 경우 사실심 변론종결시의 환율을 적용해야 한다고 한다.[28]

Ⅴ. 이자채권

1. 이자채권의 기본개념

이자는 금전 기타 대체물의 사용대가이다. 이자를 발생시키는 원래의 채권을 원본채권이라고 한다. 이자는 보통 원본에 대하여 이율과 기간을 적용하여 계산한다.[29] 당사자의 약정이 있으면 약정에 따른 이율이 적용되나 이자제한법 등에 제한이 있다. 약정이 없는 경우 법정이율이 적용되는데, 민법상 법정이율은 연 5%이고, 상법에 의한 법정이율은 연 6%이다. 이자채권은 원본채권과 구별되는 별개의 채권이지만 원본채권에 종속된 권리이기도 하다. 이자

---

28) 대법원 1991. 3. 12. 선고 90다2147 전원합의체판결.

29) 반드시 그렇게 계산할 필요는 없고 정액으로 이자를 정할 수도 있다.

채권의 원본채권에 대한 종속성은 이자채권이 변제기[30]에 도달하였는지 아닌지에 따라 정도의 차이가 있다. 보통 변제기 전의 이자채권을 기본적 이자채권이라고 하고, 변제기가 도래하여 지급의무가 현실적으로 발생한 이자채권을 지분적 이자채권이라고 한다.

2. 원본채권에 대한 종속성

가. 기본적 이자채권

기본적 이자채권은 원본채권에 대한 종속성이 강하여 원본채권이 양도되거나 압류되면 별도의 약정이 없더라도 함께 양도되거나 압류되는 특징이 있다. 또 원본채권이 면제된 경우에 다른 약정이 없으면 기본적 이자채권도 함께 면제된 것으로 보게 된다.

나. 지분적 이자채권

지분적 이자채권은 이자의 지급의무가 이미 현실화되어 있으므로 원본채권과 운명을 같이하지 않는다. 따라서 원본채권이 양도, 압류, 면제되더라도 그 효력은 지분적 이자채권에 미치지 않는 것이 원칙이다. 다만, 원본채권에 대하여 소멸시효가 완성된 경우에는 지분적 이자채권도 함께 소멸된다는 점을 주의하여야 한다. 소멸시효는 그 기산일에 소급하여 효력이 생기고(167조), 주된 권리의 소멸시효가 완성된 때에는 종된 권리에도 효력이 미치기 때문이다(183조).

30) 원본채권의 변제기가 아니라 이자를 지급하기로 한 날을 의미한다.

3. 이자의 제한

가. 이자제한에 관한 법률 규정

이자는 당사자 사이의 계약에 의하여 자유로이 정할 수 있는 것이 원칙이지만 아무런 제한이 없는 경우 궁박한 사정에 의하여 경제적 약자들이 큰 고통을 당할 가능성이 있다. 그래서 「대부업의 등록 및 금융이용자 보호에 관한 법률」과 이자제한법에서 최고이율을 제한하고 있다. 현재 「대부업의 등록 및 금융이용자 보호에 관한 법률」 및 동시행령에 의한 이율의 상한은 연 49%이고, 이자제한법 및 「이자제한법 제2조 제1항의 최고이자율에 관한 규정」에 의한 이율의 상한은 연 30%이다. 이자제한법은 다른 법률에 따라 인가 · 허가 · 등록을 마친 금융업 및 대부업과 「대부업 등의 등록 및 금융이용자 보호에 관한 법률」 제9조의4에 따른 미등록대부업자에 대하여는 적용되지 않는다(이자제한법 7조).[31] 제한이율을 초과하는 이자 약정은 무효이다(이자제한법 2조③). 이때 제한이율은 단리로 계산한 것이므로, 복리로 약정한 경우에도 단리로 계산한 제한이율을 초과하는 부분은 무효이다(이자제한법 5조).

나. 이자제한법의 적용대상

이자제한법은 금전소비대차에 있어서의 약정이자에만 적용되므로(이자제한법 2조①), 대차관계가 아닌 다른 원인에 기한 금전채권에

---

31) 그 결과 일반인은 연 30%의 제한이율을 적용받는 반면, 금융업자 또는 대부업자의 경우 연 49%에 이르는 폭리를 취할 수 있는데, 고리대금업자를 우대하는 한심한 정책에 대하여 개탄하지 않을 수 없다.

대해서는 적용되지 않는다. 금전의 대차와 관련하여 채권자가 받은 것은 명칭에 상관없이 모두 이자로 본다(이자제한법 4조).

다. 선이자를 공제한 경우의 제한이율 적용방법

선이자를 사전에 공제한 경우 그 공제액이 채무자가 실제 수령한 금액을 원본으로 하여 제한이율에 따라 계산한 금액을 초과하는 때에는 그 초과부분은 원본에 충당한 것으로 본다(이자제한법 3조). 예를 들어 100만원에 대하여 1년분 선이자 30%를 공제하고 70만원을 지급한 경우, 원본을 70만원으로 계산하여 제한이율인 연 30%를 적용하면 1년분 이자는 21만원이 되므로, 위에서 공제한 30만원 중 9만원은 원본에 충당된다. 따라서 채무자는 1년 뒤 91만원을 변제하면 되는 것이다.

라. 지급한 제한초과이자를 반환받을 수 있는지 여부

제한을 초과하는 이자를 임의로 지급한 경우에 반환청구를 할 수 있는지 여부에 관하여 과거에 논의가 있었으나 현재는 이자제한법 제2조 제4항에 의하여 입법적으로 해결되었다. 위 규정에 의하면 초과 지급한 이자 상당액은 원본에 충당되고, 원본이 소멸한 때에는 그 반환을 청구할 수 있다.

마. 이자제한법 시행 전에 체결된 대차관계에 관한 적용

이자제한법 부칙 제1조 제2항은 "이 법 시행 전에 성립한 대차관계에 관한 계약상의 이자율에 관하여도 이 법 시행일 이후부터는 이 법에 따라 이자율을 계산한다."라고 규정하고 있다. 현행 이자제한법은 2007. 3. 29. 제정되어 2007. 6. 30.부터 시행되고 있으므로[32], 약정이율이 이자제한법상 제한이율을 초과하는 경우에 2007. 6. 29.까지는 약정에 따른 이자율을 적용하고, 2007. 6. 30.부터는 이자제한법의 제한이율을 적용한다는 것이다. 이자제한법은 과거에 시행되다가 외환위기 이후 폐지되었으나, 이자제한법상 제한이율은 여러 차례 변경되었는데, 제한이율의 변천 과정은 아래와 같다.

기간	제한이율
1965. 9. 24. ~ 1972. 8. 1.	연 36.5%
1972. 8. 2. ~ 1980. 1. 11.	연 25%
1980. 1. 12. ~ 1983. 12. 15.	연 40%
1983. 12. 16. ~ 1997. 12. 21.	연 25%
1997. 12. 22. ~ 1998. 1. 12.	연 40%
1998. 1. 13. ~ 2007. 6. 29.	폐지[33]
2007. 6. 30. ~ 현재	연 30%

Ⅵ. 선택채권

第380條 (選擇債權)
債權의 目的이 數個의 行爲中에서 選擇에 좇아 確定될 境遇에 다른 法律의 規定이나 當事者의 約定이 없으면 選擇權은 債務者에게 있다.

第381條 (選擇權의 移轉)
① 選擇權行使의 期間이 있는 境遇에 選擇權者가 그 期間內에 選擇權을 行使하지 아니하는 때에는 相對方은 相當한 期間을 定하여 그 選擇을 催告할

32) 2009. 1. 21. 한 차례 개정되었다.

33) 다만, 이율이 당시의 경제적·사회적 여건에 비추어 사회통념상 허용되는 한도를 초과하여 현저하게 고율로 정하여졌다면, 그 한도를 초과하는 부분의 이자 약정은 선량한 풍속 기타 사회질서에 위반되어 무효라는 판례가 있다(대법원 2007. 2. 15. 선고 2004다50426 전원합의체 판결).

수 있고 選擇權者가 그 期間內에 選擇하지 아니하면 選擇權은 相對方에게 있다.
② 選擇權行使의 期間이 없는 境遇에 債權의 期限이 到來한 後 相對方이 相當한 期間을 定하여 그 選擇을 催告하여도 選擇權者가 그 期間內에 選擇하지 아니할 때에도 前項과 같다.

第382條 (當事者의 選擇權의 行使)
① 債權者나 債務者가 選擇하는 境遇에는 그 選擇은 相對方에 對한 意思表示로 한다.
② 前項의 意思表示는 相對方의 同意가 없으면 撤回하지 못한다.

第383條 (第三者의 選擇權의 行使)
① 第三者가 選擇하는 境遇에는 그 選擇은 債務者 및 債權者에 對한 意思表示로 한다.
② 前項의 意思表示는 債權者 및 債務者의 同意가 없으면 撤回하지 못한다.

第384條 (第三者의 選擇權의 移轉)
① 選擇할 第三者가 選擇할 수 없는 境遇에는 選擇權은 債務者에게 있다.
② 第三者가 選擇하지 아니하는 境遇에는 債權者나 債務者는 相當한 期間을 定하여 그 選擇을 催告할 수 있고 第三者가 그 期間內에 選擇하지 아니하면 選擇權은 債務者에게 있다.

第385條 (不能으로 因한 選擇債權의 特定)
① 債權의 目的으로 選擇할 數個의 行爲中에 처음부터 不能한 것이나 또는 後에 履行不能하게 된 것이 있으면 債權의 目的은 殘存한 것에 存在한다.
② 選擇權없는 當事者의 過失로 因하여 履行不能이 된 때에는 前項의 規定을 適用하지 아니한다.

第386條 (選擇의 遡及效)
選擇의 效力은 그 債權이 發生한 때에 遡及한다 그러나 第三者의 權利를 害하지 못한다.

1. 선택채권의 의의

채권의 목적이 여러 개의 행위 중에서 선택에 따라 확정되는 채권을 선택채권이라고 한다. 종류채권은 채권의 '목적물'이 종류물이어서 이행단계에서 목적물을 특정해야 하는 것이지만, 선택채권은 '급부' 자체를 선택할 수 있는 채권이다. 예를 들어 채무자가 ○○ 전자사전 1개를 인도하거나 금 20만원을 지급하는 것을 내용으로 하는 채권이 선택채권이다. 이때 채무자는 전자사전의 인도라는 급부와 20만원 지급이라는 급부 중에서 하나를 선택할 수 있는데, 이것은 목적물을 정하는 것과는 다른 것이다.

2. 선택의 방법

가. 의사표시에 의한 선택

선택은 상대방에 대한 의사표시로서 한다. 누가 선택을 할 것인지는 약정에 의하여 자유로이 정할 수 있는데, 법률의 규정이나 당사자의 약정이 없으면 선택권은 채무자에게 있다. 선택권자가 약정된 기간 내에 선택하지 않거나 기간이 정해져 있지 않은 경우 상대방은 상당한 기간을 정하여 선택을 최고할 수 있고, 그 최고에도 불구하고 선택하지 않으면 상대방이 선택권을 행사하게 된다. 제3자에게 선택권이 있는 경우에 제3자가 선택할 수 없으면 선택권이 곧바로 채무자에게 이전하고, 제3자가 선택할 수 있음에도 선택하지 않는 때에는 채권자나 채무자가 상당한 기간을 정하여 선택을 최고할 수 있고, 그래도 제3자가 선택하지 않는 경우에는 선택권이 채무자에게 이전된다.

나. 일부 급부가 불능인 경우의 선택

(1) 쌍방무과실 또는 선택권자의 과실에 의한 불능

쌍방 모두 과실이 없거나 선택권자의 과실로 일부 급부가 불능이 된 경우에는 제385조 제1항에 의하여 잔존 급부만이 선택 가능한 급부로 남게 된다. 즉, 잔존 급부가 다수이면 그 사이에서 선택을 해야 하고, 잔존 급부가 하나이면 그것으로 채권의 내용이 확정된다.

(2) 선택권 없는 당사자의 과실에 의한 불능

선택권 없는 당사자의 과실로 이행불능이 된 경우에는 제385조 제2항에 의하여 선택권자는 원래대로 선택권을 행사할 수 있다. 따라서 선택권자는 잔존 급부를 선택할 수도 있고, 불능이 된 급부를 선택함으로써 손해배상을 청구하거나, 책임을 면할 수도 있다.

(3) 공동과실에 의한 불능

(가) **학설** 공동과실에 의하여 일부 급부가 불능이 된 경우는 민법 규정이 없다. 이와 관련된 견해는 두 가지이다. 통설은 쌍방에게 과실이 없는 경우와 동일하게 취급되어야 한다고 본다.[34] 반면, 소수설은 공동과실의 경우도 선택권 없는 당사자의 과실이 있는 경우의 일종이므로, 제385조 제2항에 의하여 선택권자가 잔존 급부 또는 불능이 된 급부를 선택할 수 있다고 하며, 만약 불능이 된 급부를 선택한다면 손해배상액을 정할 때 선택권자의 과실을 상계하

[34] 송덕수, 856면.

면 된다고 이해한다.[35)]

(나) **저자의 의견** 공동으로 과실이 있다고 할 때 쌍방의 과실이 언제나 비슷한 것은 아니다. 쌍방에게 과실이 있지만 어느 한 쪽의 과실이 결정적인 원인이 되어 급부가 불능이 되었을 수도 있다. 따라서 통설이 공동과실의 경우 일률적으로 쌍방 모두 과실이 없는 경우와 동일하게 취급하는 것은 부당하다. 소수설 역시 공동과실의 경우에 왜 제385조 제1항은 적용되지 않고 제2항만 적용되는지를 합리적으로 설명할 수 없으므로 부당하다. 공동과실의 경우에는 쌍방의 과실의 비율을 따져서 과실 비율이 비슷하거나 선택권자의 과실이 큰 경우에는 제385조 제1항이, 선택권 없는 당사자의 과실이 큰 경우에는 동조 제2항이 적용된다고 해석하는 것이 합리적이라고 본다.

3. 선택의 효과

가. 단순채권으로 변화

선택을 하면 선택채권은 하나의 급부를 목적으로 하는 단순채권으로 변한다. 그 단순채권의 성격은 선택된 급부의 내용에 따라 특정물채권일 수도 있고, 종류채권일 수도 있으며, 금전채권일 수도 있다. 또 그 외에 다른 종류의 채권일 수도 있다.

나. 선택의 소급효

선택의 효력은 채권 발생 당시로 소급하므로 처음부터 선택된

---

35) 지원림, 875면.

채권만 발생하였던 것처럼 다루어지게 된다(386조). 다만, 일부 급부가 이행불능이 되고 잔존 급부가 하나뿐이어서 자동적으로 급부가 특정된 경우에는 소급효가 없다는 것이 통설이다.

4. 임의채권

임의채권은 다른 급부로서 본래의 급부를 대신할 수 있는 대용권이 인정되는 채권이다. 이것은 선택채권과 유사하나 선택채권에서는 여러 급부 사이의 관계가 대등한 것에 반하여 임의채권의 경우에는 본래의 급부와 대용급부 사이에 주열관계가 있다는 점이 다르다. 임의채권에서 대용권이 행사되기 전에는 본래의 급부만이 채권의 목적으로 인정된다. 따라서 본래의 급부가 소멸되면 대용급부를 하여야 하는 것이 아니라 대용급부도 소멸된다. 또 대용권이 없는 채권자는 본래의 급부만을 청구할 수 있고, 대용급부를 청구할 수 없다.

제 2 장

채무불이행

Ⅰ. 채무불이행 일반론

第390條 (債務不履行과 損害賠償)
債務者가 債務의 內容에 좇은 履行을 하지 아니한 때에는 債權者는 損害賠償을 請求할 수 있다. 그러나 債務者의 故意나 過失없이 履行할 수 없게 된 때에는 그러하지 아니하다.

第391條 (履行補助者의 故意, 過失)
債務者의 法定代理人이 債務者를 爲하여 履行하거나 債務者가 他人을 使用하여 履行하는 境遇에는 法定代理人 또는 被用者의 故意나 過失은 債務者의 故意나 過失로 본다.

1. 채무불이행의 의의

채무불이행은 채무자에게 책임 있는 사유로 채무의 내용에 따른 이행이 이루어지지 않은 상태를 말한다. 채무불이행이 되기 위해서는 채무의 내용에 따른 이행이 없을 것, 채무자의 귀책사유, 위법성이 요구된다. 이 중 채무의 내용에 따른 이행이 없다는 것은 채권자가 입증하여야 하고, 귀책사유가 없다거나 위법성조각사유가 있다는 점은 채무자가 입증하여야 한다. 불법행위를 이유로 손해배상을 구하기 위해서는 가해자의 고의·과실을 피해자가 입증해야 하는 반면, 채무불이행에서는 귀책사유에 관한 입증책임이 채무자에게 있다는 점이 가장 중요한 차이점이다.

2. 채무불이행의 요건

가. 채무의 내용에 따른 이행이 없을 것

채무의 내용에 따른 이행이 없다고 인정되는 경우는 크게 채무이행이 가능한데도 이행기가 지나도록 이행을 하지 않는 경우, 채무자에게 책임 있는 사유로 이행이 불가능하게 된 경우, 채무의 이행 과정에 필요한 부수적인 의무를 위반하여 주된 급부와는 별개의 손해를 발생시킨 경우가 있다. 첫째를 이행지체라고 하고, 둘째를 이행불능이라고 하며, 셋째를 보통 불완전이행이라고 한다. 예를 들어 100만원을 빌리면서 1개월 뒤 갚기로 하였는데 1개월이 지나도록 갚지 않는 것은 이행지체이고, A에게 집을 팔고 소유권을 이전하기로 하였는데, 그 집을 B에게 팔고 B 명의로 소유권이전등기까지 해 주었다면 A에 대한 소유권이전등기의무는 이행불능이 되었다고 본다. 불량품인 저장용기를 인도하여 그 저장용기 안에 저장해 놓은 식품이 상해버린 경우에 저장용기 자체의 불량은 하자담보책임의 문제이지만 식품이 상해서 생긴 손해는 불완전이행의 문제가 된다.

나. 채무자의 귀책사유

(1) 의의

채무불이행이 성립하기 위해서는 채무자에게 책임 있는 사유가 있어야 한다. 채무자의 귀책사유로서 가장 대표적인 것은 채무자의 고의 또는 과실이다. 그런데 채무자의 법정대리인이 채무자를 위하여 이행하거나 채무자가 타인을 사용하여 이행하는 경우에는 법정대리인 또는 피용자의 고의나 과실은 채무자의 고의나 과실로 본다(391조). 따라서 귀책사유는 채무자 본인의 고의·과실보다는 넓은 개념이다. 한편, 귀책사유가 인정되기 위해서는 책임능력을 가지고 있을 것이 요구된다.

(2) 귀책사유의 근거규정에 관한 학설

채무불이행의 성립요건으로서 귀책사유가 필요하다는 근거는 민법 제390조이다. 위 조항은 "채무자가 채무의 내용에 좇은 이행을 하지 아니한 때에는 채권자는 손해배상을 청구할 수 있다. 그러나 채무자의 고의나 과실 없이 이행할 수 없게 된 때에는 그러하지 아니하다."라고 규정하고 있다. 위 규정과 관련하여, 제390조 단서의 '이행할 수 없게 된 때'의 의미를 이행불능으로 이해하고, 이행지체에 관해서는 채무자의 고의·과실에 관한 규정이 없다고 설명하는 견해[36]와 제390조 단서는 이행불능뿐만 아니라 채무불이행 일반에 공통적으로 적용된다는 견해[37]가 있다. 그런데 앞의 견해도 이행지체에 귀책사유가 필요 없다고 보는 것은 아니고, 과실책

36) 송덕수, 870면.
37) 지원림, 988면.

임의 원칙상 이행지체에도 귀책사유가 필요하다고 한다.

(3) 귀책사유의 근거규정에 관한 저자의 의견

제390조 단서의 '이행할 수 없게 된 때'를 이행불능과 동의어로 이해하는 견해는 '이행할 수 없다'는 문구의 사전적 의미에 의하여 해석한 결과라고 본다. 그러나 제390조 본문은 "채무자가 채무의 내용에 좇은 이행을 하지 아니한 때에는 채권자는 손해배상을 청구할 수 있다."라고 규정하고 있고, 이는 이행지체, 이행불능 모두에 적용된다고 보는 데 이견이 없다. 그렇다면 그 본문에 이어서 등장하는 단서 역시 본문과의 연계 아래 해석되어야 한다. 제390조 단서는 "그러나 채무자의 고의나 과실 없이 이행할 수 없게 된 때에는 그러하지 아니하다."라고 하고 있는데, 이는 채무의 내용에 좇은 이행을 하지 아니하였지만, 그러한 결과가 채무자의 고의나 과실 없이 발생한 경우에는 손해배상을 청구할 수 없다는 뜻으로 받아들여야 한다. 그러면 왜 '이행할 수 없게 된 때'라는 표현을 쓴 것일까? 이는 이행불능을 의미하는 것이 아니라 채무자의 잘못이 아닌 외부적 사정에 의하여 불이행의 결과가 발생한 경우임을 표현하려 한 것에 불과하다고 본다. 제390조 본문과 같이 '이행하지 않은 때'라고 표현하면 마치 고의에 의하여 불이행한 것처럼 느껴지기 때문에 '고의나 과실 없이'라는 표현과 호응하기 어렵기 때문이다. 결국 제390조 본문과 단서는 모두 채무불이행 전반에 적용되는 일반규정이라고 보는 것이 타당하다.

(4) 귀책사유의 입증책임

채무불이행으로 인한 손해배상청구에 있어서 그 불이행의 귀책사유에 관한 입증책임은 채무자에게 있다.[38]

다. 위법성

채무불이행이 성립되기 위해서 그 불이행이 위법할 것이 요구된다. 그런데 이행지체든 이행불능이든 객관적으로 채무가 이행되지 않은 사실이 존재하고 그것이 채무자의 책임 있는 사유에 의하여 발생된 경우에는 일단 위법성이 있다고 인정되고, 위법하지 않다고 인정할 수 있는 사유, 즉 위법성조각사유가 있어야 위법하지 않은 것으로 된다.[39] 따라서 채무불이행에 있어서 위법성 판단은 위법성조각사유의 부존재를 의미하는 소극적인 것이다. 위법성조각사유는 동시이행의 항변권이 있거나 유치권이 있는 경우와 같이 채권의 작용을 막을 수 있는 권리를 가지는 경으이거나 정당방위, 긴급피난 등 이행지체나 이행불능을 정당화할 수 있는 사유가 있는 경우에 인정된다. 위법성조각사유가 있다는 점은 채무자가 입증하여야 한다.

3. 채무불이행의 효과

채무불이행의 효과는 채무불이행의 유형별로 설명하는 것이 보통이나, 이를 포괄적으로 설명하면 다음과 같다. 첫째, 판결 등 집행권원을 확보한 뒤 강제집행을 하고, 지연에 따른 배상을 청구할 수 있다. 둘째, 이행이 불가능하거나 이행을 최고하여도 이행하지 않는 경우에는 본래의 급부 대신 전보배상(塡補賠償)을 청구할 수 있다. 셋째, 부수적 의무를 위반하여 확대손해가 발생하였다면 그 배상을

38) 대법원 1985. 3. 26. 선고 84다카1864 판결.
39) 대법원 2002. 12. 27. 선고 2000다47361 판결.

구할 수 있다. 넷째, 계약을 해제하고 원상회복과 손해배상을 구할 수 있다. 이렇게 보면 채무불이행이 있는 경우 채권자가 취할 수 있는 조치는 강제집행, 손해배상, 계약해제라고 할 수 있다.

Ⅱ. 이행지체

1. 이행지체의 의의

이행지체는 채무 이행이 가능한데도 이행기가 지나도록 이행을 하지 않는 것을 말한다. 이때 채무 이행이 가능하다는 것은 객관적, 추상적으로 채무 자체가 이행 가능한 상태에 있다는 것이지 채무자가 이행할 자력 또는 능력이 있다는 의미가 아니다.[40] 따라서 예를 들어 채무자가 돈이 없어서 채무를 이행하지 못하는 경우는 이행불능이 아니라 이행지체이다.

2. 지체책임의 발생 시기

> **第387條 (履行期와 履行遲滯)**
> ① 債務履行의 確定한 期限이 있는 境遇에는 債務者는 期限이 到來한 때로부터 遲滯責任이 있다. 債務履行의 不確定한 期限이 있는 境遇에는 債務者는 期限이 到來함을 안 때로부터 遲滯責任이 있다.
> ② 債務履行의 期限이 없는 境遇에는 債務者는 履行請求를 받은 때로부터 遲滯責任이 있다.

40) 그러나 뒤에서 보는 바와 같이 이행불능도 절대적 · 물리적인 불능을 의미하는 것이 아니라 사회관념에 따라 채무자의 급부를 기대할 수 없는 경우를 의미한다는 점을 주의해야 한다.

가. 확정기한부 채권

(1) 원칙

채무이행의 확정한 기한이 있는 경우에는 채무자는 기한이 도래한 때로부터 지체책임이 있다(387조① 전문). 이때 '기한이 도래한 때로부터'는 '기한도래 다음날부터'를 뜻한다.[41] 예를 들어 계약에서 정한 변제기가 2010. 1. 31.이라면 2010. 1. 31. 중 변제를 하면 채무불이행이 되지 않는다고 하는 것이 타당하다.

(2) 동시이행의 항변권이 있는 경우

쌍무계약의 당사자 일방은 상대방이 그 채무이행을 제공할 때까지 자기의 채무이행을 거절할 수 있다(536조①). 이를 동시이행의 항변권이라고 하고, 동시이행의 항변권이 있는 경우 확정기한이 도래되더라도 상대방이 이행을 제공하지 않는 한 이행지체가 되지 않는 것이 원칙이다. 다만, 아래에서 보는 바와 같이 채무의 이행과 증서의 반환이 동시이행관계에 있는 경우에는 예외가 인정될 수 있다. 또한 쌍무계약에 있어서 당사자 일방이 이행을 제공하더라도 상대방이 상당한 기간 내에 그 채무를 이행할 수 없음이 객관적으로 명백한 경우, 그 일방은 자신의 채무의 이행을 제공하지 않더라도 상대방의 이행지체를 이유로 계약을 해제할 수 있다는 것이 판례이다.[42]

---

41) 대법원 1988. 11. 8. 선고 88다3253 판결.

42) 대법원 2001. 1. 19. 97다21604 판결.

(3) 지시채권 · 무기명채권

지시채권이나 무기명채권은 채권을 행사함에 있어서 증서의 제시가 필수적이므로 확정기한이 도래하였더라도 증서를 제시하고 이행을 청구할 때까지는 지체책임이 발생하지 않는다. 한편, 원인채권의 지급을 담보하기 위하여 어음이 교부된 경우에 원인채권의 이행을 청구하면 채무자는 어음이 반환될 때까지 원인채권의 지급을 거절할 수 있다. 즉, 이때 어음의 반환과 원인채무의 이행은 동시이행관계로 인정된다. 그러나 이는 두 채무가 대가관계에 있기 때문이 아니라 이중지급의 위험을 방지하고자 하는 데 그 취지가 있으므로, 어음반환이 없어서 원인채무의 지급을 거절하고 있는 동안에도 지체책임은 발생된다는 것이 판례이다.[43] 이러한 법리는 상품권 발행인이 상품권의 기재에 따른 상품제공의무를 불이행함으로써 발생한 손해배상채무와 상품권 반환의무 사이에도 적용된다.[44]

나. 불확정기한부 채무

불확정기한이 있는 경우에는 채무자가 기한 도래를 안 때부터 지체책임을 진다(387조① 후문).[45] 주의할 점은 불확정한 사실이 발생한 때를 이행기한으로 정한 경우 사실이 발생된 경우뿐만 아니라 그 사실 발생이 불가능하게 된 때에도 이행기한이 도래된 것으로

43) 대법원 1999. 7. 9. 선고 98다47542 판결. 이것은 원인채무의 이행과 어음반환 사이의 관계에서만 그러하다. 원인채권이 아니라 어음금 자체를 청구함에 있어서는 증서 제시가 필수적이기 때문에 증서를 제시하지 않으면 이행지체가 성립되지 않는다.

44) 대법원 2007. 9. 20. 선고 2005다63337 판결.

45) 이와 달리 소멸시효의 진행은 채무자가 기한 도래를 알았는지 여부와 관계없이 객관적으로 기한이 도래한 때부터 진행된다.

보아야 한다는 것이다.[46] 한편, 통설은 채무자가 불확정 기한의 도래를 알지 못한 경우에도 채권자의 최고가 있었다면 최고가 도달한 때로부터 지체가 성립된다고 한다.[47]

다. 기한이 없는 채무

(1) 원칙

기한이 없는 채무는 채무자가 채권자로부터 이행청구를 받은 때부터 지체책임을 진다. 판례에 의하면, 확정기한이 있는 경우에 기한의 다음날부터 지체책임을 지는 것과 마찬가지로 이 경우에도 이행청구를 받은 날의 다음날부터 지체책임을 진다.[48]

(2) 예외 : 반환시기를 정하지 않은 소비대차

반환시기를 정하지 않은 소비대차에 기한 차용금 반환의무는 일종의 기한 없는 채무이지만, 이행청구를 받은 때부터 지체책임을 지는 것이 아니라 채권자가 상당한 기간을 정하여 반환의 최고를 하여야 하므로(603조②), 그 상당한 기간이 지나야 지체책임이 발생한다.

라. 불법행위 · 부당이득의 경우

(1) 불법행위에 기한 손해배상채무

판례는 불법행위로 인한 손해배상채무는 성립과 동시에 이행지체 책임이 발생하는 것으로 본다.[49] 이때 채권자가 최고를 하였는

---

46) 대법원 2009. 5. 14. 선고 2009다16643 판결.
47) 곽윤직, 80면; 김형배, 177면.
48) 대법원 1988. 11. 8. 선고 88다3253 판결.
49) 대법원 1969. 11. 25. 선고 69다1518 판결.

지 여부는 묻지 않는다.

(2) 부당이득반환채무

판례는 불법행위의 경우와 달리 부당이득반환채무는 기한의 정함이 없는 채무이므로 수익자가 이행청구를 받은 때로부터 지체책임이 발생한다고 한다.[50)]

마. 기한이익의 상실

> **第388條 (期限의 利益의 喪失)**
> 債務者는 다음 各號의 境遇에는 期限의 利益을 主張하지 못한다.
> 1. 債務者가 擔保를 損傷, 減少 또는 滅失하게 한 때
> 2. 債務者가 擔保提供의 義務를 履行하지 아니한 때

(1) 의의

채무자는 원칙적으로 이행기가 되기 전에는 채무를 이행하지 않아도 된다. 그런데 일정한 사유가 발생하면 채무자가 이행기까지 채무이행을 하지 않아도 되는 이익을 상실하고 이행기 전이라도 채무를 이행해야 하는데, 이를 기한이익 상실이라고 한다. 기한이익 상실 사유는 법률에 정해진 것도 있고, 당사자 사이의 약정에 의하여 정해질 수도 있다.

(2) 기한이익 상실에 의한 지체책임의 발생 시기

기한이익 상실은 두 가지 형태가 있다. 첫째는 일정한 사유가 발생하면 채권자가 즉시 이행할 것을 요구할 수 있지만, 채권자가 즉시이행 청구를 해야만 지체책임이 발생되고 그 전에는 지체책임이

---

50) 대법원 1995. 11. 21. 선고 94다45753 판결.

발생되지 않는 유형이다. 둘째는 일정한 사유가 발생하면 채권자의 이행청구와 관계없이 곧바로 지체책임이 발생되는 경우이다.

예를 들어 민법은 채무자가 담보를 손상, 감소 또는 멸실하게 한 때, 채무자가 담보제공의 의무를 이행하지 않는 때에 채무자가 기한의 이익을 주장하지 못한다고 규정하고 있다(388조).[51] 위 규정에는 "채무자가 기한의 이익을 주장하지 못한다."라고 되어 있으므로, 기한이익 상실사유가 발생되더라도 곧바로 채무불이행 책임이 발생한다고 해석되지 않고, 채권자의 즉시이행 청구가 있어야 지체책임이 발생한다고 해석된다. 반면, 「채무자 회생 및 파산에 관한 법률」 제425조는 "기한부채권은 파산시에 변제기에 이른 것으로 본다."라고 규정하고 있는데, 이 경우에는 이행청구 여부와 관계없이 파산시부터 지체책임이 발생한다고 해석해야 할 것이다.

(3) 기한이익 상실 특약의 해석

당사자의 특약에 의하여 기한이익 상실사유를 정한 경우에도 위에서 본 두 가지 형태가 모두 가능하다. 이때 채권자의 즉시이행 청구가 있어야 지체책임이 발생하는 내용의 특약을 형성권적 기한이익 상실 특약이라고 하고, 일정한 사유가 발생하면 이행청구 여부와 관계없이 곧바로 지체책임이 발생하는 내용의 특약을 정지조건부 기한이익 상실 특약이라고 한다. 특약이 어느 쪽에 해당하는지는 법률행위 해석의 문제인데, 판례는 명백히 정지조건부 기한이익 상실의 특약이라고 볼 만한 특별한 사정이 없는 이상 형성권적 기한이익 상실의 특약으로 추정한다고 한다.[52]

---

51) 이때 '담보'는 담보물권만을 뜻하는 것이 아니라 보증인 등 인적 담보까지 포함한다.

52) 대법원 2002. 9. 4. 선고 2002다28340 판결.

3. 이행지체의 효과

第389條 (强制履行)
① 債務者가 任意로 債務를 履行하지 아니한 때에는 債權者는 그 强制履行을 法院에 請求할 수 있다. 그러나 債務의 性質이 强制履行을 하지 못할 것인 때에는 그러하지 아니하다.
② 前項의 債務가 法律行爲를 目的으로 한 때에는 債務者의 意思表示에 갈음할 裁判을 請求할 수 있고 債務者의 一身에 專屬하지 아니한 作爲를 目的으로 한 때에는 債務者의 費用으로 第三者에게 이를 하게 할 것을 法院에 請求할 수 있다.
③ 그 債務가 不作爲를 目的으로 한 境遇에 債務者가 이에 違反한 때에는 債務者의 費用으로써 그 違反한 것을 除却하고 將來에 對한 適當한 處分을 法院에 請求할 수 있다.
④ 前3項의 規定은 損害賠償의 請求에 影響을 미치지 아니한다.

第392條 (履行遲滯中의 損害賠償)
債務者는 自己에게 過失이 없는 境遇에도 그 履行遲滯中에 생긴 損害를 賠償하여야 한다. 그러나 債務者가 履行期에 履行하여도 損害를 免할 수 없는 境遇에는 그러하지 아니하다.

第395條 (履行遲滯와 塡補賠償)
債務者가 債務의 履行을 遲滯한 境遇에 債權者가 相當한 期間을 定하여 履行을 催告하여도 그 期間內에 履行하지 아니하거나 遲滯後의 履行이 債權者에게 利益이 없는 때에는 債權者는 受領을 拒絶하고 履行에 갈음한 損害賠償을 請求할 수 있다.

가. 강제이행

이행지체가 있는 경우 채권자가 취할 수 있는 가장 원칙적인 조치는 판결 등 집행권원을 얻은 후 강제집행을 하는 것이다. 주의할 점은 강제이행을 하기 위해서 반드시 채무불이행이 성립되어야 하는 것은 아니라는 점이다. 채무자의 귀책사유 없이 이행이 지체되었다 하더라도 채권자가 집행권원을 확보하였다면 강제이행을 할 수 있다.[53] 강제이행을 하였다고 하여 손해배상을 청구하지 못하는 것은 아니고, 강제이행을 하여도 손해가 남는 경우에는 손해배상을 청구할 수 있다(389조④).

나. 책임의 가중

채무자는 자기에게 과실이 없는 경우에도 그 이행지체 중에 생긴 손해를 배상하여야 한다(392조 본문). 그러나 채무자가 이행기에 이행하여도 손해를 면할 수 없는 경우에는 그러하지 아니하다(392조 단서).

다. 전보배상

(1) 전보배상청구권의 발생요건

전보배상(塡補賠償)은 본래의 급부 대신에 하는 손해배상이다. 이행지체의 경우 당연히 전보배상을 청구할 수는 없고, 채권자가 상당한 기간을 정하여 이행을 최고하여도 그 기간 내에 이행하지 않거나 지체 후의 이행이 채권자에게 이익이 없는 때에 전보배상을 청구할 수 있다(395조). 판례는 채무자가 이행거절의 의사를 명백히 표시한 경우에는 최고 없이 전보배상을 청구할 수 있다고 한다.[54]

---

53) 이러한 점에서 강제이행은 이행지체의 효과가 아니라 채권 자체의 효과라고 할 수 있다.

54) 대법원 2007. 9. 20. 선고 2005다63337 판결.

(2) 전보배상액의 산정

전보배상은 본래의 급부 대신에 하는 손해배상이므로 당연히 본래의 급부의 가액을 기준으로 배상액을 산정하여야 한다. 이때 그 시가 산정의 기준시가 문제되는데, 판례는 ① 이행지체에 의한 전보배상에 있어서의 손해액 산정은 본래의 의무이행을 최고한 후 상당한 기간이 경과한 당시의 시가를 표준으로 하고, ② 이행불능으로 인한 전보배상액은 이행불능 당시의 시가 상당액을 표준으로 할 것이며, ③ 채무자가 이행거절의 의사를 명백히 표시하여 최고 없이 계약의 해제나 손해배상을 청구할 수 있는 경우에는 이행거절 당시의 시가를 표준으로 해야 한다고 한다.[55]

라. 계약해제

계약당사자 일방의 이행지체가 있는 경우, 상대방은 상당한 기간을 정하여 그 이행을 최고하고 그 기간 내에 이행하지 않으면 계약을 해제할 수 있다(544조). 채무자가 미리 이행거절의 의사를 표시한 경우나 계약의 성질 또는 당사자의 의사표시에 의하여 일정한 시일 또는 일정한 기간 내에 이행하지 아니하면 계약의 목적을 달성할 수 없는 경우에는 최고 없이 계약을 해제할 수 있다(545조). 계약을 해제하면 원상회복을 청구할 수 있고, 그와 별도로 손해배상도 청구할 수 있다(548조, 551조).

---

55) 대법원 2007. 9. 20. 선고 2005다63337 판결.

4. 이행거절

가. 의의

이행거절은 채무자가 채무를 이행할 의사가 없다는 뜻을 분명하고 종국적으로 표시함으로써 채권자로 하여금 객관적으로 채무자의 이행을 기대할 수 없게 하는 경우이다. 이행거절이 채무불이행의 독립된 유형인지 여부에 관해서는 견해가 일치되지 않고 있다. 어떤 견해는 이행거절을 독립된 채무불이행의 유형으로 분류하고[56], 다른 견해는 이행지체의 특수한 형태로 분류한다.[57] 그런데 어느 견해에 의하더라도 이행거절에 관하여 일반적인 이행지체와는 다른 법리가 적용되는 경우가 있다는 것은 분명하므로, 이행거절을 독립된 유형으로 볼 것인지 여부가 중요한 것이 아니라, 이행거절에 어떤 법리가 적용되는지를 검토하는 것이 중요하다고 생각한다.

나. 이행거절의 효과

계약상 채무자가 계약을 이행하지 아니할 의사를 명백히 표시한 경우에 채권자는 신의성실의 원칙상 이행기 전이라도 이행의 최고 없이 채무자의 이행거절을 이유로 계약을 해제하거나 채무자를 상대로 손해배상을 청구할 수 있다.[58] 이때 그 손해액 산정은 이행

---

56) 이주원, "이행기 전의 이행거절과 채무불이행", 대법원판례해설, 통권 제57조, 2006년, 법원도서관, 327-328면.

57) 송덕수, 862면. 그 외 대부분의 문헌들은 이행거절을 독립된 채무불이행 유형으로 다루고 있지 않은데, 이행거절을 이행지체의 한 형태로 보는 분류방법에 의하는 것으로 보인다.

거절 당시의 시가를 표준으로 한다.[59] 채무자의 이행거절의 의사표시가 적법하게 철회된 경우에는 채권자가 자기 채무의 이행을 제공하고 상당한 기간을 정하여 이행을 최고한 후가 아니면 채무불이행을 이유로 계약을 해제할 수 없다.[60]

Ⅲ. 이행불능

1. 이행불능의 의의

이행불능은 채무자에게 책임 있는 사유로 인하여 후발적으로 이행이 불가능하게 된 경우를 말한다. 채권이 성립될 당시에 이미 급부가 불능이었던 경우, 즉 원시적 불능의 경우에는 채무가 성립되지 않으며 경우에 따라 계약체결상의 과실이 문제될 뿐이다.[61]

58) 대법원 2005. 8. 19. 선고 2004다53173 판결.

59) 대법원 2007. 9. 20. 선고 2005다63337 판결.

60) 대법원 2003. 2. 26. 선고 2000다40995 판결.

61) 불능은 채권관계 성립 당시 이미 불능이었던 원시적 불능과 채권관계 성립 이후에 불능이 된 후발적 불능으로 나눌 수 있다. 원시적 불능인 경우 계약이 무효가 되며 민법 제535조의 요건을 갖출 경우 계약체결상의 과실이 인정되어 신뢰이익을 배상해야 할 뿐이다. 후발적 불능 중에서 채무자에게 책임 있는 사유로 발생한 것은 이행불능으로서 채무불이행책임을 발생시키고, 채무자에게 책임 없는 사유로 발생한 것은 위험부담의 문제가 된다.

2. 이행불능의 판단

가. 일반론

채무의 이행이 불능이라는 것은 단순히 절대적, 물리적으로 불능인 경우가 아니라 사회생활에 있어서의 경험법칙 또는 거래상의 관념에 비추어 볼 때 채권자가 채무자의 이행의 실현을 기대할 수 없는 경우를 의미한다.[62] 한편, 이행불능이라고 하려면 채권이 성립된 이후에 급부가 불가능하게 된 경우, 즉 후발적 불능인 경우라야 한다. 이행지체는 이행기를 경과하여야 발생되지만, 이행불능은 이행기 전에도 발생될 수 있다. 즉, 급부가 이행기 전에 불능상태가 되었고 그것이 이행기가 되더라도 역시 이행이 불가능하다고 객관적으로 인정되는 경우에는 이행기에 도달하기 전에도 이행불능의 효과가 발생된다.

나. 관련 사례

(1) 이중매매

판례는 매매목적물에 관하여 이중으로 제3자와 매매계약을 체결하였다는 사실만 가지고는 매매계약이 법률상 이행불능이라고 할 수 없다고 한다.[63] 그러나 부동산을 이중매도하고 매도인이 그 중 1인에게 먼저 소유권명의를 이전하여 준 경우에는 특별한 사정이 없는 한 다른 1인에 대한 소유권이전등기 의무는 이행불능상태에 있다고 한다.[64]

---

62) 대법원 2003. 1. 24. 선고 2000다22850 판결.

63) 대법원 1996. 7. 26. 선고 96다14616 판결.

(2) 매매계약 후 담보권등기 또는 가압류등기가 된 경우

이중매매는 아니지만 매매계약 후 제3자 명의의 저당권설정등기, 가처분등기, 가압류등기, 담보 목적의 소유권이전등기 등이 이루어진 경우에도 이행불능이 되는가? 이 경우에 매매계약에 의한 소유권이전등기의무가 이행불능이 되는지 여부는 매도인이 채권자들에게 변제를 하고 위 저당권설정등기 등을 말소할 수 있는 상태인지 아니면 매도인이 변제 자력이 없어서 제3자 명의의 등기들을 말소할 수 없는 상태인지에 달려있다. 따라서 일반적으로 위와 같은 등기가 있다는 사실만으로는 소유권이전등기의무가 이행불능이라고 인정되지 않지만 매도인이 무자력인 경우 등 위 등기들을 말소할 수 없는 사정이 있다고 인정되는 경우에는 이행불능으로 판단될 것이다.[65]

(3) 법률행위 취소에 의한 말소등기의무의 이행불능

A는 B의 강박에 의하여 B와 증여계약을 체결하고 B 명의로 소유권이전등기를 해 주었으며, B는 그 부동산을 C에게 매도하여 소유권이전등기를 해 주었고, 그 후 A가 위 증여계약을 취소하였다고 하자. 이 경우 B는 자신 명의의 소유권이전등기를 말소할 의무가 있다. 그러나 현재 해당 부동산은 C 명의로 소유권이전등기가 되어 있어서 문제이다. 판례는 C 명의의 소유권이전등기가 되었다는 사실만으로는 B의 말소등기의무가 이행불능이 되었다고 할 수 없으나, A가 C를 상대로 제기한 소유권이전등기 말소등기청구소송에서 패소하고 그 판결이 확정되면 B의 소유권이전등기 말소등기

---

64) 대법원 1965.7.27. 선고 65다947 판결.

65) 대법원 2006. 6. 16. 선고 2005다39211 판결.

의무가 이행불능이 된다고 한다.[66]

(4) 계약기간 중 부도 발생

판례는 계약의 일방 당사자가 계약기간 중에 부도가 발생하였다는 사실만으로 당해 계약의 이행이 그의 귀책사유로 불가능하게 되었다고 단정할 수는 없고 그 부도 발생 전후의 계약의 이행정도, 부도에 이르게 된 원인, 부도 발생 후의 영업의 계속 혹은 재개 여부, 당해 계약을 이행할 자금사정 기타 여건 등 제반 사정을 종합하여 계약의 이행불능 여부를 판단해야 한다고 한다.[67]

(5) 신탁계약에 관하여 수탁자의 배임행위가 있는 경우

신탁법상 신탁계약에 관하여 수탁자의 배임행위로 인하여 신뢰관계가 무너졌다는 사실만으로는 이행불능으로 인정되지 않는다. 판례는 위와 같은 경우 위탁자 등의 청구에 따라 법원이 수탁자를 해임하거나 또는 위탁자가 수탁자에 대하여 손해배상 등을 청구할 수 있을 뿐, 이행불능을 원인으로 하여 신탁계약을 해지할 수는 없다고 한다.[68]

(6) 토지거래허가제를 위반한 매매계약

판례는 토지거래허가구역 내에 있는 토지에 관하여 관할 시장·군수 또는 구청장의 허가를 받지 않은 매매계약은 뒤에 허가를 받으면 소급하여 유효한 계약이 될 수 있지만, 허가를 받기 전에는 무효이므로 그 매매계약에 따른 채무가 발생될 수 없고, 당연히 채무불이행도 성립될 수가 없으므로, 그러한 계약의 당사자는 허가를

---

66) 대법원 2009. 1. 15. 선고 2007다51703 판결.
67) 대법원 2006. 4. 28. 선고 2004다16976 판결.
68) 대법원 2002. 3. 26. 선고 2000다25989 판결.

받기 전의 상태에서 상대방의 채무불이행을 이유로 계약을 해제하거나 그로 인한 손해배상을 청구할 수 없다고 한다.[69]

3. 이행불능의 효과

가. 전보배상

(1) 일반론

이행불능의 경우 급부가 불능이 되었으므로 그 이행을 강제할 수는 없다. 따라서 채권자는 본래의 급부 대신 전보배상을 청구할 수밖에 없다. 이때 본래의 급부는 동일성을 유지하면서 전보배상채무로 변경되는 것으로 보므로 본래의 급부에 붙어 있던 보증이나 담보는 그대로 유지된다. 또한 이행불능이 된 채무와 상대방의 채무가 동시이행관계였다면, 이행불능으로 인한 손해배상의무와 상대방의 채무 역시 동시이행관계이다.[70] 전보배상의 경우 항상 본래 급부의 가액을 산정하는 기준시가 문제되는데, 판례는 이행불능의 경우에는 불능시를 기준으로 배상액을 산정한다.[71]

(2) 일부이행불능과 전보배상의 범위

급부의 일부가 이행불능인 경우 전부에 대하여 전보배상을 구해야 하는가 아니면 가능한 부분은 이행을 구하고 나머지만 전보배상을 구해야 하는가? 판례는 불능이 아닌 부분만으로 계약의 목적을 달성할 수 있는지 여부를 기준으로 삼고 있다. 그리하여 이행이

---

69) 대법원 1997. 7. 25. 선고 97다4357 판결.
70) 대법원 2000. 2. 25. 선고 97다30066 판결.
71) 대법원 2007. 9. 20. 선고 2005다63337 판결.

가능한 부분만의 이행으로는 계약의 목적을 달성할 수 없다면 그 채무의 이행은 전부가 불능인 것으로 보아야 할 것이므로 계약 전부를 해제하거나 채무 전부의 이행에 갈음하는 전보배상을 청구할 수 있을 뿐이지 이행의 가능한 부분만의 급부는 청구할 수 없다고 한다.[72]

나. 대상청구권

(1) 의의

대상청구권은 후발적 불능을 발생시킨 원인으로 인하여 채무자가 원래의 급부 대신 얻게 된 이익을 채권자가 청구할 수 있는 권리이다. 민법에는 대상청구권에 관한 규정이 없으나, 학설과 판례는 일치하여 대상청구권을 긍정하고 있다. 대상청구권이 인정되기 위해서는 급부가 후발적으로 불능하게 되어야 하고, 급부를 불능하게 하는 사정의 결과로 채무자가 채권의 목적물에 관하여 '대신하는 이익'을 취득하여야 한다.[73] 이때 채무자의 귀책사유가 있어야만 대상청구권이 인정되는 것이 아님을 주의하여야 한다. 즉, 대상청구권은 채무불이행에 해당되는 이행불능으로 인하여 발생될 수 있음은 물론이고, 채무자의 귀책사유가 없어 채무불이행으로 평가되지 않는 이행불능의 경우에도 발생될 수 있다.

(2) 행사방법

대상청구권에 관한 대표적인 예는 매매계약이나 경매가 이루어진 후 소유권이전등기가 되기 전에 목적물이 수용된 경우에 매수인이 매도인을 상대로 손실보상금 지급청구권을 양도할 것을 청구

---

72) 대법원 1995. 7. 25. 선고 95다5929 판결.
73) 대법원 2003. 11. 14. 선고 2003다35482 판결.

하는 경우이다.[74] 이때 매도인이 취득한 손실보상금 지급청구권이 당연히 매수인에게 이전되는 것은 아니고, 매수인이 매도인으로부터 위 청구권을 양도받아 권리를 행사하거나 매도인이 이미 보상금을 지급받았다면 그 반환을 청구할 수 있을 뿐이다.[75] 다만, 판례는 위와 같은 양도가 없이 어떤 사유로 채권자가 직접 자신 명의로 대상청구의 대상이 되는 보상금을 청구하여 지급받았다고 하더라도 이로써 채권자는 대상청구권을 행사한 것으로 볼 수 있다고 한다.[76]

(3) 대상청구권의 범위

대상청구권의 범위는 매매대금에 한정되는가? 예를 들어 매매대금이 1억원인데 매매 목적물인 토지의 수용에 따른 손실보상금이 1억5천만원이라면 매수인은 1억원 범위 내에서 대상청구권을 행사할 수 있는가 아니면 1억5천만원 전부에 대하여 대상청구권을 행사할 수 있는가? 이에 대하여 판례는 매수인이 매도인의 보상금청구권 전부에 대하여 대상청구권을 행사할 수 있다고 하였다.[77] 매매 목적물인 토지를 대신하는 이익은 보상금청구권 전부이지 손실보상금청구권 중 매매대금 범위 내의 것으로 한정된다고 볼 수 없으므로, 판례의 결론은 타당하다.

---

74) 이와 같이 대상청구권은 채무자가 취득한 보상금청구권, 보험금청구권 등을 채권자에게 양도하라는 청구권이지 채권자가 곧바로 보상금, 보험금 자체에 관하여 권리를 행사할 수 있다는 것이 아님을 주의하여야 한다.

75) 대법원 1996. 10. 29. 선고 95다56910 판결.

76) 대법원 2008. 6. 12. 선고 2005두5956 판결.

77) 대법원 2008. 6. 12. 선고 2005두5956 판결.

다. 계약해제

이행불능의 경우에도 계약을 해제하고 원상회복과 손해배상을 청구할 수 있다(546조). 이행불능의 경우에는 해제를 함에 있어서 최고는 요구되지 않는다. 최고를 하여도 어차피 이행이 불가능하기 때문이다. 또한 해제를 위해서 반대급부를 이행제공해야 하는 것도 아니다. 예를 들어 판례는 매도인의 매매계약상의 소유권이전등기의무가 이행불능이 된 경우, 이를 이유로 매매계약을 해제함에 있어서 매수인이 잔금지급의무를 이행제공해야 하는 것은 아니라고 한다.[78]

Ⅳ. 기타의 채무불이행

1. 채무불이행 유형에 관한 여러 견해

채무불이행의 전형적인 형태는 이행지체와 이행불능이다. 그러면 그 외의 다른 채무불이행 유형은 없는 것일까? 학자들은 일치하여 이행지체, 이행불능 외에도 채무불이행이 존재한다고 주장한다. 그런데 이행지체, 이행불능 외의 채무불이행을 분석하는 시각은 학자들마다 약간의 차이가 있다. 학설을 크게 나누어 보면 ① 채무이행과정에서의 잘못으로 인하여 별도의 부가적 손해를 발생시킨 경우만을 분리하여 '이행가해'라는 제3의 채무불이행 유형으로 보고 나머지는 이행지체, 이행불능에 포함시켜 파악하는 견해[79], ② 채무

78) 대법원 2003. 1. 24. 선고 2000다22850 판결.
79) 지원림, 901면.

는 급부의무와 기타의 부수적 의무로 이루어지는데, 급부의무를 불완전하게 이행한 것과 기타의 부수적 의무를 위반한 것을 합하여 불완전이행이라고 분류하는 견해[80], ③ 기본적으로 둘째 견해와 같은 분류방법을 취하면서도 불완전급부와 부수적 의무위반을 별개의 유형으로 다루어야 한다는 견해[81], ④ 채무이행과 관련하여 확대손해를 발생시킨 경우 불법행위의 문제로 다루면 충분하므로 이를 채무불이행의 유형으로 삼을 필요가 없다는 견해[82]가 있다.

2. 제3의 채무불이행 유형에 관한 저자의 의견

채무불이행으로 인하여 채권자가 입게 되는 손해는 크게 두 종류로 나눌 수 있다. 첫째는 주된 급부가 이행되지 않음으로 인하여 입는 손해이고, 둘째는 급부와 관련 없는 별개의 손해이다. 이 중 급부가 이행되지 않음으로써 입는 손해는 채무자가 이행을 지체하거나 이행이 불능하게 된 경우에 발생한다. 둘째의 손해는 다양한 경로에 의하여 발생할 수 있다. 급부를 함에 있어서 지켜야 할 부수적인 주의의무를 위반하여 손해를 발생시키거나, 급부한 물건에 흠이 있어서 손해가 발생되거나, 급부가 불완전하여 급부와 별개의 추가적인 손해가 발생될 수도 있다.

위 손해발생 유형 중 둘째 유형은 모두 고의 또는 과실에 의하여 새로운 손해를 발생시킨다는 점에서 불법행위의 실질을 가지지만 그것이 채무의 이행과 밀접한 관련을 맺고 있다는 점에서 채무

80) 곽윤직, 98면; 김형배, 221면.
81) 송덕수, 799면.
82) 김대정, 539면.

불이행의 한 유형으로 다루어질 수 있다고 생각한다.[83] 이를 불법행위로만 다루려고 하는 넷째 견해도 논리적으로 타당한 면이 있다고 생각하지만, 불법행위책임과 채무불이행책임이 모두 발생할 수 있다고 보는 것이 채권자에게 다소나마 유리하고[84], 다수설과 판례가 채무불이행책임도 발생한다고 보는 것을 굳이 부정하여 불법행위책임으로만 구성할 이유는 없다고 본다. 그러한 점에서 확대손해를 발생시킨 경우만을 '이행가해'라는 제3의 채무불이행 유형으로 보는 견해에 찬성한다. 다만, 이행가해라는 용어는 아직까지 확립되어 있다고 생각되지 않으므로, 이 책에서는 가장 널리 쓰이는 '불완전이행'이라는 용어를 그대로 사용하기로 한다.[85]

그러면 주된 급부가 불완전하게 이행되어 급부에 관한 손해와 급부와 관계없는 별도의 손해가 모두 발생된 경우에는 어떻게 처리해야 하는가? 그 경우 급부에 관한 손해는 이행지체, 이행불능 또는 하자담보책임의 문제로 다루고, 별도의 손해에 관하여는 불완전이행의 문제로 다루면 될 것이다. 즉, 채무불이행이 발생한 경우,

---

83) 대법원 2005. 9. 30. 선고 2004다52576 판결은 의료행위에 있어서 주의의무 위반으로 인한 불법행위 또는 채무불이행으로 인한 책임이 발생하는 요건을 함께 설명하고 있는데, 이러한 점은 불완전이행의 실질이 불법행위와 같다는 저자의 입장을 뒷받침하는 것이라고 생각한다.

84) 예를 들어 불법행위에 기한 손해배상청구권의 단기소멸시효가 경과된 뒤에도 채무불이행에 기한 손해배상은 청구할 수 있는 경우가 있을 수 있다.

85) 사실 불완전이행이라는 용어는 적절한 용어가 아니다. 보통 제3의 채무불이행유형을 '불완전이행'이라고 부르지만, 불완전이행이라고 할 경우에는 마치 이행한 수량이 부족한 것과 같은 느낌을 주기 때문에 급부와 관련 없는 새로운 손해를 발생시키는 채무불이행 유형을 표현하는 용어로는 적절하지 않기 때문이다. 또한 '적극적 채권침해'라는 용어 역시 부적절하다고 생각한다. 위 경우 채권 자체를 침해한 것이 아니라 채권자의 다른 법익을 침해함으로써 손해를 발생시킨 것이기 때문이다. 이러한 측면에서 저자는 이행가해라는 용어 사용에 반대하지 않으나 교과서로서의 이 책의 성격을 감안하여 주류적인 용어인 '불완전이행'을 그대로 사용하기로 하는 것이다.

그것이 이행지체, 이행불능, 제3의 채무불이행 유형 중 어느 하나만 성립한다고 볼 것이 아니라, 발생된 손해의 유형에 따라 둘 이상의 법리에 의하여 해결할 수도 있다고 본다.[86)]

3. 불완전이행의 성립요건

가. 채무이행과 관련된 주의의무위반

저자는 불완전이행의 실질을 채무이행과정에서의 불법행위로 이해하므로, 불완전이행의 성립요건은 불법행위의 성립요건과 유사하다고 본다. 다만, 불법행위에 있어서 고의, 과실은 일반인에게 요구되는 주의의무를 위반한 것임에 반하여 불완전이행에 있어서의 주의의무는 채무의 이행과 관련된 것이라는 점이 다르다. 따라서 불완전이행이 인정되기 위해서는 먼저 채무자가 채무 이행과 관련하여 어떠한 주의의무를 부담하는지가 밝혀져야 하고, 채무자가 그 주의의무를 위반하였다는 점도 밝혀져야 한다. 채무이행과 관련된 주의의무의 존재 및 그 위반 사실은 채권자가 입증하여야 한다.[87)]

나. 확대손해의 발생

불완전이행이 성립되려면 주된 급부와 별개의 손해가 발생되어

86) 판례는 액젓 저장탱크의 제작·설치공사 도급계약에 의하여 완성된 저장탱크에 균열이 발생한 경우, 보수비용은 민법 제667조 제2항에 의한 수급인의 하자담보책임 중 하자보수에 갈음하는 손해배상이고, 액젓 변질로 인한 손해배상은 위 하자담보책임을 넘어서 수급인이 도급계약의 내용에 따른 의무를 제대로 이행하지 못함으로 인하여 도급인의 신체·재산에 발생한 손해에 대한 배상으로서 양자는 별개의 권원에 의하여 경합적으로 인정된다고 한다(대법원 2004. 8. 20. 선고 2001다70337 판결).

87) 김형배, 234면.

야 한다. 이러한 손해를 흔히 '확대손해'라고 한다. 주된 급부에 관한 손해는 이행지체, 이행불능, 하자담보책임의 법리에 따라 배상될 것이고, 불완전이행의 문제로 되지는 않는다.

다. 인과관계

채무자의 주의의무위반과 채권자의 손해 사이에 상당인과관계가 인정되어야 할 것이다. 인과관계 역시 채권자가 입증해야 하는 것이 원칙이나, 의료사고의 경우와 같이 전문적인 영역에서 발생한 불완전이행의 경우 인과관계의 입증책임이 완화되기도 한다. 이와 관련하여 대법원은 "의료사고가 발생한 경우 피해자측에서 일련의 의료행위 과정에 있어서 저질러진 일반인의 상식에 바탕을 둔 의료상의 과실이 있는 행위를 입증하고 그 결과와 사이에 일련의 의료행위 외에 다른 원인이 개재될 수 없다는 점, 이를테면 환자에게 의료행위 이전에 그러한 결과의 원인이 될 만한 건강상의 결함이 없었다는 사정을 증명한 경우에 있어서는, 의료행위를 한 측이 그 결과가 의료상의 과실로 인한 것이 아니라 전혀 다른 원인에 의한 것이라는 입증을 하지 아니하는 이상, 의료상 과실과 결과 사이의 인과관계를 추정하여 손해배상책임을 지울 수 있도록 입증책임을 완화하는 것이 손해의 공평·타당한 부담을 그 지도원리로 하는 손해배상제도의 이상에 맞는다."라고 판시한 바 있다.[88)]

라. 위법성

불완전이행이 위법한 것이어야 한다. 그러나 채무이행과정에서 주의의무를 위반하여 채권자에게 급부와 별도의 새로운 손해를 가

---

88) 대법원 2005. 9. 30. 선고 2004다52576 판결.

한 경우에는 통상 위법성조각사유가 없는 한 위법하다고 인정될 것이다.

마. 귀책사유의 입증책임

일부 견해는 불완전이행에 있어서 채무자의 부수적 의무의 존재 및 그 위반은 채권자가 입증해야 한다고 하면서도 채무자의 귀책사유는 다른 채무불이행과 마찬가지로 귀책사유 없음을 채무자가 입증해야 한다고 주장한다.[89] 그러나 위와 같은 설명은 일반론으로서는 옳지 않다고 본다. 불완전이행에 있어서 보통은 부수적 의무위반이 곧 채무자의 귀책사유라고 해야 할 것이므로, 부수적 의무위반은 채권자가 입증해야 하지만 채무자가 귀책사유 없음을 입증해야 한다는 설명은 그 자체로 모순되기 때문이다. 다만, 판례는 물건의 하자로 인하여 확대손해가 발생한 경우, 즉 하자확대손해의 경우에 하자로 인하여 확대손해가 발생한 것이 입증되면 채무자가 귀책사유 없음을 입증하여야 한다는 입장을 취하고 있는데[90], 그 경우 채권자는 하자의 존재, 확대손해의 발생, 하자와 확대손해 사이의 인과관계만 입증하면 되고, 채무자의 주의의무위반은 입증할 필요가 없다고 보아야 할 것이다. 따라서 하자확대손해의 경우에는 귀책사유에 관한 입증책임이 채무자에게 있다고 볼 수 있다.[91]

---

89) 김형배, 231면; 송덕수, 826면.

90) 대법원 2007. 8. 23. 선고 2007다26455 판결 .

91) 이는 무과실책임인 하자담보책임과 관련하여 확대손해가 발생한 경우이기 때문에 그러한 것이므로, 불완전이행에 있어서 귀책사유의 입증책임에 관한 일반론으로 적용할 수는 없다고 본다.

4. 불완전이행의 효과

가. 손해배상

채무이행 과정에 있어서의 과실로 주된 급부와 별개의 손해를 발생시켰다면 그 손해를 배상하여야 한다. 손해의 발생은 채권자가 입증하여야 하며, 배상의 범위는 채무자의 주의의무위반과 상당인과관계가 있는 손해에 한정될 것이다.

나. 계약해제권의 발생 여부

민법은 채무불이행 일반에 관하여 계약해제권을 발생시키는 규정을 두지 않고, 제544조~제546조에서 이행지체, 이행불능의 경우에 해제권이 발생될 수 있음을 규정하고 있을 뿐이다. 불완전이행의 경우 해제권 발생에 관한 근거규정은 없다. 그러므로 불완전이행의 일반적 효과로서 계약해제권이 발생된다고 할 수는 없다고 본다. 다만, 민법 제2조의 신의성실의 원칙에서 파생되는 사정변경의 법리는 적용될 수 있다. 그리하여 불완전이행으로 인한 손해가 심각하여 손해를 입은 당사자로 하여금 계속하여 계약에 구속되도록 하는 것이 신의칙에 반할 정도로 불합리한 경우에는 계약해제권을 인정할 수 있다고 본다.

다. 다른 제도와의 관계

불완전이행에 기한 손해배상청구권은 하자담보책임, 불법행위에 기한 손해배상청구권과 경합적으로 인정될 수 있다. 채권자는 어느 쪽이든 요건을 증명하여 채무자의 책임을 물을 수 있고, 하자담보책임의 경우 불완전이행에 기한 손해배상청구와 함께 주장할 수 있는 경우도 있다. 이러한 점은 소멸시효 또는 제척기간과 관련하여 유용하게 이용될 수 있다. 하자담보책임의 제척기간이 경과되었거나 불법행위에 기한 손해배상청구권의 단기소멸시효[92]가 완성된 경우에도 불완전이행으로 인한 채무불이행책임을 묻는 것이 가능하기 때문이다.

5. 관련 사례

가. 여관 화재 사건

투숙객의 실화로 인하여 여관에 화재가 발생하여 다른 투숙객이 사망하였다. 그런데 당시 여관 주인은 장기투숙객에게 여관 관리를 맡기고 출타중이었고, 화재경보장치와 소화기 등이 비치되지 않았던 사건에서 대법원은 불완전이행으로 인한 손해배상책임을 긍정하였다. 대법원이 불완전이행책임을 인정한 논거는 다음과 같다. “공중접객업인 숙박업을 경영하는 자가 투숙객과 체결하는 숙박계약은 숙박업자가 고객에게 숙박을 할 수 있는 객실을 제공하여 고객으로 하여금 이를 사용할 수 있도록 하고 고객으로부터 그 대가를 받는 일종의 일시 사용을 위한 임대차계약으로서 객실 및 관련 시설은 오로지 숙박업자의 지배 아래 놓여 있는 것이므로 숙박업자는 통상의 임대차와 같이 단순히 여관 등의 객실 및 관련 시설

---

92) 민법 제766조 (손해배상청구권의 소멸시효) ① 불법행위로 인한 손해배상의 청구권은 피해자나 그 법정대리인이 그 손해 및 가해자를 안 날로부터 3년간 이를 행사하지 아니하면 시효로 인하여 소멸한다. ② 불법행위를 한 날로부터 10년을 경과한 때에도 전항과 같다.

을 제공하여 고객으로 하여금 이를 사용·수익하게 할 의무를 부담하는 것에서 한 걸음 더 나아가 고객에게 위험이 없는 안전하고 편안한 객실 및 관련 시설을 제공함으로써 고객의 안전을 배려하여야 할 보호의무를 부담하며 이러한 의무는 숙박계약의 특수성을 고려하여 신의칙상 인정되는 부수적인 의무로서 숙박업자가 이를 위반하여 고객의 생명, 신체를 침해하여 투숙객에게 손해를 입힌 경우 불완전이행으로 인한 채무불이행책임을 부담하고, 이 경우 피해자로서는 구체적 보호의무의 존재와 그 위반 사실을 주장 · 입증하여야 하며 숙박업자로서는 통상의 채무불이행에 있어서와 마찬가지로 그 채무불이행에 관하여 자기에게 과실이 없음을 주장 · 입증하지 못하는 한 그 책임을 면할 수는 없다고 할 것이고, 이와 같은 법리는 장기투숙의 경우에도 마찬가지이다."[93]

나. 폐기물 매립 사건

토지 매도인이 성토작업을 기화로 다량의 폐기물을 은밀히 매립하고 그 위에 토사를 덮은 다음 도시계획사업을 시행하는 공공사업시행자와 사이에서 정상적인 토지임을 전제로 협의취득절차를 진행하여 이를 매도함으로써 매수자로 하여금 그 토지의 폐기물처리비용 상당의 손해를 입게 한 사안에 관하여 대법원은 매도인이 불완전이행으로 인한 손해배상책임을 부담하여야 하고, 그와 경합적으로 하자담보책임도 인정된다고 판시하였다.[94]

---

93) 대법원 1997. 10. 10. 선고 96다47302 판결. 위 판결은 숙박업자가 채무불이행에 관하여 자기에게 과실이 없음을 주장, 입증하지 못하는 한 책임을 면할 수 없다고 하면서도 피해자가 숙박업자의 보호의무의 존재 및 그 위반사실을 주장, 입증해야 한다고 한다. 그러나 피해자가 숙박업자의 보호의무위반을 증명한 경우라면 숙박업자의 귀책사유는 당연히 인정되는 것이 아닌가 하는 의문이 있다.

다. 액젓 저장탱크 사건

대법원은 액젓 저장탱크의 제작·설치공사 도급계약에 의하여 완성된 저장탱크에 균열이 발생한 경우, 보수비용은 민법 제667조 제2항에 의한 수급인의 하자담보책임 중 하자보수에 갈음하는 손해배상이고, 액젓 변질로 인한 손해배상은 위 하자담보책임을 넘어서 수급인이 도급계약의 내용에 따른 의무를 제대로 이행하지 못함으로 인하여 도급인의 신체·재산에 발생한 손해에 대한 배상으로서 양자는 별개의 권원에 의하여 경합적으로 인정된다고 하였다.[95)]

라. 불량원단 사건

대법원은 원단의 가공에 관한 도급계약에 의하여 납품된 물건에 하자가 발생함으로 말미암아 도급인이 외국에 수출하여 지급받기로 한 물품대금을 지급받지 못한 데 대한 손해배상은, 민법 제667조 제2항 소정의 하자담보책임을 넘어서 수급인이 도급계약의 내용에 따른 의무를 제대로 이행하지 못함으로 인하여 도급인의 신체·재산에 발생한 이른바 '하자확대손해'에 대한 배상으로서, 수급인에게 귀책사유가 없었다는 점을 스스로 입증하지 못하는 한 도급인에게 그 손해를 배상할 의무가 있다고 판결하였다.[96)]

94) 대법원 2004. 7. 22. 선고 2002다51586 판결.
95) 대법원 2004. 8. 20. 선고 2001다70337 판결.
96) 대법원 2007. 8. 23. 선고 2007다26455 판결.

제 3 장

채무불이행에 대한 대응

제1절 보전처분과 강제이행

Ⅰ. 보전처분

1. 서론

채무자가 채무를 이행하지 않는다면 채권자는 강제로 채권의 내용을 실현하는 것을 모색하여야 할 것이다. 가장 전형적인 방법은 소를 제기하여 판결을 받은 후 강제집행을 하는 것이다. 그런데 소가 제기된 사실을 채무자가 알게 되면 강제집행의 대상이 될 수 있는 재산을 미리 처분해 버릴 가능성이 있으므로, 소를 제기하기 전에 미리 채무자의 재산을 현상 그대로 보전하는 조치를 취할 필요성이 있다. 이를 보전처분이라고 한다. 보전처분에는 가압류와 가처분이 있다. 보전처분은 원래 민사집행법에서 다루어야 할 내용이지만, 채무불이행에 대한 채권자의 대응방법으로 매우 중요한 것이므로 이곳에서 간단하게나마 다루고자 한다.[97]

2. 가압류

가. 의의

가압류는 금전채권 또는 금전으로 환산할 수 있는 채권의 집행을 보전하기 위하여 채무자의 재산을 동결시켜 채무자로부터 그 재산에 대한 처분권을 잠정적으로 빼앗는 집행보전제도이다. 예를 들어 A가 B에게 1억원의 채권이 있다고 가정하자. 그리고 B는 채무를 이행하지 않고 있는데, B의 재산으로는 아파트 1채가 있고, B는 위 돈을 갚지 않기 위해서 위 아파트를 처분할 가능성이 있다고 하자. 이러한 경우 A는 B가 아파트를 처분하지 못하도록 B 소유 아파트를 가압류할 수 있다.

나. 가압류의 신청

가압류는 아래와 같은 가압류신청서와 기타 첨부서류를 법원에 제출하여 신청한다.

97) 이곳에서는 가압류, 가처분에 대한 기본적 이해만을 목적으로 하므로, 자세한 내용과 절차는 민사집행법에 관한 전문서적을 참고하여야 할 것이다.

부동산가압류신청서

채권자　홍길동
　　　서울 동대문구 ... (전화 :　　　)
채무자　심봉사
　　　서울 성북구 ...　(　　〃　　)

청구채권의 표시

100,000,000원.　2009. 1. 3.자 대여금.

가압류할 부동산의 표시

별지 목록 기재와 같음.

신청취지

채권자의 채무자에 대한 위 채권의 집행을 보전하기 위하여 채무자 소유의 별지 목록 기재 부동산을 가압류한다. 라는 재판을 구합니다.

신청이유

채무자는 2009. 1. 3. 채권자로부터 금 1억원을 변제기 2009. 6. 2. 이자 월 1%로 하여 차용하였습니다. 그러나 채권자의 거듭된 독촉에도 불구하고 채무자는 위 차용금을 변제하지 않고 있습니다. 채권자는 채무자에 대한 대여금청구의 소를 준비하고 있으나 채무자는 이를 예상하고 별지 목록 기재 부동산을 처분하려 하고 있습니다. 채권자가 지금 위 부동산을 가압류하지 않으면 후일 승소판결을 얻더라도 집행을 할 수 없게 될 것이므로, 그 강제집행의 보전을 위하여 이 신청을 하게 되었습니다.

담보제공에 관하여는 보증보험회사와 지급보증위탁계약을 체결한 문서를 제출하는 방법에 의할 수 있도록 허가하여 주시기 바랍니다.

소명방법

소갑 제1호증　　차용증
소갑 제2호증　　......

첨부서류

위 소명방법 각 1통
송달료납부서 1통

2009. 9.
채권자 홍 길 동 (인)

○○지방법원 귀중

다. 가압류의 요건

가압류는 금전채권이나 금전으로 환산할 수 있는 채권에 대하여 동산 또는 부동산에 대한 강제집행을 보전하기 위하여 할 수 있다(민사집행법 276조①). 그리고 가압류는 이를 하지 아니하면 판결을 집행할 수 없거나 판결을 집행하는 것이 매우 곤란할 염려가 있을 경우에 할 수 있다(민사집행법 277조). 즉, 피보전권리의 존재와 보전의 필요성이 있어야 가압류를 할 수 있다. 보전의 필요성은 채무자가 재산을 처분하려고 하거나 담보를 설정하려고 하는 등 책임재산을 감소시켜 강제집행을 곤란하게 만들 염려가 있는 경우에 인정된다. 따라서 채권자가 충분한 담보를 확보하고 있거나 채무자가 충분한 재산을 보유하고 있어 장차 집행곤란의 염려가 없다고 인정될 경우에는 보전의 필요성이 인정되지 않는다.

라. 가압류신청에 대한 재판

가압류신청에 대한 재판은 변론 없이 할 수 있다(민사집행법 280조①). 현재 대부분의 가압류가 서면심리에 의해 이루어지고 있고, 일부 사건은 심문절차를 거치고 있다. 심문은 법원이 당사자와 이해관계인에게 특별히 방식을 정하지 않고 의견진술의 기회를 제공하는 절차이다. 가압류재판에서 채권자는 피보전권리의 존재와 보전의 필요성을 소명해야 한다. 소명은 법관이 일응 그러할 것이라고 믿기에 충분한 것을 의미하며 증명보다 낮은 단계이다. 서면심리 또는 심문절차를 거쳐 피보전권리와 보전의 필요성이 소명되었다고 인정되는 경우에 법원은 가압류결정을 한다

마. 가압류 등기

가압류결정이 있으면 부동산등기부에 가압류등기가 기입되는데, 채권자가 신청하는 것이 아니라 법원이 가압류결정을 하고 바로 관할 등기소에 등기촉탁을 한다. 가압류등기는 아래와 같이 기입된다.

【 갑 구 】 (소유권에 관한 사항)				
순위번호	등기목적	접수	등기원인	권리자 및 기타사항
…	…	…	…	…
4	소유권 이전	1998년 8월 5일 제48533호	1998년 7월 23일 매매	소유자 김삿갓 (6*****-1******) 서울 성북구 …
5	가압류	2009년 9월 17일 제99386호	2009년 9월 14일 00지방법원의 가압류결정(2009카단107625)	청구금액 금 100,000,000원 채권자 00은행

바. 가압류 이후의 법률관계

가압류가 있다고 하여 부동산의 소유권이전 자체가 금지되는 것은 아니다. 예를 들어 아래와 같은 형태로 위 가압류등기에 이어서 소유권이전등기가 이루어질 수 있다.

그러나 만약 가압류권자인 홍길동이 뒤에 승소판결을 받고 본압류를 하여 경매가 이루어진다면, 경락인이 위 부동산의 소유권을 취득하고, 가압류 이후에 소유권이전등기를 한 연홍부는 소유권을 상실하게 된다.

【 갑 구 】 (소유권에 관한 사항)				
…	…	…	…	…
4	소유권이전	1998년 8월 5일 제48533호	1998년 7월 23일 매매	소유자 심봉사 (6*****-1******) 서울 성북구 …
5	가압류	2009년 9월 17일 제99386호	2009년 9월 14일 00지방법원의 가압류결정(2009카단107625)	청구금액 금 100,000,000원 채권자 홍길동 서울 동대문구 …
6	소유권이전	2009년 10월 8일 제99999호	2009년 10월 5일 매매	소유자 연홍부 (6*****-1******) 서울 송파구 …

사. 가압류이의와 가압류취소

채무자는 가압류결정에 대하여 이의를 신청할 수 있다. 가압류이의는 가압류결정을 한 법원에 대하여 다시 변론 또는 심문을 열어 가압류신청의 당부에 대한 심리를 구하는 절차이다. 가압류신청에 대한 심리가 주로 서면에 의하므로 가압류결정이 발령되기까지 채무자는 절차에 참여하지 못하는 경우가 많으므로, 채무자에게 방어의 기회를 주는 제도라 할 수 있다. 가압류취소는 이미 유효하게 이루어진 가압류결정에 대하여 그 뒤 발생한 사정을 들어 가압류의 효력을 상실시키는 제도이다. 예를 들어 가압류결정 이후에 채무자가 채권자에게 채무 전부를 변제한 것은 가압류취소사유가 된다.

3. 가처분

가. 의의

가처분은 금전채권 이외의 권리를 보전하는 제도이다. 다툼의 대상에 관한 가처분과 임시의 지위를 정하기 위한 가처분의 두 종류가 있다. 가처분절차에는 원칙적으로 가압류절차에 관한 규정이 준용되며, 일부 차이가 있는 경우에는 따로 규정을 두고 있다(민사집행법 301조 참조).

가처분의 유형은 매우 다양하여 여기에서 모두 소개할 수 없고, 가장 대표적인 처분금지가처분의 경우를 예로 들면 다음과 같다. A가 B로부터 토지를 매수하였으나 B가 소유권이전등기를 해주지 않는 경우 A는 B를 상대로 소유권이전등기청구의 소를 제기할 것이다. 그런데 판결의 효력은 A, B 사이에만 미치므로, 만약 재판이 진행되는 도중 B가 토지를 C에게 매도하여 C 명의로 소유권이전등기가 되었다면, A는 B를 상대로 승소판결을 받아도 C로부터 소유권이전등기를 이전받을 수 없게 된다. 따라서 소송 전에 미리 B가 제3자에게 소유권을 이전하지 못하도록 조치할 필요가 있는데, 그것이 처분금지가처분이다.

나. 가처분의 신청

가처분은 아래와 같은 가처분신청서와 기타 첨부서류를 법원에 제출하여 신청한다.

부동산 처분금지 가처분 신청서

채권자 홍길동
서울 동대문구 ... (전화 :)
채무자 심봉사
서울 성북구 ...

목적물의 가액 : 금 200,000,000원.
피보전권리의 요지 : 2009. 3. 3. 매매를 원인으로 하는 소유권이전등기청구권

가처분할 부동산의 표시

별지 목록 기재와 같음.

신청취지

채무자는 그가 소유하는 별지 목록 기재 부동산에 관하여 매매, 양도, 전세권·저당권·임차권의 설정 및 기타 일체의 처분행위를 하여서는 아니된다. 라는 재판을 구합니다.

신청이유

채권자는 2009. 3. 3. 채무자로부터 별지 목록 기재 부동산을 금 2억원에 매수하여 같은 날 계약금 2,000만원을 지급하였고, 2009. 4. 3. 중도금 1억원을 지급하였습니다. 이후 잔금지급 및 소유권이전등기에 필요한 서류를 교환하기로 약정한 2009. 5. 3. 채권자는 잔금 8,000만원을 제공하였으나, 채무자는 그 수령을 거절하고 소유권이전등기에 필요한 서류를 교부하지 않았습니다. 이에 채권자는 채무자를 상대로 소유권이전등기 청구의 소를 제기하려고 준비하고 있으나, 채무자는 위 부동산을 타인에게 고가로 매도하려고 시도하고 있습니다. 따라서 채권자가 본안에서 승소하여도 채무자가 위 부동산을 처분하면 권리의 실

행하지 못할 염려가 있습니다. 그러므로 이 사건 가처분을 신청하게 되었습니다.

소명방법

소갑 제1호증 매매계약서
소갑 제2호증 부동산등기부등본
소갑 제3호증 …

첨부서류

위 소명방법 각 1통
송달료납부서 1통

2009. 9.
채권자 홍 길 동 (인)

○○지방법원 귀중

다. 가처분의 요건

가처분의 경우에도 피보전권리와 보전의 필요성이 요구된다. 가처분에서의 피보전권리는 금전 이외의 특정급여청구권 또는 널리 다툼이 있는 권리관계이다. 보전의 필요성에 관하여 민사집행법은 다툼의 대상에 관한 가처분은 현상이 바뀌면 당사자가 권리를 실행하지 못하거나 이를 실행하는 것이 매우 곤란할 염려가 있을 경우에 하고, 임시의 지위를 정하기 위한 가처분은 계속하는 권리관계에 끼칠 현저한 손해를 피하거나 급박한 위험을 막기 위하여, 또는 그 밖의 필요한 이유가 있을 경우에 하여야 한다고 규정하고 있다(민사집행법 300조①, ②).

라. 가처분신청에 대한 재판

가처분신청에 대한 재판도 가압류의 경우와 마찬가지로 변론 없이 할 수 있다. 위에서 본 처분금지가처분과 같이 다툼의 대상에 관한 가처분은 서면심리에 의하는 경우가 많으나, 임시의 지위를 정하는 가처분은 그 요건에 관한 판단이 어렵고 이해관계가 첨예하게 대립되어 심문 또는 변론을 거쳐 신중하게 판단하는 경우가 많다. 예를 들어 이사직무집행정지가처분이나 공사금지가처분의 경우에 가처분이 내려지면 그 파급효과가 매우 크기 때문에 주로 심문을 거치고 있다.

마. 처분금지가처분 등기

처분금지가처분결정이 있으면 법원의 등기촉탁에 의하여 부동산등기부에 다음과 같이 가처분등기가 기입된다.

【 갑 구 】 (소유권에 관한 사항)				
순위번호	등기목적	접수	등기원인	권리자 및 기타사항
…	…	…	…	…
4	소유권 이전	1998년 8월 5일 제48533호	1998년 7월 23일 매매	소유자 심봉사 (6*****-1******) 서울 성북구 …
5	가처분	2009년 9월 17일 제33218호	2009년 9월 14일 00지방법원의 가처분결정 (2009카단6333)	피보전권리 소유권이전등기청구권 채권자 홍길동 서울 동대문구 … 금지사항 매매, 증여, 전세권, 저당권, 임차권의 설정 기타 일체의 처분행위 금지

바. 처분금지가처분 이후의 법률관계

처분금지의 효력은 가처분채권자의 권리를 침해하는 한도 내에서 생기므로, 가처분이 있다고 하여 그 이후의 소유권이전등기가 무효가 되는 것은 아니다. 예를 들어 아래와 같이 가처분등기 이후 소유권이전등기가 이루어질 수 있다.

그러나 만약 가처분권자인 홍길동이 소유권이전등기청구의 소에서 승소하여 위 가처분에 기초한 소유권이전등기 및 이에 저촉되는 제3자 등기의 말소를 신청하면 등기공무원이 연흥부의 소유권이전등기를 말소하게 된다. 즉, 그 경우 가처분 이후에 소유권이전등기를 한 연흥부는 소유권을 상실한다.

【 갑 구 】 (소유권에 관한 사항)				
순위번호	등기목적	접수	등기원인	권리자 및 기타사항
…	…	…	…	…
4	소유권 이전	1998년 8월 5일 제48533호	1998년 7월 23일 매매	소유자 심봉사 (6*****-1******) 서울 성북구 …
5	가처분	2009년 9월 17일 제33218호	2009년 9월 14일 00지방법원의 가처분결정 (2009카단6333)	피보전권리 소유권이전등기청구권 채권자 홍길동 서울 동대문구 … 금지사항 매매, 증여, 전세권, 저당권, 임차권의 설정 기타 일체의 처분행위 금지
6	소유권 이전	2009년 10월 8일 제99999호	2009년 10월 5일 매매	소유자 연흥부 (6*****-1******) 서울 송파구 …

Ⅱ. 강제이행

第389條 (强制履行)
① 債務者가 任意로 債務를 履行하지 아니한 때에는 債權者는 그 强制履行을 法院에 請求할 수 있다. 그러나 債務의 性質이 强制履行을 하지 못할 것인 때에는 그러하지 아니하다.
② 前項의 債務가 法律行爲를 目的으로 한 때에는 債務者의 意思表示에 갈음할 裁判을 請求할 수 있고 債務者의 一身에 專屬하지 아니한 作爲를 目的으로 한 때에는 債務者의 費用으로 第三者에게 이를 하게 할 것을 法院에 請求할 수 있다.
③ 그 債務가 不作爲를 目的으로 한 境遇에 債務者가 이에 違反한 때에는 債務者의 費用으로써 그 違反한 것을 除却하고 將來에 對한 適當한 處分을 法院에 請求할 수 있다.
④ 前3項의 規定은 損害賠償의 請求에 影響을 미치지 아니한다.

1. 강제이행의 의의와 종류

가. 의의

채무 이행이 가능함에도 불구하고 채무를 이행하지 않는 경우에는 우선 강제로 이행하도록 하는 방안을 생각해 볼 수 있다. 그런데 각 채권자가 마음대로 강제력을 행사할 수 있다고 하면 법질서가 유지되기 어려우므로, 원칙적으로 자력구제를 금지하고 국가의 권력에 의하여만 급부를 실현하도록 하고 있다. 즉, 국가의 권력에 의하여 채무 이행을 강제하는 것을 강제이행 또는 강제집행이라고 한다.

나. 종류

강제이행은 다양한 기준에 의하여 분류될 수 있다. 집행방법을 기준으로 직접강제, 대체집행, 간접강제로 분류할 수 있고, 실현될 권리를 기준으로 금전채권의 집행과 비금전채권의 집행으로 분류할 수 있으며, 집행의 대상이 되는 재산의 종류에 따라 부동산의 집행, 선박의 집행, 자동차와 건설기계의 집행, 유체동산의 집행, 채권과 그 밖의 재산권의 집행 등으로 분류할 수 있다. 그 외에도 다양한 기준에 의하여 강제이행을 분류할 수 있다.

2. 집행권원

강제이행을 신청하기 위해서는 일정한 문서가 필요한데, 이를 집행권원이라고 한다. 집행권원은 일정한 사법(私法)상의 이행청구권의 존재 및 범위를 표시하고 그 청구권에 집행력을 인정한 공정의 문서이다.[98] 집행권원으로 인정되고 있는 문서로서 대표적인 것은 확정된 종국판결, 가집행선고가 있는 종국판결, 외국법원의 판결에 대한 집행판결, 소송상 화해조서, 청구인낙조서, 확정된 지급명령, 집행증서[99], 확정된 화해권고결정, 조정조서와 조정에 갈음하는 결정, 확정된 이행권고결정, 유죄판결의 선고와 동시에 하는 배상명령 등이 있다.

---

98) 법원실무제요 민사집행[Ⅰ], 법원행정처, 2003, 154면.

99) 공증인이 일정한 금액의 지급이나 대체물 또는 유가증권의 일정한 수량의 급여를 목적으로 하는 청구에 관하여 작성한 공정증서로서 채무자가 강제집행을 승낙한 취지가 적혀 있는 것(민사집행법 56조 4호).

3. 강제이행의 유형별 검토

가. 직접강제

(1) 의의

직접강제는 국가기관이 직접 실력을 행사하여 채무자의 의사와 무관하게 강제로 채권의 내용을 실현하는 것이다. 직접강제는 금전이나 물건의 지급을 목적으로 하는 청구권의 집행에 적합하다. 직접강제는 채무자의 의사를 억압하는 정도가 다른 종류의 강제이행에 비해서 약하므로 강제이행의 원칙적인 방법으로 인식되고 있다. 따라서 직접강제가 가능한 경우에 다른 종류의 강제이행은 허용되지 않는다.

(2) 종류

직접강제에도 다양한 종류가 있다. 금전채권을 기초로 하여 부동산, 선박, 자동차, 유체동산을 경매하거나 채권에 대하여 압류 및 추심명령, 전부명령을 받는 경우, 집행관에 의하여 동산이나 부동산을 강제로 인도받는 경우 등 다양하게 존재한다.

(3) 직접강제의 예 : 금전채권에 기한 부동산 강제경매

예를 들어 채권자가 채무자에 대하여 금 1억원을 지급받을 권리가 있지만, 채무자가 이행하지 않고 있다고 하자. 그런데 채무자는 시가 3억원짜리 주택을 소유하고 있다. 이 경우 채권자가 자신의 채권을 실현하는 과정은 다음과 같다. ① 채권자가 채무자의 주택을 가압류한다. ② 채권자가 소를 제기하여 판결을 받는 등 집행권원을 확보한다. ③ 채권자가 집행권원을 첨부하여 부동산강제경매 신청서를 제출한다. ④ 집행법원이 신청서의 기재 및 첨부서류에 의하여 요건을 검토한 뒤 강제경매 개시결정을 한다. ⑤ 집행법원이 등기소에 경매개시결정등기를 촉탁하고, 등기관이 경매개시결정등기를 기입한다. ⑥ 채권자, 채무자 등에게 강제경매개시결정을 송달한다. ⑦ 매각부동산의 현황조사 및 목적물 평가를 명한 후 최저매각가격을 정한다. ⑧ 매각기일과 매각결정기일을 지정, 공고, 통지한다. ⑨ 매각기일에 입찰 및 개찰을 한다.[100] ⑩ 집행법원이 최고가매수신고인에게 매각을 허가한다는 결정을 한다.[101] ⑪ 대금지급기한을 지정하고 매수인과 차순위매수신고인에게 통지한다. ⑫ 매수인이 대금을 납부한다. ⑬ 우선순위에 따라 안분비례의 방법으로 배당표를 작성한다. 즉, 소액임대차보증금, 조세채권 등 우선채권과 저당권, 전세권 등에 의하여 담보되는 채권 등은 법률이 정하는 우선순위에 의하고, 그 외의 일반채권은 채권액에 비례하여 안분배당하게 된다. ⑭ 배당표를 확정하고, 배당액을 지급한다.

나. 대체집행

(1) 의의

대체집행은 채무자로부터 비용을 강제로 징수하여 그 돈으로 채권자 또는 제3자로 하여금 채무자 대신 채권의 내용을 실현하게

---

100) 부동산의 매각은 매각기일에 하는 호가경매, 매각기일에 입찰 및 개찰하게 하는 기일입찰, 입찰기간 내에 입찰하게 하여 매각기일에 개찰하는 기간입찰의 세 가지 방법으로 하는데(민사집행법 103조②), 기일입찰이 가장 많이 쓰이는 방법이다.

101) 이해관계인의 이의가 정당하다고 인정되거나 직권으로 매각불허가할 사유가 있는 경우, 과잉매각으로 인정되는 경우, 집행정지결정 정본이 제출된 경우 등의 사유가 있는 때에는 매각불허가결정을 한다.

하는 강제이행이다. 예를 들어 건물을 철거하여야 하는 경우에 채무자로부터 철거비용을 징수하여 그 돈으로 장비 사용료, 인부 급여 등을 지급하고 건물을 철거하는 것이다. 대체집행은 채무자가 어떠한 행위를 할 의무를 부담하지만 반드시 채무자의 행위에 의해야만 하는 것은 아닌 경우, 즉 대체적 작위의무에 관하여 유용한 방법이다. 그러나 특정한 가수가 공연을 할 의무와 같이 채무자 자신이 행위를 하지 않으면 채권 내용이 실현될 수 없는 경우에는 대체집행을 할 수 없다.

(2) 수권결정

대체집행을 하는 대표적인 예는 건물철거이다. 예를 들어 채권자가 채무자를 상대로 소를 제기하여 건물철거를 명하는 판결을 받은 경우에 그 채권자는 위 소송사건의 제1심 법원에 대체집행의 권한을 부여해 달라는 신청을 할 수 있다(민사집행법 260조①). 아울러 대체집행에 필요한 비용을 미리 지급할 것을 채무자에게 명하는 결정, 즉 수권결정을 신청할 수 있다(민사집행법 260조②). 채권자의 대체집행 신청이 있으면 법원은 심문기일을 열어 채무자를 심문하여야 한다(민사집행법 262조). 심리 결과 수권결정 신청이 부적법하면 각하하고, 이유 없으면 기각하며, 신청이 이유 있으면 인용하는 결정을 한다. 수권결정의 신청에 관한 재판에 대하여 당사자는 즉시항고를 할 수 있다(민사집행법 260조③).

〈대체집행신청의 예〉

대체집행신청

채권자 홍길동
　　서울 동대문구 …
채무자 심봉사
　　서울 성북구 …

신청취지

채권자는 그가 위임하는 서울중앙지방법원 소속 집행관으로 하여금 ○○시 ○○동 200 대 1,000㎡ 중 별지 도면 표시 ㉠, ㉡, ㉢, ㉣, ㉤의 각 점을 순차로 연결한 선내 (가)부분 지상에 건립된 철골조 천막지붕 가건물 100㎡를 채무자의 비용으로 철거하게 할 수 있다. 라는 재판을 구합니다.

신청원인

채권자는 신청취지 기재 부동산에 관하여 채무자를 상대로 서울중앙지방법원 20○○가단○○○○호 건물철거 청구의 소를 제기하여 20○○. ○. ○. 위 건물을 철거하라는 취지의 원고승소판결을 받았고, 위 판결은 확정되었습니다. 그런데 채무자에 대하여 그 이행을 구하여도 응하지 않으므로, 이 사건 신청을 하였습니다.

첨부서류

1. 판결정본 1통
1. 확정증명 및 송달증명 1통
1. 도면 1통

20○○. ○. ○.
채권자 홍길동 (인)

○○지방법원 귀중

(3) 대체집행의 실시

수권결정에서는 채무자가 할 작위를 대신 행할 사람(작위실시자)을 지정하기도 하고, 지정하지 않기도 한다. 작위실시자가 지정된 경우에는 그 사람이 작위를 실시하고, 그렇지 않은 경우에는 채권자 또는 채권자가 지정한 제3자가 작위를 실시하게 된다. 실무에서는 집행관을 작위실시자로 지정하는 경우가 보통이라고 한다.[102] 집행관이 작위실시자로 지정된 경우에 채권자는 수권결정 정본, 송달증명서, 확정증명서를 첨부하여 집행관에게 작위의 실시를 신청한다. 집행관의 작위 실시에 대하여 채무자는 이를 방해해서는 안 되는 수인의무를 부담하며, 집행관은 집행을 하기 위하여 필요한 경우에는 채무자의 주거·창고 그 밖의 장소를 수색하고, 잠근 문과 기구를 여는 등 적절한 조치를 할 수 있다(민사집행법 5조①). 집행관은 위와 같은 과정에서 저항을 받으면 경찰 또는 국군의 원조를 요청할 수 있다(민사집행법 5조②).

(4) 대체집행의 비용

채권자는 작위실시비용을 미리 지급할 것을 채무자에게 명하는 결정을 신청할 수 있는데, 이를 대체집행비용 선지급결정이라고 한다. 선지급결정에 의하여 추심한 돈이 실제 비용에 미치지 못하는 경우에는 채권자는 다시 그 초과비용을 집행비용으로 청구할 수 있다. 그 절차는 민사집행규칙 제24조의 집행비용액 확정절차에 의한다.

---

102) 법원실무제요 민사집행[Ⅲ], 법원행정처, 2003, 562면.

다. 간접강제

간접강제는 채무자가 스스로 이행을 하지 않을 경우 금전의 지급을 명하는 등의 수단을 사용하여 채무자로 하여금 심리적 압박을 느끼게 하고, 그러한 불이익을 면하기 위하여 채무자가 어쩔 수 없이 채무를 이행하도록 하는 방법이다. 채무자 자신이 행위를 해야만 채권이 실현될 수 있는 경우, 즉 부대체적 작위의무의 경우에는 간접강제에 의할 수밖에 없을 것이다. 그러나 부대체적 작위의무라고 하여 언제나 간접강제를 할 수 있는 것은 아니고, 간접강제를 하는 것이 현저히 인격을 침해하는 경우에는 간접강제를 할 수 없다. 예를 들어 부부가 동거의무를 위반하였다고 하여 간접강제를 통하여 동거하도록 할 수는 없는 것이다.

라. 기타의 경우

(1) 의사표시를 목적으로 하는 채무의 경우

민법 제389조 제2항에 의하면 채무가 법률행위를 목적으로 한 때에는 채무자의 의사표시에 갈음할 재판을 청구할 수 있다. 그런데 위와 같은 형태의 재판은 반드시 법률행위를 목적으로 한 경우에 한정되는 것이 아니라 어떤 형태이든 채무자의 의사에 갈음하는 판결을 구하는 경우에 널리 적용된다. 예를 들어 부동산등기법상 소유권이전등기는 등기의무자와 등기권리자 쌍방이 신청하여야 하기 때문에 등기의무자가 소유권이전등기절차에 협력하지 않는 경우에 등기권리자는 등기의무자를 상대로 "피고는 원고에게 ○○ 부동산에 관하여 2008. 12. 31.자 매매를 원인으로 한 소유권이전등기절차를 이행하라."라는 판결을 구하는 소를 제기할 수 있다. 이때 위와 같은 내용의 판결이 확정되면 피고로 하여금 위 판결에 따라 등기절차를 이행하는 행위를 할 것을 강제하는 것이 아니라, 그냥 등기권리자인 원고가 위 판결을 첨부하여 등기 신청을 하면 등기의무자인 피고가 소유권이전등기신청의 의사표시를 한 것으로 간주된다. 위와 같은 종류의 판결을 '의사의 진술을 명하는 판결'이라고 하는데, 이 경우 판결 자체가 의사표시와 같이 취급되므로 별도의 강제이행절차가 필요 없는 것이다.

(2) 부작위채무의 강제이행

채무가 부작위를 목적으로 한 경우에 채무자가 이에 위반한 때에는 채무자의 비용으로써 그 위반한 것을 제각(除却)[103]하고 장래에 대한 적당한 처분을 법원에 청구할 수 있다(389조③). 위 규정 중 채무자의 비용으로 그 위반한 것을 제거한다는 것은 일종의 대체집행을 규정한 것으로 이해할 수 있다.

4. 강제이행과 손해배상의 관계

강제이행의 청구는 손해배상의 청구에 영향을 미치지 아니한다(389조④). 따라서 강제이행을 하였더라도 손해가 남아 있으면 그에 대하여 손해배상을 청구할 수 있다. 예를 들어 이행이 지체된 데 대한 지연배상이 이에 해당될 것이다.

---

103) 제거(除去)와 동의어이다.

제 2 절 손해배상

Ⅰ. 손해배상 서론

1. 손해의 의의

채무불이행이 있으면 손해배상을 청구할 수 있다. 만약 강제집행을 한 경우라면 지연에 따른 손해를 배상할 것을 청구할 수 있을 것이고, 이행이 불능하게 된 경우라면 원래의 급부에 갈음하는 전보배상을 청구할 수 있을 것이다. 이때 무엇이 손해인가 하는 점을 분명하게 할 필요가 있는데, 통설과 판례에 의하면 재산적 손해에 관하여는 이른바 차액설에 의한다. 차액설에 의하면 재산상 손해는 채무가 이행되었다면 존재하였을 재산상태에서 채무가 이행되지 않은 현재의 재산상태를 뺀 것이 된다. 한편, 차액설은 정신적 손해에 관하여 적절하지 않다는 이유로 법익에 대한 침해로 입게 된 불이익을 손해로 보아야 한다는 구체적 손해설도 주장되고 있으나, 어차피 정신적 손해의 경우에는 정확한 차액을 계산할 수도 없고, 정확한 구체적 손해액을 계산할 수도 없으므로 무의미한 논쟁이라고 생각된다. 그러므로 손해는 재산상 손해이든 정신적 손해이든 채무가 이행되었다면 있었을 상태에서 채무가 이행되지 않은 현재의 상태를 뺀 것을 말하는데, 정신적 손해와 관련된 차익은 법관의 재량에 맡겨져 있다고 설명하면 족하다고 본다.

2. 손해배상과 관련된 기본 개념

가. 손해배상과 손실보상

손해배상과 유사한 개념으로 손실보상이 있다. 양자는 잃어버린 이익을 회복시킨다는 점에 있어서 공통점이 있지만 손해배상은 채무불이행, 불법행위 등 위법행위를 원인으로 하여 잃어버린 이익을 회복시키는 제도이고, 손실보상은 토지수용과 같은 적법행위를 원인으로 하여 잃어버린 이익을 회복시키는 제도라는 점에서 차이가 있다.

나. 이행이익과 신뢰이익

이행이익은 채무가 이행됨으로써 얻게 되는 이익이다. 따라서 채무가 불이행된 경우 이행이익만큼의 손해를 입게 될 것이다. 앞서 설명한 차액설은 이행이익의 계산방법이다. 신뢰이익은 이익이라고 표현되어 있지만 사실은 이익이 아니라 신뢰로 인한 손해를 의미한다. 신뢰이익의 손해는 법률행위가 처음부터 무효임에도 불구하고 유효하다고 믿음으로써 입게 된 손해를 의미한다. 예를 들어 계약이 원시적 불능이었지만 유효하다고 믿고서 지출한 계약서 작성비용 등을 말한다. 채무불이행은 채무가 유효하게 성립된 것을 전제로 하므로, 신뢰이익이 문제될 여지가 없다고 생각할 수도 있겠으나, 판례는 채무불이행을 이유로 계약해제와 아울러 손해배상을 청구하는 경우 예외적으로 이행이익에 갈음하여 신뢰이익의 배상을 구할 수도 있다고 한다.[104] 위 경우 신뢰이익의 배상은 이행이익의 범위 내로 한정된다.

다. 재산적 손해와 비재산적 손해

재산에 관하여 생긴 손해가 재산적 손해이고, 재산 외의 법익에 관하여 생긴 손해를 비재산적 손해 또는 정신적 손해라고 한다. 정신적 손해에 대한 배상을 위자료라고 한다. 불법행위의 경우 제751조, 제752조에서 비재산적 손해에 대한 배상을 명시하고 있지만, 채무불이행에 관하여는 규정이 따로 없다. 이와 관련하여 판례는 일반적으로 계약상 채무불이행으로 인하여 재산적 손해가 발생한 경우, 그로 인하여 계약 당사자가 받은 정신적인 고통은 재산적 손해에 대한 배상이 이루어짐으로써 회복된다고 보아야 할 것이므로, 재산적 손해의 배상만으로는 회복될 수 없는 정신적 고통을 입었다는 특별한 사정이 있고, 상대방이 이와 같은 사정을 알았거나 알 수 있었을 경우에 한하여 정신적 고통에 대한 위자료를 인정할 수 있다고 한다.[105] 즉, 판례는 채무불이행으로 인한 정신적 손해를 특별손해로 보고 있다.

라. 적극적 손해와 소극적 손해

기존의 이익에 대한 손해를 적극적 손해라고 하고, 장래에 얻을 수 있는 이익을 얻지 못하게 된 것을 소극적 손해라고 한다. 특히 생명, 신체의 침해로 인한 불법행위에 기한 손해배상을 구할 때 주로 문제된다. 그 경우 손해는 적극적 손해, 소극적 손해, 위자료로 구성되며, 각각의 항목은 별도의 소송물을 구성한다.

---

104) 대법원 2007. 1. 25. 선고 2004다51825 판결.
105) 대법원 2007. 12. 13. 선고 2007다18959 판결.

마. 지연배상과 전보배상

이행이 지체됨에 따라 발생한 손해의 배상을 지연배상이라고 하고, 원래의 급부 대신 받는 손해배상을 전보배상이라고 한다. 그런데 전보배상은 채무불이행이 있다고 하여 언제나 인정되는 것이 아니라 일정한 요건을 갖추어야 청구할 수 있다. 이행불능의 경우에는 이행을 강제하여도 이행이 불가능하므로 당연히 전보배상이 인정된다. 이행지체의 경우에는 채권자가 상당한 기간을 정하여 이행을 최고하여도 그 기간 내에 이행하지 않거나 지체 후의 이행이 채권자에게 이익이 없는 때에 한하여 전보배상을 청구할 수 있다. 다만, 채무자가 이행거절의 의사를 명백하게 표시한 경우에는 최고 없이 바로 전보배상을 청구할 수 있다.

Ⅱ. 손해배상의 범위

第393條 (損害賠償의 範圍)
① 債務不履行으로 因한 損害賠償은 通常의 損害를 그 限度로 한다.
② 特別한 事情으로 因한 損害는 債務者가 그 事情을 알았거나 알 수 있었을 때에 限하여 賠償의 責任이 있다.

1. 일반론

민법 제393조는 손해배상의 범위에 관하여 원칙적으로 통상손해를 한도로 하고, 특별한 사정으로 인한 손해는 채무자가 그 사정을 알았거나 알 수 있었을 때에 한하여 배상책임이 있다고 규정하고 있다. 위 규정의 의미에 관하여는 제393조 제1항은 상당인과관계설의 원칙을 선언한 것이며, 제2항은 상당인과관계설 중 채무불이행 당시 평균인이 알 수 있었던 사정과 함께 채무자가 알고 있었던 사정을 함께 고찰대상으로 하는 이른바 절충설에 의한 규정이라고 보는 견해[106]와 제1항은 상당인과관계설의 원칙을 선언한 것이지만 제2항은 상당인과관계설과는 별개로 민법이 일정한 요건 아래 특별한 사정으로 인한 손해의 배상을 인정한 규정으로 이해하는 견해[107]가 대립되고 있다. 그러나 어떤 견해에 의하든 손해배상의 범위는 제393조의 해석에 의하여 정해질 것이므로, 위와 같은 견해의 대립은 큰 의미가 없다고 생각한다.

2. 통상손해의 배상

통상손해는 일정한 채무불이행에 의하여 사회 일반의 관념에 따라 보통 발생하는 것으로 생각되는 범위의 손해를 말한다. 이때 통상손해라는 점이 인정되려면 A라는 채무불이행이 없었으면 B라는 손해가 생기지 않았으리라는 구체적 관계와 A라는 채무불이행이 있으면 B라는 손해가 발생하는 것이 보통이라는 일반적 관계가 요구된다.[108] 위와 같은 사정이 인정되면 채권자는 당연히 채무자에게 손해배상을 청구할 수 있으며, 채무자는 그 통상손해에 관하여 알 수 없었다는 항변을 할 수 없다.

---

106) 곽윤직, 120면.
107) 송덕수, 836면.
108) 곽윤직, 121면; 송덕수, 837면.

3. 특별손해의 배상

특별손해는 당사자 사이에 있어서의 개별적, 구체적 사정에 의한 손해를 말한다. 특별손해에 관하여는 채무자가 그 특별한 사정의 존재를 알았거나 알 수 있었던 경우에 한하여 배상책임이 있는데, 특별한 사정에 의하여 발생한 손해의 액수까지 알았거나 알 수 있었어야 하는 것은 아니다.[109] 그리고 민법 제393조 제2항 소정의 특별사정으로 인한 손해배상에 있어서 채무자가 그 사정을 알았거나 알 수 있었는지의 여부를 가리는 시기는 계약체결 당시가 아니라 채무의 이행기까지를 기준으로 판단하여야 한다.[110] 특별한 사정을 채무자가 알았거나 알 수 있었다는 점은 채권자가 입증하여야 한다.

4. 관련 사례

가. 통상손해에 관한 사례

(1) 물건의 멸실 · 훼손으로 인한 통상손해의 범위

일반적으로 불법행위로 인한 손해는 물건이 멸실되었을 때에는 멸실 당시의 시가를, 물건이 훼손되었을 때에는 수리 또는 원상회복이 가능한 경우에는 수리비 또는 원상회복에 드는 비용을, 수리 또는 원상회복이 불가능하거나 그 비용이 과다한 경우에는 훼손으로 인하여 교환가치가 감소된 부분을 통상의 손해로 보아야 한

109) 대법원 1994. 11. 11. 선고 94다22446 판결.
110) 대법원 1985. 9. 10. 선고 84다카1532 판결.

다.[111)]

(2) 영업용 재산의 손상으로 인한 휴업손해

불법행위로 영업용 택시와 같은 수익용 차량이 손상되어 수리가 불가능한 경우에 새 차를 구입하여 영업을 개시할 수 있을 때까지의 기간 동안 영업을 하지 못한 휴업손해는 통상손해에 해당한다(2003다24147).

(3) 임대차기간 만료시까지의 일실수입 : 부정

임대인의 방해행위로 임차인의 임대차 목적물에 대한 임차권에 기한 사용·수익이 사회통념상 불가능하게 됨으로써 임대인의 귀책사유에 의하여 임대인으로서의 의무가 이행불능되어 임대차계약이 종료된 경우, 임차인은 임대인에 대하여 임대차보증금 반환청구권을 행사할 수 있고 그 이후의 차임 지급의무를 면한다. 그리고 다른 특별한 사정이 없는 한 그 임대차 목적물을 대신할 다른 목적물을 마련하기 위하여 합리적으로 필요한 기간 동안 그 목적물을 이용하여 영업을 계속하였더라면 얻을 수 있었던 이익, 즉 휴업손해를 통상의 손해로서 배상받을 수 있다. 그러나 장래 그 목적물의 임대차기간 만료시까지 계속해서 그 목적물을 사용·수익할 수 없음으로 인한 일실수입 손해에 대한 배상은 청구할 수 없다.[112)]

(4) 이행불능 당시의 시가가 계약 당시보다 높은 경우

매매계약의 이행불능으로 인한 전보배상책임의 범위는 이행불능 당시의 매매목적물의 시가에 의하여야 하고 그와 같은 시가 상당액이 곧 통상의 손해라 할 것이고, 그 후 시가의 등귀는 채무자가

111) 대법원 2006. 4. 28. 선고 2005다44633 판결.
112) 대법원 2006. 1. 27. 선고 2005다16591 판결.

알거나 알 수 있었을 경우에 한하여 이를 특별사정으로 인한 손해로 보아 그 배상을 청구할 수 있는 것이므로 이행불능 당시의 시가가 계약 당시의 그것보다 현저하게 앙등되었다 할지라도 그 가격을 이른바 특별사정으로 인한 손해라고 볼 수 없다.[113)]

나. 특별손해에 관한 사례

(1) 잔금 지체 중 양도소득세 부담 증가

매수인의 잔금지급 지체로 인하여 계약을 해제하지 아니한 매도인이 지체된 기간 동안 입은 손해 중 그 미지급 잔금에 대한 법정이율에 따른 이자 상당의 금액은 통상손해라고 할 것이지만, 그 사이에 매매대상 토지의 개별공시지가가 급등하여 매도인의 양도소득세 부담이 늘었다고 하더라도 그 손해는 사회일반의 관념상 매매계약에서의 잔금지급의 이행지체의 경우 통상 발생하는 것으로 생각되는 범위의 통상손해라고 할 수는 없고, 이는 특별한 사정에 의하여 발생한 손해에 해당한다.[114)]

(2) 이행불능 이후 목적물 시가 상승

채무자의 부동산에 관한 소유권이전등기 의무가 이행불능으로 된 경우, 그 손해배상액은 원칙적으로 이행불능 당시의 목적물의 시가에 의하여야 하고, 그 후 목적물의 시가가 등귀하였다고 하더라도 그로 인한 손해는 특별한 사정에 인한 것이어서 채무자가 이

113) 대법원 1993. 5. 27. 선고 92다20163 판결. 즉, 이행불능 당시의 시가가 계약 당시보다 현저히 높다 하더라도 그 시가에 의하여 산정한 손해는 통상손해이지 특별손해가 아니라는 것이다. 다만, 불능 이후에 시가가 급등한 것은 특별손해이다. 뒤에 소개하는 대법원 1995. 10. 13. 선고 95다22337 판결과 비교하여 살펴볼 필요가 있다.

114) 대법원 2006. 4. 13. 선고 2005다75897 판결.

행불능 당시 그와 같은 특별한 사정을 알았거나 알 수 있었을 경우에 한하여 그 등귀한 가격에 의한 손해배상을 청구할 수 있다.[115)]

(3) 재산적 손해로 인한 정신적 고통

일반적으로 계약상 채무불이행으로 인하여 재산적 손해가 발생한 경우, 그로 인하여 계약 당사자가 받은 정신적인 고통은 재산적 손해에 대한 배상이 이루어짐으로써 회복된다고 보아야 할 것이므로, 재산적 손해의 배상만으로는 회복될 수 없는 정신적 고통을 입었다는 특별한 사정이 있고, 상대방이 이와 같은 사정을 알았거나 알 수 있었을 경우에 한하여 정신적 고통에 대한 위자료를 인정할 수 있다.[116)]

(4) 토지에 대한 부당가압류로 인한 건물신축공사 해제

토지에 대한 부당한 가압류의 집행으로 그 지상에 건물을 신축하는 내용의 공사도급계약이 해제됨으로 인한 손해는 특별손해이므로, 가압류채권자가 토지에 대한 가압류집행이 그 지상 건물 공사도급계약의 해제사유가 된다는 특별한 사정을 알았거나 알 수 있었을 때에 한하여 배상의 책임이 있다.[117)]

---

115) 대법원 1995. 10. 13. 선고 95다22337 판결. 이와 달리 이행불능 당시의 시가가 계약 당시보다 크게 오른 경우라 하더라도 그것은 통상손해이지 특별손해가 아님을 주의하여야 한다.

116) 대법원 2007. 12. 13. 선고 2007다18959 판결.

117) 대법원 2008. 6. 26. 선고 2006다84874 판결.

Ⅲ. 손해액의 산정

第394條 (損害賠償의 方法)
다른 意思表示가 없으면 損害는 金錢으로 賠償한다.

第396條 (過失相計)
債務不履行에 關하여 債權者에게 過失이 있는 때에는 法院은 損害賠償의 責任 및 그 金額을 定함에 이를 參酌하여야 한다.

第397條 (金錢債務不履行에 對한 特則)
① 金錢債務不履行의 損害賠償額은 法定利率에 依한다. 그러나 法令의 制限에 違反하지 아니한 約定利率이 있으면 그 利率에 依한다.
② 前項의 損害賠償에 關하여는 債權者는 損害의 證明을 要하지 아니하고 債務者는 過失없음을 抗辯하지 못한다.

1. 손해배상의 방법

다른 의사표시가 없으면 손해는 금전으로 배상한다(394조). 이때 다른 의사표시란 일방적인 의사표시를 의미하는 것이 아니라 쌍방이 합의한 의사표시를 의미한다. 따라서 채권자가 금전 이외의 방법으로 손해를 배상받기를 원하더라도 채무자가 동의하지 않으면 금전으로 손해를 배상받을 수밖에 없다.

2. 중간이자의 공제

장래의 일정한 시기에 얻을 이익을 침해당한 경우에 현재의 손해액은 장래에 얻을 이익 자체가 아니라 그것으로부터 중간이자[118]를 공제하여야 한다. 즉, 장래에 얻을 이익의 현재가치가 배상해야 할 손해액이 되고, 그 현재가치에 이자를 합산한 금액이 장래에 얻을 이익이 되는 것이다. 중간이자를 공제하는 방법은 단리로 계산하는 호프만식[119]과 복리로 계산하는 라이프니츠식[120]이 있는데, 대법원은 두 방식을 법원이 자유로운 판단에 따라 결정할 수 있다고 한다.[121]

3. 과실상계

가. 의의

채무불이행에 관하여 채권자에게 과실이 있는 때에는 법원은 손해배상의 책임 및 그 금액을 정함에 이를 참작하여야 한다(396조). 판례는 민법상 과실상계 제도는 채권자가 신의칙상 요구되는 주의를 다하지 아니한 경우 공평의 원칙에 따라 손해배상액을 산정함에 있어서 채권자의 그와 같은 부주의를 참작하게 하려는 것이므로 사회통념상 혹은 신의성실의 원칙상 단순한 부주의라도 그로

118) 법정이율에 의하는 경우가 많을 것이다.

119) 현재가치 = 장래손해액 / [1+(연수×이율)]

120) 현재가치 = 장래손해액 / (1+이율)^{연수}

121) 대법원 1983. 6. 28. 선고 83다191 판결.

말미암아 손해가 발생하거나 확대된 원인을 이루었다면 채권자에게 과실이 있는 것으로 보아 과실상계를 할 수 있다고 한다.[122) 즉, '과실상계에서의 과실'은 '채무불이행의 성립요건으로서의 과실'보다 넓은 개념이다.

나. 과실상계의 방법

채무불이행으로 인한 손해배상책임의 범위를 정함에 있어서의 과실상계 사유의 유무와 정도는 개별 사례에서 문제된 계약의 체결 및 이행 경위와 당사자 쌍방의 잘못을 비교하여 종합적으로 판단하여야 하며, 이때 과실상계 사유에 관한 사실인정이나 그 비율을 정하는 것은 그것이 형평의 원칙에 비추어 현저히 불합리한 것이 아닌 한 사실심의 전권사항이라고 할 수 있다.[123)] 채권자에게 과실이 인정되면 법원은 손해배상의 책임 및 그 금액을 정함에 있어서 이를 참작하여야 하며, 채무자가 채권자의 과실에 관하여 주장하지 않는 경우에도 소송자료에 의하여 과실이 인정되는 경우에는 법원이 직권으로 심리 · 판단하여야 한다.[124)]

다. 적용범위

(1) 원칙

과실상계는 원칙적으로 채무불이행 내지 불법행위로 인한 '손해배상책임'에 대하여 인정된다.

---

122) 대법원 2000. 6. 13. 선고 98다35389 판결.
123) 대법원 2007. 1. 25. 선고 2004다51825 판결.
124) 대법원 1996. 10. 25. 선고 96다30113 판결.

(2) 본래 급부의 이행을 청구하는 경우

과실상계는 채무의 내용에 따른 본래 급부의 이행을 구하는 경우에는 적용되지 않는다. 판례는 예금주가 인장관리를 다소 소홀히 하였거나 입·출금 내역을 조회하여 보지 않음으로써 금융기관 직원의 불법행위가 용이하게 된 사정이 있다고 할지라도 정기예탁금계약에 기한 정기예탁금 반환청구사건에 있어서는 그러한 사정을 들어 금융기관의 채무액을 감경하거나 과실상계할 수 없다고 한다.[125]

(3) 채무자가 고의로 채무불이행을 야기한 경우

고의로 채무불이행을 야기한 채무자가 채권자의 부주의를 이유로 자신의 책임을 감하여 달라고 주장하는 것은 원칙적으로 허용될 수 없다. 그러나 이는 채무자로 하여금 채무불이행으로 인한 이익을 최종적으로 보유하게 하는 것이 공평의 이념이나 신의칙에 반하는 결과를 초래하기 때문이므로, 위와 같은 결과가 초래되지 않는 경우에는 과실상계나 공평의 원칙에 기한 책임의 제한이 가능하다.[126]

(4) 손해배상 예정액을 감액하는 경우

판례는 손해배상액 예정으로 감액을 하는 경우 별도로 과실상계를 할 필요는 없다고 하면서, 그 이유는 예정된 손해배상액을 감경할 때 채무불이행 경위 등 여러 사정이 참작되기 때문이라고 한

---

125) 대법원 2001. 2. 9. 선고 99다48801 판결. 이 경우는 예금계약의 유·무효만 문제되므로, 일단 예금계약이 유효하다고 인정된다면 예금 전액을 지급해야 하며, 과실상계는 할 수 없는 것이다.

126) 대법원 2008. 5. 15. 선고 2007다37721 판결.

다.[127)]

(5) 하자담보책임에 과실상계가 적용되는지 여부

판례는 "민법 제581조, 제580조에 기한 매도인의 하자담보책임은 법이 특별히 인정한 무과실책임으로서 여기에 민법 제396조의 과실상계 규정이 준용될 수는 없다 하더라도 담보책임이 민법의 지도이념인 공평의 원칙에 입각한 것인 이상 하자발생 및 그 확대에 가공한 매수인의 잘못을 참작하여 손해배상의 범위를 정함이 상당하다 할 것이고, 하자담보책임으로 인한 손해배상사건에 있어서 배상권리자에게 그 하자를 발견하지 못한 잘못으로 손해를 확대시킨 과실이 인정된다면, 법원은 손해배상의 범위를 정함에 있어서 이를 참작하여야 하며, 손해배상의 책임을 다투는 배상의무자가 배상권리자의 과실에 따른 상계항변을 하지 아니하더라도 소송에 나타난 자료에 의하여 그 과실이 인정되면 법원은 직권으로 이를 심리·판단하여야 한다."라고 하였다.[128)]

4. 손익상계

가. 의의

손익상계는 채무불이행으로 손해를 받은 사람이 같은 원인으로 이익을 얻고 있는 경우, 손해에서 그 이익을 공제하여 손해배상액을 정해야 한다는 것이다. 이는 본래의 의미의 상계가 아니며 손해액의 계산방법에 지나지 않는다. 이때 손해에서 공제할 이익은 손

---

127) 대법원 2002. 1. 25. 선고 99다57126 판결.

128) 대법원 1995. 6. 30. 선고 94다23920 판결.

해배상의 원인과 상당인과관계가 있는 것에 한정된다.

나. 과실상계와 손익상계의 순서

과실상계와 손익상계사유가 모두 있는 경우에 그 순서에 따라 총액이 달라질 수 있는 문제가 있는데, 판례는 과실상계를 먼저 한 다음 손익상계를 하여야 하고, 이는 과실상계뿐만 아니라 손해부담의 공평을 기하기 위한 책임제한의 경우에도 마찬가지라고 한다.[129)]

Ⅳ. 손해배상액의 예정

第398條 (賠償額의 豫定)
① 當事者는 債務不履行에 關한 損害賠償額을 豫定할 수 있다.
② 損害賠償의 豫定額이 不當히 過多한 境遇에는 法院은 適當히 減額할 수 있다.
③ 損害賠償額의 豫定은 履行의 請求나 契約의 解除에 影響을 미치지 아니한다.
④ 違約金의 約定은 損害賠償額의 豫定으로 推定한다.
⑤ 當事者가 金錢이 아닌 것으로써 損害의 賠償에 充當할 것을 豫定한 境遇에도 前4項의 規定을 準用한다.

1. 의의

손해배상액의 예정이란 채무불이행이 있는 경우 실제 손해를 입

129) 대법원 2008. 5. 15. 선고 2007다37721 판결.

증하여 손해배상을 하는 것이 쉽지 않기 때문에 채무불이행이 발생하기 전에 미리 채무불이행이 있으면 얼마를 배상한다고 정하는 것을 말한다.

2. 법률관계 일반론

가. 채권자의 입증책임 경감

손해배상액을 예정한 경우, 채권자는 채무불이행의 사실만 입증하여 예정한 배상액을 청구할 수 있고, 손해가 실제로 발생하였다는 사실이나 실제 발생한 손해액은 입증할 필요가 없다.

나. 손해배상액의 잠정적 확정과 법원에 의한 감액

채권자는 실제 손해액이 배상예정액보다 더 크다는 점을 입증하여도 예정액을 초과하는 손해배상을 받을 수 없고, 채무자도 실제 손해액이 배상예정액보다 적다는 점을 입증하여 감액을 청구하지 못한다. 그러나 법원은 손해배상의 예정액이 부당히 과다하다고 인정하는 경우 적당히 감액할 수 있다. 이때 손해배상 예정액이 부당하게 과다한지 및 그에 대한 적당한 감액의 범위를 판단하는 기준은 배상비율이 아니라 배상비율에 의하여 산정된 예정배상액의 총액을 기준으로 한다.[130)]

다. 채무자의 귀책사유가 없는 경우

손해배상액의 예정은 원칙적으로 채무불이행이 성립하는 것을

130) 대법원 2000. 7. 28. 선고 99다38637 판결.

전제로 하는 것이므로, 채무자가 자신의 귀책사유 없음을 주장·입증하여 채무불이행책임 자체를 면하는 경우에는 예정된 금액을 배상할 의무가 없는 것이 원칙이다. 다만, 귀책사유를 불문하고 불이행이 발생하면 일정액을 배상해야 한다고 약정하는 것은 가능하다. 그러나 그러한 약정은 통상적인 것이라고 볼 수 없으므로, 귀책사유를 불문하기로 하는 약정의 존재는 엄격하게 해석해야 한다.[131]

3. 위약금 약정의 성격

위와 같이 손해배상액의 예정이 있는 경우 법원이 감액을 할 수 있으므로 채무불이행이 있는 경우 채무자가 채권자에게 일정한 돈을 지급하기로 하는 약정이 있는 경우에 그것이 손해배상액의 예정인지 아닌지가 중요한 문제가 된다. 그래서 제398조 제4항은 위약금의 약정은 손해배상액의 예정으로 추정한다고 규정하고 있다.

그러나 당사자가 채무불이행시에는 손해배상을 해야 함은 물론 이와 별도로 추가적인 금전을 지급하여야 한다고 약정하는 것은 자유이며, 이를 위약벌이라고 한다. 판례는 위약벌의 약정은 채무의 이행을 확보하기 위하여 정해지는 것으로서 손해배상의 예정과는 그 내용이 다르므로 손해배상의 예정에 관한 민법 제398조 제2항을 유추적용하여 그 액을 감액할 수는 없고, 다만 그 의무의 강제에 의하여 얻어지는 채권자의 이익에 비하여 약정된 벌이 과도하게 무거울 때에는 그 일부 또는 전부가 공서양속에 반하여 무효로 될 수 있을 뿐이라고 한다.[132]

---

131) 대법원 2007. 12. 27. 선고 2006다9408 판결.
132) 대법원 2005. 10. 13. 선고 2005다26277 판결.

4. 계약금에 관련된 문제

계약을 체결하면서 일정액의 금전을 지급하는 경우가 있다. 이러한 금전은 다양한 의도로 교부될 수 있는데, 민법 제565조 제1항은 "매매의 당사자일방이 계약당시에 금전 기타 물건을 계약금, 보증금등의 명목으로 상대방에게 교부한 때에는 당사자간에 다른 약정이 없는 한 당사자의 일방이 이행에 착수할 때까지 교부자는 이를 포기하고 수령자는 그 배액을 상환하여 매매계약을 해제할 수 있다."라고 규정하고 있다. 즉, 계약금은 해약금으로 추정된다. 그런데 만약 계약서에 "채무불이행시 계약금을 지급한 사람은 그것을 몰수당하고, 계약금을 받은 사람은 배액을 상환하여야 한다."라고 기재되어 있으면 어떠한가? 실제 거래에서 계약서에 그와 같이 인쇄되어 있거나 그러한 기재를 하는 경우가 많다. 이러한 경우 계약금은 해약금의 성질을 가질 뿐만 아니라 위약금의 성질까지 가지게 되는데, 앞서 본 바와 같이 위약금 약정은 손해배상액의 예정으로 추정되므로, 그 경우 계약금은 해약금의 성질과 손해배상액 예정으로서의 성질을 동시에 가진다고 추정된다.

5. 공사도급계약과 관련된 문제

가. 지체상금

(1) 의의

지체상금은 이행지체시 채무자가 지급하여야 할 손해배상액이다. 공사도급계약에 관하여 지체상금을 정하는 경우가 많다. 지체상금

은 보통 지체 일수에 일정한 금액을 곱하는 방식으로 정한다.[133]

(2) 법적 성질

지체상금의 법적 성질은 구체적인 계약 내용에 따라 달라질 수 있겠으나, 법원이 위약벌로 판단하는 경우는 거의 없기 때문에 사실상 지체상금 약정은 손해배상액의 예정이라고 보아도 무방하다. 그러므로 민법 제398조 제2항에 의하여 그 금액이 부당하게 과다한 경우에는 법원이 감액할 수 있다. 이때 지체상금이 부당하게 과다한지 여부를 판단하는 기준은 지체상금의 비율이 아니라 총액이다.

(3) 지체상금의 발생요건

도급계약에 있어서 지체상금의 발생요건은 ① 지체상금 약정의 존재, ② 일 완성 의무의 지체, ③ 수급인의 귀책사유이다. 이 중 수급인의 귀책사유가 지체상금의 발생요건인지 여부에 관하여는 견해가 대립되나 판례는 수급인이 책임질 수 없는 사유로 인하여 공사가 지연된 경우에는 그 기간만큼 공제되어야 한다고 하므로[134], 귀책사유가 필요하다는 입장이라고 생각된다.[135] 이 때 수급인이 책임질 수 없는 사유의 입증책임은 수급인에게 있다.

(4) 지체상금이 발생하는 기간

지체상금 발생의 시기는 완공기한 다음날이고, 종기는 실제로 공사를 완공한 날이다.[136] 공사가 중단된 경우의 지체상금의 종기는

---

133) 지체 일수 × 공사대금의 1/1000로 정하는 경우가 많지만, 꼭 위 비율로 정해야 하는 것은 아니다.

134) 대법원 1999. 3. 26. 선고 96다23306 판결.

135) 앞서 손해배상액의 예정은 통상 채무불이행을 전제로 하므로, 귀책사유를 불문하기로 하는 약정의 존재는 엄격하게 해석해야 한다는 점을 설명한 바 있다(대법원 2007. 12. 27. 선고 2006다9408 판결).

수급인이 공사를 중단하거나 기타 해제사유가 있어 도급인이 이를 해제할 수 있었을 때[137]를 기준으로 하여 도급인이 다른 업자에게 의뢰하여 같은 건물을 완공할 수 있었던 시점이다.[138] 위와 같이 해석하는 것은 도급인의 태만에 의하여 지체상금 액수가 무한정 늘어나는 것을 막기 위한 것이다.

(5) 미완성과 하자의 구별

일단 완성된 것처럼 보이는 건물에 어떤 문제점이 있는 경우에 그것이 공사를 미완성한 것인지 공사는 완성되었으나 하자가 있다고 볼 것인지가 불분명한 경우가 있다. 미완성으로 볼 때에는 완공될 때까지 계속 지체상금이 발생되지만, 하자로 보면 지체상금은 발생되지 않고 하자담보책임만 부담하게 된다. 따라서 미완성과 하자를 구별하는 것은 중요하다. 판례는 예정된 최후의 공정까지 종료하였는지 여부에 따라서 미완성과 하자를 구별해야 한다고 하면서, 최후의 공정을 종료했는지 여부는 당해 건물 도급계약의 구체적 내용과 신의성실의 원칙에 비추어 객관적으로 판단할 수밖에 없다고 한다.[139]

나. 계약보증금(계약이행보증금)

도급계약서 및 그 계약내용에 편입된 약관에 수급인의 귀책사유로 인하여 계약이 해제된 경우에는 계약보증금이 도급인에게 귀속한다는 조항이 있는 경우가 있다. 이때 계약보증금이 손해배상액의

136) 공사 완공 이후 인도까지 해야 할 것이나, 완공 후 인도할 때까지 동시이행의 항변권이 있으면 지체상금이 발생되지 않는다고 한다.
137) 현실로 도급계약을 해제한 때가 아니라는 점을 주의해야 한다.
138) 대법원 1999. 10. 12. 선고 99다14846 판결.
139) 대법원 1997. 12. 23. 선고 97다44768 판결.

예정인지 위약벌인지는 도급계약서 및 위 약관 등을 종합하여 구체적 사건에서 개별적으로 결정할 의사해석의 문제이다. 그런데 위약금은 민법 제398조 제4항에 의하여 손해배상액의 예정으로 추정되므로 위약금이 위약벌로 해석되기 위하여는 특별한 사정이 주장·입증되어야 하고, 당사자 사이의 도급계약서에 계약보증금 외에 지체상금도 규정되어 있다는 점만을 이유로 하여 계약보증금을 위약벌로 보기는 어렵다는 것이 판례이다.[140)]

다. 하자보수보증금

공사도급계약서에 수급인이 하자담보책임 기간 중 도급인으로부터 하자보수요구를 받고 이에 불응한 경우 하자보수보증금은 도급인에게 귀속한다는 조항이 있는 경우가 있다. 판례는 위 하자보수보증금에 관하여 도급인은 수급인의 하자보수의무 불이행을 이유로 하자보수보증금의 몰취 외에 그 실손해액을 입증하여 수급인으로부터 그 초과액 상당의 손해배상을 받을 수도 있는 특수한 손해배상액의 예정으로 판단하고 있다.[141)] 즉, 보통의 손해배상액 예정은 채권자가 초과손해를 입증해도 예정된 배상액만을 받을 수 있을 뿐이지만, 하자보수보증금은 채권자의 선택에 따라 예정된 배상액을 받을 수도 있고, 실제의 손해를 입증하여 실제 손해만큼의 배

---

140) 대법원 2000. 12. 8. 선고 2000다35771 판결. 그런데 대법원은 위 판결 이전에는 도급계약에 있어 계약이행보증금과 지체상금의 약정이 있는 경우에는 특별한 사정이 없는 한 계약이행보증금은 위약벌 또는 제재금의 성질을 가진다는 입장을 취하였으나(1997. 10. 28. 선고 97다21932 판결 등), 위 2000다35771 판결이 선고된 이후에는 위약벌로 해석할 만한 특별한 사정이 입증되지 않는 한 위약벌로 인정할 수 없다는 입장을 취하고 있어서(대법원 2005. 11. 10. 선고 2004다40597 판결 등) 실질적으로 판례를 변경한 것으로 보인다.

141) 대법원 2002. 7. 12. 선고 2000다17810 판결.

상을 받을 수도 있다는 것이다.142)

제3절 채권자대위권과 채권자취소권

Ⅰ. 채권자대위권

第404條 (債權者代位權)
① 債權者는 自己의 債權을 保全하기 爲하여 債務者의 權利를 行使할 수 있다. 그러나 一身에 專屬한 權利는 그러하지 아니하다.
② 債權者는 그 債權의 期限이 到來하기 前에는 法院의 許可없이 前項의 權利를 行使하지 못한다. 그러나 保全行爲는 그러하지 아니하다.

第405條 (債權者代位權行使의 通知)
① 債權者가 前條 第1項의 規定에 依하여 保全行爲以外의 權利를 行使한 때에는 債務者에게 通知하여야 한다.
② 債務者가 前項의 通知를 받은 後에는 그 權利를 處分하여도 이로써 債權者에게 對抗하지 못한다.

142) 그러나 하자보수보증금이 언제나 위와 같은 특수한 손해배상액 예정으로 인정되는 것은 아니고, 약정 내용에 따라 일반적인 손해배상액 예정으로 인정되는 경우도 있다. 이와 관련하여 대법원은 "도급계약의 내용으로 되어 있는 공사계약일반조건에 수급인이 하자보수의무를 이행하지 아니하는 경우 하자보수보증금이 도급인에게 귀속한다고만 규정되어 있을 뿐 이와 별도로 도급인이 입은 손해에 대하여는 따로 배상하여야 한다는 취지의 규정이 있지도 아니하고, 오히려 도급계약상 도급인이 하자보수를 위하여 실제로 지출한 비용이 수급인이 예치한 하자보수보증금을 초과하더라도 그 이상의 책임을 수급인에게 물을 수 없다면, 위 하자보수보증금의 귀속규정은 수급인이 하자보수의무를 이행하지 아니하는 경우 그 보증금의 몰취로써 손해의 배상에 갈음한다는 취지로서, 하자보수보증금은 손해배상액의 예정으로서의 성질을 가진다."라고 판결하기도 하였다(대법원 2001. 9. 28. 선고 2001다14689 판결).

1. 의의

채권자대위권은 일정한 요건을 갖춘 경우 채권자가 '채무자가 제3자에게 가지는 권리'를 대신 행사할 수 있는 권리이다. 채권자대위권이 행사되는 예를 들면 다음과 같다. A가 B에게 100만원을 받을 채권이 있고, B는 C로부터 부동산의 소유권을 이전받을 채권이 있다고 하자, 이 경우 B가 C로부터 소유권이전등기를 넘겨받으면 A는 B가 C로부터 넘겨받은 부동산을 가압류하여 자신의 100만원 채권을 보전할 수 있다. 또 B가 돈을 갚지 않을 경우 B를 상대로 판결을 받은 뒤 위 부동산을 강제경매하여 자신의 채권을 회수할 수 있다. 그런데 만약 B가 C로부터 소유권이전등기를 받지 않고 있다면 어떻게 해야 하는가? 민법은 일정한 요건을 갖추면 A가 B의 C에 대한 소유권이전등기청구권을 대신 행사하여 C를 상대로 B에게 소유권이전등기를 하라는 청구를 할 수 있도록 규정하고 있는데, 이것이 바로 채권자대위권이다.

위 경우 B의 권리를 행사하는 사람은 A이지만 그 법률효과는 B에게 발생한다는 것이 특징이다. 이것은 채권자가 자신의 이름으로 행사하는 권리이므로 채무자를 대리하는 것과 다르고, 법률효과가 채무자에게 발생한다는 점에서 채무자에서 채권자에게 권리가 이전된 것과도 다르다.

2. 채권자대위의 요건

가. 일반론

민법 제404조는 채권자대위권에 관하여 다음과 같이 규정하고 있다. 채권자는 자기의 채권을 보전하기 위하여 채무자의 권리를 행사할 수 있다. 그러나 일신에 전속한 권리는 그러하지 아니하다(404조①). 채권자는 그 채권의 기한이 도래하기 전에는 법원의 허가 없이 전항의 권리를 행사하지 못한다. 그러나 보전행위는 그러하지 아니하다(404조②). 그러므로 위 규정에 의하면 채권자대위권을 행사하기 위해서는 피보전채권의 존재, 보전의 필요성, 채무자의 권리는 일신전속권이 아닐 것, 피보전채권이 변제기에 있거나 법원의 허가가 있을 것이 요구된다. 그리고 학설에 의하면 채무자가 스스로 그의 권리를 행사하지 않을 것도 채권자대위권의 요건이라고 한다.[143] 그 이유는 권리는 권리자가 행사하는 것이 원칙이므로, 권리자가 스스로 권리행사를 하고 있는데도 채권자가 간섭할 수 있도록 하는 것은 부당하기 때문이다.

나. 피보전채권의 존재

다른 사람의 권리를 대위하여 행사하기 위해서는 그가 그 다른 사람의 채권자이어야 하므로 피보전채권의 존재는 채권자대위권의 당연한 요건이다. 그런데 이때 피보전채권은 좁은 의미의 채권에 한정되는 것이 아니라 널리 청구권을 의미하므로 물권적 청구권을

---

143) 곽윤직, 138면; 김형배, 364면; 김대정, 212면.

기초로 해서도 채권자대위권을 행사할 수 있다. 또한 판례에 의하면 토지거래허가구역 내의 토지를 매매하였지만 아직 토지거래허가는 받지 않은 경우에 매수인은 매도인을 상대로 토지거래허가 신청절차에 협력할 것을 청구할 수 있는데, 그 토지거래허가 신청절차 협력의무 이행청구권을 기초로 해서도 채권자대위권을 행사할 수 있다.[144)]

그러나 채권자대위권의 피보전권리는 구체적, 현실적 권리이어야 하므로, 이혼으로 인한 재산분할청구권은 협의 또는 심판에 의하여 그 구체적 내용이 형성되기까지는 이를 보전하기 위하여 채권자대위권을 행사할 수 없다.[145)] 또한 대표이사의 업무집행권이나 주주의 주주권에 기하여는 회사가 제3자에 대하여 가지는 특정물에 관한 물권적 청구권이나 등기청구권을 대위행사할 수 없다.[146)]

다. 보전의 필요성

(1) 피보전채권이 일반적인 금전채권인 경우

보전의 필요성이 있다는 의미는 채무자의 권리를 대위행사하지 않으면 채무가 이행되지 않을 위험이 있다는 것을 의미한다. 따라서 보통의 금전채권에 관하여 보전의 필요성이 인정되기 위해서는 대위할 권리를 제외한 채무자의 재산이 채구를 변제하기에 부족한

---

144) 대법원 1994. 12. 27. 선고 94다4806 판결. 토지거래허가 신청절차 협력의무 이행청구권도 일종의 채권이라고 볼 수 있지만, 그 발생 원인이 되는 매매계약 자체는 무효이므로 특이성이 있다. 이때 매매계약은 현재까지는 무효이지만 그 무효가 확정적인 것은 아니고 차후 토지거래허가를 받으면 유효가 될 수 있으므로 그 효력이 유동적인 상태에 있다. 이러한 종류의 무효를 '유동적 무효'라고 한다.

145) 대법원 1999. 4. 9. 선고 98다58016 판결.

146) 대법원 1978. 4. 25. 선고 78다90 판결.

경우라야 할 것이다. 만약 채무자의 자력이 충분한 경우에는 굳이 채권자로 하여금 채무자의 권리를 대위행사하도록 허용하지 않아도 채무자의 다른 재산으로 충분히 채무의 이행을 확보할 수 있기 때문이다.

예를 들어 A가 B에게 100만원의 채권이 있고, B는 C에 대하여 어떤 부동산의 소유권이전등기를 청구할 권리가 있다고 하자. 그런데 B는 위 소유권이전등기청구권 외에도 이미 10억원 상당의 아파트와 5천만원 정도의 예금을 가지고 있다. 이러한 경우 A는 굳이 B의 C에 대한 소유권이전등기청구권을 대위행사하지 않더라도 B의 다른 재산으로부터 충분히 채권을 회수할 수 있을 것이다. 따라서 피보전채권이 금전채권인 경우에는 원칙적으로 채무자의 무자력이 채권자대위의 요건이 된다. 판례도 피보전채권이 금전채권일 때에는 채무자가 채무이행의 의사가 없는 것만으로는 채권자대위권을 행사할 수 없고 채무자가 무자력하여 그 일반재산의 감소를 방지할 필요가 있는 경우에 한하여 채권자대위권을 행사할 수 있다고 한다.[147]

(2) 피보전채권이 금전채권이 아닌 경우

금전채권 외의 채권을 보전함에 있어서 채무자의 무자력은 보전의 필요성을 인정받기 위한 요건이 아니다. 금전채권이 아닌 채권의 보전을 위해서 채무자의 권리를 행사해야 하는 경우는, 채무자의 제3자[148]에 대한 권리가 행사되지 않으면 채권자의 권리가 실현될 수 없는 관계에 있는 경우이다. 보통 이러한 경우를 특정채권의 보전을 위한 대위라고 한다.

---

147) 대법원 1969. 7. 29. 선고 69다835 판결.

148) 채무자에 대하여 의무를 부담하는 제3자를 '제3채무자'라고 한다.

예를 들어 A가 B에게 토지를 매도하고, B가 C에게 그 토지를 다시 매도하였는데, 아직 등기는 A명의로 되어 있다고 하자. 이때 C가 B로부터 등기를 이전받기 위해서는 먼저 B가 A에게 가지는 소유권이전등기청구권이 행사되어 일단 B명의로 소유권이전등기가 되지 않으면 안 된다. 즉, 이러한 경우 채무자의 권리가 먼저 행사될 것이 채권자의 권리 실현의 전제가 되는 관계로부터 보전의 필요성이 인정되는 것이며, 채무자인 B의 재산이 충분한지 여부는 C의 B에 대한 등기청구권을 보전하는 것과 관련이 없음을 알 수 있다. 판례는 특히 소유권이전등기청구권의 대위행사에 관하여 위와 같은 결론을 여러 차례 확인한 바 있다.[149)]

(3) 금전채권이지만 무자력을 요하지 않는 경우

피보전채권이 금전채권인 경우에도 그 금전채권의 이행을 위해서 반드시 채무자의 제3자에 대한 특정한 채권이 이행되어야 하거나, 그 금전채권이 특수한 목적을 달성하기 위한 것으로서 보통의 금전채권과는 다른 의미를 가지는 경우에는 채무자가 무자력이 아니더라도 채권자대위권을 행사할 수 있다.

예를 들어 A는 B의 집을 보증금 1억원에 임차하여 살고 있었는데, 그 임대차보증금 반환청구권을 C에게 양도하였다고 하자. 이때 C가 B로부터 1억원을 받기 위해서는 A가 위 집을 B에게 명도한 경우라야 한다. 왜냐 하면 임대차보증금 반환채무와 임대차목적물 반환의무는 동시이행 관계에 있기 때문이다. 따라서 A가 위 주택을 B에게 명도하지 않으면 C는 양도받은 1억원의 보증금채권을 실현시킬 수 없으므로, 결국 C는 자신에 대한 채무자이자 임대인

---

149) 대법원 1992. 10. 27. 선고 91다483 판결 등.

인 B를 대위하여 A를 상대로 가옥명도 청구를 할 수밖에 없는 것이다. 이러한 경우 가옥명도는 C의 채권 실현을 위한 전제가 되는 것이므로, 보통의 금전채권 보전을 위한 채권자대위권 행사와는 다르다. 따라서 위와 같은 경우에는 비록 피보전채권이 금전채권이라 하더라도 채무자의 무자력은 채권자대위의 요건이 아니다.[150)]

한편, 판례는 수임인이 민법 제688조 제2항[151)] 전단에 의하여 가지는 대변제청구권(代辨濟請求權)을 보전하기 위하여 채무자인 위임인의 채권을 대위행사하는 경우에도 채무자의 무자력을 요건으로 하지 않는다고 한다.[152)] 위 대변제청구권은 위임관계에서 수임인과 위임인 사이의 이익을 조정하기 위한 특수한 목적이 있으므로, 보통의 금전채권과 달리 채권자대위권을 행사함에 있어서 채무자의 무자력을 요구하지 않는다는 것이다.

(4) 판례에 대한 비판과 그에 대한 반론

일부 학설은 판례가 특정채권의 보전을 위한 채권자대위권을 인정하고 그 경우 무자력을 요건으로 하지 않는 것에 대하여 그것은 채무자의 책임재산을 보전하고자 하는 채권자대위권의 본래 취지

---

150) 이와 관련하여 대법원 1989. 4. 25. 선고 88다카4253 판결은 "채권자가 자기채권을 보전하기 위하여 채무자의 권리를 행사하려면 채무자의 무자력을 요건으로 하는 것이 통상이지만 임대차보증금반환채권을 양수한 채권자가 그 이행을 청구하기 위하여 임차인의 가옥명도가 선이행되어야 할 필요가 있어서 그 명도를 구하는 경우에는 그 채권의 보전과 채무자인 임대인의 자력유무는 관계가 없는 일이므로 무자력을 요건으로 한다고 할 수 없다." 라고 하였다.

151) 제688조 (수임인의 비용상환청구권 등) ② 수임인이 위임사무의 처리에 필요한 채무를 부담한 때에는 위임인에게 자기에 갈음하여 이를 변제하게 할 수 있고 그 채무가 변제기에 있지 아니한 때에는 상당한 담보를 제공하게 할 수 있다.

152) 대법원 2002. 1. 25. 선고 2001다52506 판결.

와는 맞지 않는다고 비판한다.[153] 그러나 오늘날 금전채권의 보전을 위해서 채무자가 제3자에게 가지는 채권을 대위행사할 필요가 있는 경우에 채권자대위권이 이용되는 사례가 많다고 볼 수는 없고, 주로 채권가압류나 채권압류 및 추심명령이 이용되고 있다고 생각된다. 그 결과 채권자대위권은 주로 등기청구권과 같은 특정채권의 보전을 위하여 이용되고 있다. 이러한 상황이라면 굳이 채권자대위권제도의 연원을 따져서 과거 외국에서 논의되었던 고루한 이론에 집착할 이유가 없다고 생각한다. 또한 우리 민법 제404조는 자기의 채권을 보전하기 위하여 채무자의 권리를 행사할 수 있다고 포괄적으로 규정할 뿐 무자력을 요건으로 한다고 규정하지 않았다. 그렇다면 특정채권 보전을 위한 채권자대위권을 인정하고 무자력을 그 요건으로 하지 않는 판례의 취지는 지극히 정당한 것이다. 판례의 결론은 민법 규정을 현실에 맞게 잘 해석한 모범적인 사례라고 생각한다.

라. 대위채권[154]에 관한 요건

(1) 대위채권이 행사상의 일신전속권이 아닐 것

채무자가 제3자에 대하여 가지는 권리가 오로지 채무자의 의사에 권리행사의 자유가 맡겨져 있는 경우에는 채권자가 대위행사할 수 없다. 예를 들어 채무자가 채무를 변제할 자력은 없지만 배우자와 이혼을 하여 재산분할을 받으면 채무를 변제할 수 있는 상황이

153) 곽윤직, 137면.

154) 대위채권은 채무자가 제3자에 대하여 가지는 채권이다. 예를 들어 A가 B에 대하여 채권을 가지고 있고, B가 C에 대하여 채권을 가지고 있는데, A가 B를 대위하여 C에게 청구를 할 경우에 A의 B에 대한 채권을 피보전채권이라고 하고, B의 C에 대한 채권을 대위채권이라고 한다.

라 하더라도, 채권자가 채무자의 이혼청구권을 대위하여 행사할 수 있다고 볼 수는 없을 것이다. 위와 같은 성격의 권리를 행사상의 일신전속권이라고 하며 채권자대위가 허용되지 않는다. 반면, 고용이나 위임 등 당사자 사이의 특별한 신뢰관계를 바탕으로 발생된 권리는 상속이나 양도성이 제한되기도 하는데, 이러한 권리를 귀속상의 일신전속권이라고 한다. 귀속상의 일신전속권은 당연히 채권자대위의 목적이 될 수 없는 것이 아니라 필요한 경우에는 채권자대위의 목적이 될 수 있다.

판례에 의하면, 후견인이 민법 제950조 제1항 각호의 행위를 하면서 친족회의 동의를 얻지 아니한 경우, 제2항의 규정에 의하여 피후견인 또는 친족회가 그 후견인의 행위를 취소할 수 있는 권리는 행사상의 일신전속권이므로 채권자대위권의 목적이 될 수 없지만[155], 임대인의 임대차계약 해지권은 행사상의 일신전속권이 아니므로 채권자대위의 목적이 될 수 있다고 한다.[156]

(2) 압류가 금지된 권리의 경우

압류가 금지된 권리는 채무자의 책임재산으로 볼 수 없으므로 채권자대위권의 목적이 될 수 없다. 그러므로 특정한 사업자가 국가로부터 받을 보조금청구채권, 공무원연금법상 급여청구권 등은 채권자대위권의 목적이 될 수 없다. 그러나 압류금지채권 중 채권자대위를 할 수 있는 예외도 인정되고 있다. 예를 들어 국가배상법 제4조는 생명·신체의 침해로 인한 국가배상을 받을 권리는 양도하거나 압류하지 못한다고 규정하고 있지만, 판례는 상해를 치료하여 치료비청구권을 취득한 의료인이 위 국가배상청구권을 대위행

155) 대법원 1996. 5. 31. 선고 94다35985 판결.
156) 대법원 2007. 5. 10. 선고 2006다82700 판결.

사할 수 있다고 하였다.[157] 판례가 위와 같이 예외를 인정한 이유는 그러한 대위행사가 채무자의 이익에 반하지 않고, 압류금지의 취지에 반하지 않기 때문이다.[158]

마. 피보전채권의 변제기에 관한 요건

민법 제404조 제2항은 "채권자는 그 채권의 기한이 도래하기 전에는 법원의 허가 없이 채권자대위권을 행사하지 못한다. 그러나 보전행위는 피보전채권의 변제기 전에도 할 수 있다."라고 규정하고 있다. 위 규정의 '보전행위(保全行爲)'는 '보존행위(保存行爲)'와 같은 의미로서 채무자의 재산 감소를 방지하는 행위를 말한다.[159] 피보전채권의 변제기가 되기 전에 법원의 허가를 받아 채권자대위권을 행사하는 것을 '재판상의 대위'라고 하는데, 그 절차는 비송사건절차법 제45조~제52조에 규정되어 있다.

사. 채무자가 권리를 행사하지 않을 것

채권자대위권은 채권자가 채무자의 권리를 대위행사하도록 허용

---

157) 대법원 1981. 6. 23. 선고 80다1351 판결.

158) 예를 들어 어떤 사람이 공무수행 중인 차량에 치어서 교통사고를 당하였다고 하자, 그 사람은 재산이 없어 국가로부터 치료비 상당액을 배상받아서 그 돈으로 병원에 치료비를 지불하고 치료받을 수밖에 없는 입장이다. 그런데 피해자의 채권자인 사채업자가 그 치료비 배상청구권을 압류해 버리면 위 피해자는 치료를 받는 데 큰 어려움을 겪게 될 것이다. 이러한 상황을 피하기 위하여 국가배상법 제4조가 생명·신체의 침해로 인한 국가배상을 받을 권리를 압류하지 못한다고 규정한 것이다. 따라서 피해자를 치료한 의료인이 치료비채권을 보전하기 위하여 피해자의 국가에 대한 배상청구권을 대위행사하는 것은 국가배상법 제4조가 압류를 금지한 취지에 위반되는 것이 아님을 알 수 있다.

159) 여기에서의 보전행위란 채권자의 채권을 보전하는 행위를 말하는 것이 아니라, 대위채권의 행사가 채무자에 대하여 보존행위가 되는 경우를 뜻하는 것임을 주의해야 한다.

하는 것이지만 그 법률효과는 채무자에게 귀속된다. 즉, 채권자대위권을 행사하여 얻고자 하는 상태는 채무자 스스로 권리를 행사한 것과 같은 상태인 것이다. 또한 채권자대위권 제도를 둔 취지는 채무자가 그의 권리를 행사하지 않기 때문에 채권자가 채권을 보전할 수 없는 경우를 방지하고자 하는 것이다. 따라서 채무자 스스로 그의 권리를 행사하였거나 행사하고 있는 경우에는 채권자대위를 허용해야 할 논리적 근거가 없다. 이때 주의해야 할 것은 채무자 스스로 권리행사를 하는 이상, 그 행사방법이 좋지 않아 만족스러운 결과를 얻지 못하는 경우에도 채권자대위는 허용되지 않는다는 점이다. 예를 들어 채무자가 제3채무자를 상대로 소를 제기하였으나 부적당한 소송수행으로 인하여 패소한 경우에도 채권자는 대위권을 행사하지 못한다.

3. 채권자대위권의 행사방법

가. 권리행사의 주체

채권자대위권의 요건이 갖추어지면 채권자는 '자기의 이름으로' 채무자의 권리를 행사할 수 있다. 채무자의 대리인으로서 권리를 행사하는 것이 아니다. 그러나 그 법률효과는 채권자가 아니라 채무자에게 귀속된다.

나. 대위가 허용되는 범위

한편, 채권자는 채권보전을 위하여 채무자의 권리를 행사하는 것이므로 채권보전에 필요한 범위에서만 채무자의 권리를 행사할 수 있다. 그러므로 채권보전에 도움이 되지 않는 채무의 면제, 권리의 포기와 같은 처분행위는 허용되지 않는다. 그러나 해제권의 행사나 상계와 같이 채무자의 권리를 행사하여 소결시키면서 그 결과 일정한 이익을 얻게 되는 경우는 대위가 허용된다. 또한 특정채권의 보전을 위해서 채권자대위를 하는 경우에는 그 특정채권의 보전에 필요한 채무자의 권리만을 행사할 수 있고, 채무자의 다른 권리는 대위할 수 없다.

다. 채권자대위권 행사의 통지

채권자가 보전행위 외의 채무자의 권리를 대위행사한 경우에는 이를 채무자에게 통지하여야 한다(405조①). 그리고 채무자가 그 통지를 받은 후에는 채무자가 권리를 처분하여도 이로써 채권자에게 대항하지 못한다(405조②). 따라서 통지를 받은 후 채무자가 대위채권을 양도하거나 대위채권의 기초가 된 계약을 합의해제하여 대위채권을 소멸시키더라도 채권자에게 대항할 수 없다. 다만 채무자가 제3채무자로부터 변제를 수령하는 것은 허용된다. 왜냐 하면 채권자가 채무자를 대위하여 제3채무자에게 청구하는 내용 자체가 원래 '채무자에게' 이행하라는 것이므로, 채무자의 변제수령은 채권자대위권 행사에 배치되지 않기 때문이다.[160] 판례는 채무자가 채권자대위권 행사사실을 알게 된 경우, 통지가 있는 경우와 마찬가지로 다룬다.[161] 재판상 대위신청을 허가한 경우에는 법원이 직권으로 채무자에게 고지한다(비송사건절차법 49조).

---

160) A가 B에게 채권이 있고, B가 C에게 채권이 있을 때, A가 B를 대위하여 C에게 청구하는 내용은 'B에게' 이행하라는 것이 원칙이다. 따라서 B가 C로부터 변제를 받는 행위는 A의 대위권 행사의 취지에 부합하는 것이어서 금지되지 않는 것이다.

161) 대법원 2003. 1. 10. 선고 2000다27343 판결.

4. 채권자대위권 행사의 효과

가. 법률효과의 귀속

채권자가 채무자의 권리를 대위하여 행사한 경우, 그것은 어디까지나 채무자의 권리를 행사한 것이기 때문에 그 법률효과는 채무자에 대하여 발생되는 것이지 채권자에 대하여 발생되는 것이 아니다.

나. 채권자의 변제수령권한

위와 같이 채무자의 권리를 행사한 법률효과는 채무자에 대하여 발생하지만 그렇다고 하여 채권자가 제3채무자로부터 직접 변제를 수령하는 것을 금지하는 것은 아니다. 이는 특히 채무자의 권리가 금전을 지급받거나 물건을 인도받는 경우일 때 그러하다. 그 경우 채권자는 제3채무자에 대하여 채무자에게 변제할 것을 청구할 수도 있지만, 자기에게 목적물을 인도하라고 청구할 수도 있다. 채권자의 청구에 따라 제3채무자가 채권자에게 목적물을 인도하면 제3채무자는 채무자에 대하여 변제한 것이 되므로, 법률효과는 채무자에 대하여 발생하지만 현실적으로 그 목적물은 채권자가 수령하게 된다. 이때 채권자는 자신이 받은 목적물(주로 금전)을 채무자에게 반환하여야 하지만, 그 반환채무와 자신이 채무자에 대하여 가지는 채권을 상계할 수 있으므로, 사실상 우선변제를 받는 것과 같은 효과가 있다.[162] 물론 상계를 하기 위해서는 상계의 요건을 갖추어

---

162) 예를 들어 A는 B에게 300만원의 채권이 있고, B는 C에게 100만원의 채권이 있다고 할 때, A가 채권자대위권을 행사하여 C로부터 100만원을 지

야 하므로, 피보전채권의 목적물과 대위수령한 목적물이 같은 종류이어야 하고 상계적상에 있어야 한다.[163]

다. 채무자의 처분권 제한

앞서 본 바와 같이 채무자가 채권자대위의 통지를 받거나 그 사실을 안 뒤에는 채무자가 자신의 권리를 처분하더라도 이를 채권자에게 대항할 수 없다. 이때 통지에 의하여 제한되는 처분행위의 범위가 문제된다. 채무자의 제3자에 대한 권리를 소멸시키거나 제3자에 대한 채권을 양도하는 것은 당연히 처분행위로서 채권자에게 대항할 수 없다. 그러나 제3자가 채무자에게 변제하고 채무자가 그것을 수령하는 것은 처분행위에 포함되지 않는다.

라. 제3채무자의 항변권

채권자가 채무자의 권리를 대위행사하는 경우에 제3채무자의 입장에서는 채무자가 스스로 권리를 행사하는 경우보다 불리해져서는 안 된다. 따라서 제3채무자는 채무자에 대하여 가지는 모든 항변으로 대위채권자에게 대항할 수 있다. 그러나 제3채무자는 채무자가 채권자에 대하여 가지는 항변으로 대항할 수는 없다. 그러므로 채권자대위소송에서 제3채무자가 피보전채권이 소멸시효 완성으로 소멸되었다는 주장은 할 수 없다.[164]

급받은 경우, A는 그 100만원을 B에게 지급할 의무가 있지만, 자기도 B로부터 300만원을 받을 채권이 있으므로, 이를 상계하여 100만원을 자신의 채권을 만족시키는 데 충당하고 B에 대한 채권이 200만원 남았다고 할 수 있는 것이다.

163) 상계의 요건에 관하여는 후술한다.

164) 대법원 1992. 11. 10. 선고 92다35899 판결. 예를 들어 A가 B에 대하여 채권이 있고, B가 C에 대하여 채권이 있는 경우 A가 B를 대위하여 C를 상대로 소를 제기하였을 때 C는 A-B 사이의 채권이 소멸시효가 완성되었

마. 채권자대위소송과 기판력

(1) 문제의 제기

채권자가 채무자의 권리를 대위행사할 때 채무자를 대위하여 제3채무자를 상대로 소를 제기하는 것도 가능하다. 그 경우 채권자가 수행한 대위소송의 판결 효력이 채무자에게도 미치는지 여부가 논의되고 있다. 민사소송법 제218조 제3항은 "다른 사람을 위하여 원고나 피고가 된 사람에 대한 확정판결은 그 다른 사람에 대하여도 효력이 미친다."라고 규정하고 있는데, 채권자대위소송의 확정판결도 위 규정의 적용을 받는지에 관한 문제이다. 이러한 문제가 제기되는 이유는 채권자가 소송수행을 잘못하여 패소한 경우에 그 효력이 채무자에게 미치면 채무자에게 가혹한 측면이 있기 때문이다.

(2) 학설과 판례

위 문제에 관하여 통설은 채무자에게 가혹한 측면이 있다 하더라도 법적 안정성을 추구하는 기판력의 취지에 따라 채권자대위소송 판결의 기판력은 언제나 채무자에게 미친다고 한다.[165] 그러나 판례는 채권자가 채권자대위권을 행사하는 방법으로 제3채무자를 상대로 소송을 제기하고 판결을 받은 경우에는 어떠한 사유로 인하였든 적어도 채무자가 채권자 대위권에 의한 소송이 제기된 사실을 알았을 경우에는 그 판결의 효력은 채무자에게 미친다고 한다.[166] 위 판례에 관하여는 채무자의 주관적 사정에 의하여 기판

다고 주장할 수 없다는 것이다. 반면 C는 B-C 사이의 채권에 관한 항변으로 A에게 대항할 수 있다.

165) 송덕수, 871면.

166) 대법원 1975. 5. 13. 선고 74다1664 전원합의체 판결. 위 판결의 소수의견은 채권자대위소송에 관한 판결의 기판력은 언제나 채무자에게 미친다는

력 유무를 판단하므로 부당하다는 비판이 있으나, 채권자대위권을 행사할 때 채무자에게 통지하도록 하고, 그 경우에만 채무자의 처분권을 제한하고 있는 점(405조)을 고려하면 판례와 같은 결론을 취하는 것이 합리적이라고 생각한다.

Ⅱ. 채권자취소권

第406條 (債權者取消權)

① 債務者가 債權者를 害함을 알고 財産權을 目的으로 한 法律行爲를 한 때에는 債權者는 그 取消 및 原狀回復을 法院에 請求할 수 있다. 그러나 그 行爲로 因하여 利益을 받은 者나 轉得한 者가 그 行爲 또는 轉得當時에 債權者를 害함을 알지 못한 境遇에는 그러하지 아니하다.

② 前項의 訴는 債權者가 取消原因을 안 날로부터 1年, 法律行爲있은 날로부터 5年內에 提起하여야 한다.

第407條 (債權者取消의 效力)

前條의 規定에 依한 取消와 原狀回復은 모든 債權者의 利益을 爲하여 그 效力이 있다.

1. 채권자취소권의 의의

채무자가 채권자를 해함을 알고 재산권을 목적으로 한 법률행위를 한 때에는 채권자는 그 취소 및 원상회복을 법원에 청구할 수 있다(406조① 본문). 이를 채권자취소권이라고 하고, 채무자가 채권자를 해함을 알고 한 법률행위를 사해행위라고 한다. 이를 쉽게 표현하

견해를 취하고 있다.

면 다음과 같다. 채무자가 돈을 갚지 않아 채권자가 채무자의 재산을 강제집행할 가능성이 있는 경우 채무자는 자신의 재산, 특히 부동산을 다른 사람에게 증여해 버리거나 재산을 처분하여 은닉하기 쉬운 현금으로 바꾸고 싶은 유혹을 느낄 것이다. 부동산은 등기가 되어 있어 은닉이 어렵지만 현금은 채권자가 찾아내기가 힘들기 때문이다. 이때 채무자가 부동산을 처분해 버린 경우 채권자로서도 자신의 채권을 확보할 수 있는 수단을 가져야 할 것이다. 그래서 위와 같은 경우 채권자가 채무자와 제3자 사이의 매매계약을 취소하고 이를 원상회복하도록 청구할 수 있는 권리를 부여한 것이다.

2. 채권자취소권의 요건

채권자취소권을 행사하기 위해서는 ① 채권자취소권에 의하여 보전될 피보전채권이 있어야 하고, ② 채무자가 재산권에 관한 법률행위로 책임재산을 감소시켜 채권자를 해하였어야 하며, ③ 채무자는 채권자를 해함을 알고 있어야 하고, ④ 수익자, 전득자는 채무자의 법률행위가 채권자를 해한다는 사실을 알고 있어야 한다. 아래에서는 위 요건들에 관하여 더 자세히 살펴보기로 한다.

3. 피보전채권

가. 피보전채권의 의의

채권자취소권은 어떤 요건을 갖추면 행사할 수 있는가? 우선 채권자라야 취소권을 행사할 수 있으므로 채권이 존재하고 있어야 한다. 이때 채권자가 채무자에 대하여 가지는 채권을 피보전채권이라고 한다. 채권자취소권을 행사해서 그 채권의 이행을 확보하려고 하는 것이기 때문에 그러한 명칭을 사용하는 것이다.

나. 피보전채권의 성립시기

피보전채권과 관련해서 주로 문제가 되는 것은 채무자의 사해행위 당시에 아직 성립되지 않은 채권을 피보전채권으로 하여 채권자취소권을 행사할 수 있는지에 관한 것이다. 이에 관하여 판례는 채권자취소권에 의하여 보호될 수 있는 채권은 원칙적으로 채무자가 채권자를 해함을 알고 재산권을 목적으로 한 법률행위를 하기 전에 발생된 것이어야 하지만, 그 법률행위 당시에 이미 채권성립의 기초가 되는 법률관계가 성립되어 있고, 가까운 장래에 그 법률관계에 기하여 채권이 발생하리라는 점에 대한 고도의 개연성이 있으며, 실제로 가까운 장래에 그 개연성이 현실화되어 채권이 발생한 경우에는, 그 채권도 채권자취소권의 피보전채권이 될 수 있다고 한다.[167]

다. 특정채권 보전을 위한 채권자취소권이 인정되는지 여부

앞서 특정채권의 보전을 위하여 채권자대위권을 행사할 수 있고, 그러한 형태의 채권자대위권이 실제로는 더 많다는 점을 설명하였다. 그러나 채권자취소권의 경우에는 특정채권의 보전을 위해서 행사할 수 없다. 그 이유는 채권자취소권은 그 성격상 채권자들의 채권 실현을 담보하기 위한 채무자의 재산, 즉 공동담보를 해하는 경우에만 행사할 수 있는 제도이기 때문이다. 이러한 점은 제407조에

---

167) 대법원 2007. 6. 29. 선고 2006다66753 판결.

서 취소의 효과는 모든 채권자를 위하여 효력이 있다고 규정하고 있는 것을 보면 알 수 있다. 따라서 채권자취소권의 피보전채권은 금전채권 또는 대체물채권의 경우에 한정된다. 판례도 특정물의 소유권이전등기청구권을 보전하기 위하여 채권자취소권을 행사할 수 없다고 한 바 있다.[168)]

라. 물적 담보에 의해 우선변제권이 확보되어 있는 경우

채권자 앞으로 근저당권이 설정되어 있고, 그 부동산의 가액 및 채권최고액이 당해 채무액을 초과하여 채무 전액에 대하여 채권자에게 우선변제권이 확보되어 있다면, 그 범위 내에서는 채무자의 재산처분행위는 채권자를 해하지 아니하므로 사해행위가 되지 않는다. 다만 당해 채무액이 근저당권의 채권최고액을 초과하는 경우 그 초과 부분에 대해서는 사해행위가 성립될 수 있다. 이때 피보전채권이 근저당권에 의하여 담보되는 범위를 초과한다는 사실은 채권자가 주장·입증하여야 한다.

4. 사해행위

채무자가 채권자를 해함을 알고 한 재산권을 목적으로 하는 법률행위를 사해행위라고 한다. 아래에서 각 요소들에 대해서 살펴본다.

가. 채무자의 법률행위

채무자의 법률행위만 사해행위가 될 수 있다. 채무자 이외의 제3자가 한 법률행위가 결과적으로 채권자를 해하게 된다 하더라도

---

168) 대법원 1991. 7. 23. 선고 91다6757 판결.

사해행위로 인정되지 않는다.

나. 채권자를 해하는 행위 : 채무자의 자력 부족

(1) 일반론

채무자의 재산처분행위가 사해행위가 되기 위해서는 그 행위로 말미암아 채무자의 총재산의 감소가 초래되어 채권의 공동담보에 부족이 생기게 되어야 한다. 이와 관련하여 판례는 종종 '채무자 소유의 유일한 부동산을 처분한 경우'라는 표현을 사용하지만 이것은 채무자가 자력부족 상태에 이르렀음을 강조하는 것에 불과한 것이고, 반드시 유일한 부동산을 처분해야만 채권자취소권이 인정되는 것은 아니다. 한편, 채무자의 재산 중에서 압류가 금지된 재산은 채권자들을 위한 공동담보가 되지 못하기 때문에 채무자의 적극재산이 채무를 변제하기에 부족하게 되었는지를 따질 때 적극재산에 산입하지 않는다.[169] 그리고 처분행위 당시에는 채권자를 해하는 것이었다고 하더라도 그 후 채무자가 자력을 회복하여 사실심 변론종결시에는 채권자를 해하지 않게 된 경우에는 채권자취소권이 소멸한다.[170]

(2) 유형별 고찰

㈎ **부동산의 매각 또는 증여** 채무자가 자기의 유일한 재산인 부동산을 매각하여 소비하기 쉬운 금전으로 바꾸거나 타인에게 무상으로 이전하여 주는 행위는 특별한 사정이 없는 한 채권자에 대하여 사해행위가 된다.[171] 따라서 부동산을 제값을 받고 매각하였

---

169) 대법원 2005. 1. 28. 선고 2004다58963 판결.
170) 대법원 2007. 11. 29. 선고 2007다54849 판결.
171) 대법원 2001. 4. 24. 선고 2000다41875 판결.

다 하더라도 그 매각대금으로 즉시 채무변제를 하지 않았다면 채권자의 채권 보전이 위험한 상황이 되기 때문에 사해행위에 해당된다고 보아야 한다. 요컨대, 부동산을 현금으로 바꿈으로써 현금을 제외한 자산이 채무변제에 부족해지는 경우 그 부동산 처분행위는 원칙적으로 사해행위에 해당한다.

(나) **부동산 지분을 포기하는 상속재산분할협의** 상속재산의 분할협의는 상속이 개시되어 공동상속인 사이에 잠정적 공유가 된 상속재산에 대하여 그 전부 또는 일부를 각 상속인의 단독소유로 하거나 새로운 공유관계로 이행시킴으로써 상속재산의 귀속을 확정시키는 것이다. 따라서 그 성질상 재산권을 목적으로 하는 법률행위이므로 사해행위취소권 행사의 대상이 될 수 있다.[172] 이때 상속재산 분할협의를 하면서 유일한 상속재산인 부동산에 관하여는 자신의 상속분을 포기하고 대신 소비하기 쉬운 현금을 지급받기로 하였다면, 이러한 행위는 실질적으로 채무자가 자기의 유일한 재산인 부동산을 매각하여 소비하기 쉬운 금전으로 바꾸는 것과 다르지 아니하여 특별한 사정이 없는 한 채권자에 대하여 사해행위가 된다.[173]

(다) **일부 채권자에 대한 변제** 판례는 채무자가 채무초과의 상태에서 특정 채권자에게 변제를 함으로써 다른 채권자의 공동담보가 감소하는 결과가 되는 경우, 그 변제는 채무자가 특히 일부의 채권자와 통모하여 다른 채권자를 해할 의사를 가지고 변제를 한 경우가 아닌 한 원칙적으로 사해행위가 되는 것이 아니라고 한

172) 대법원 2001. 2. 9. 선고 2000다51797 판결.
173) 대법원 2008. 3. 13. 선고 2007다73765 판결.

다.[174]

㈑ **일부 채권자에 대한 대물변제** 변제의 경우와 달리 채무초과 상태에 있는 채무자가 일부 채권자에 대하여만 대물변제를 한 경우에는 원칙적으로 사해행위가 된다. 판례는 채무초과 상태의 채무자가 그의 재산을 어느 특정 채권자에게 대물변제로 제공한 경우, 그 채권자는 다른 채권자에 우선하여 채권의 만족을 얻는 반면 그 범위 내에서 공동담보가 감소됨에 따라 다른 채권자는 종전보다 더 불리한 지위에 놓이게 된다는 이유로 사해행위의 성립을 긍정하고 있다.[175]

㈒ **일부 채권자에 대한 담보제공** 일부 채권자에 대하여 담보를 제공하는 행위도 대물변제와 유사한 결과를 초래할 수 있으므로 사해행위가 될 수 있다. 판례는 특정 채권자에 대한 담보제공행위가 사해행위가 되기 위해서는 채무자가 이미 채무초과 상태에 있을 것과 그 채권자에게만 다른 채권자에 비하여 우선변제를 받을 수 있도록 하여 다른 일반 채권자의 공동담보를 감소시키는 결과를 초래할 것을 그 요건으로 한다고 한다.[176]

㈓ **사업의 계속추진을 위한 담보제공** 한편, 채권자 중 일부에 대해서 담보를 제공하였다 하더라도 사해행위가 되지 않는 경우도 있다. 예를 들어 자금난으로 사업을 계속 추진하기 어려운 상황에 처한 채무자가 자금을 융통하여 사업을 계속 추진하는 것이 채무변제력을 갖게 되는 최선의 방법이라고 생각하고 자금을 융통하기

---

174) 대법원 2007. 5. 31. 선고 2005다28686 판결.

175) 대법원 2005. 11. 10. 선고 2004다7873 판결.

176) 대법원 2008. 2. 14. 선고 2005다47106 판결.

위하여 부득이 부동산을 특정 채권자에게 담보로 제공하고 그로부터 신규자금을 추가로 융통받았다면 특별한 사정이 없는 한 채무자의 담보권 설정행위는 사해행위에 해당하지 않는다. 그러나 사업의 계속 추진과는 아무런 관계가 없는 기존 채무를 아울러 피담보채무 범위에 포함시켰다면, 그 부분에 한하여 사해행위에 해당할 여지는 있다.[177)]

(사) **저당권이 설정되어 있는 재산의 양도** 저당권이 설정되어 있는 재산이 사해행위로 양도된 경우에 그 사해행위는 그 재산의 가액, 즉 시가에서 저당권의 피담보채권액을 공제한 잔액의 범위 내에서 성립하고, 피담보채권액이 그 재산의 가액을 초과하는 때에는 당해 재산의 양도는 사해행위에 해당한다고 할 수 없다.[178)] 저당권 피담보채권액이 처분된 재산 가액보다 크다면 어차피 경매가 되어도 저당권자가 전액을 배당받고 일반채권자는 전혀 배당받을 수 없을 것이기 때문에, 위 재산의 책임재산으로서의 가치는 전혀 없고, 그러한 재산을 처분하였더라도 책임재산의 감소는 없다고 보아야 하기 때문이다.

(아) **기존 채무의 이행에 의한 등기** 기존채무의 이행으로서 등기를 하는 경우에 그 채무의 원인되는 행위가 채권자의 채권보다 앞서 발생한 때에는 특별한 사정이 없는 한 그 등기는 채권자취소권의 대상이 될 수 없다.[179)]

(자) **연속하여 여러 개의 재산처분행위를 한 경우** 채무자의 재

---

177) 대법원 2002. 3. 29. 선고 2000다25842 판결.
178) 대법원 2006. 4. 13. 선고 2005다70090 판결.
179) 대법원 1962. 11. 15. 선고 62다634 판결.

산처분행위가 사해행위가 되기 위해서는 그 행위로 말미암아 채무자의 총재산의 감소가 초래되어 채권의 공등담보에 부족이 생기게 되어야 하는 것, 즉 채무자의 소극재산이 적극재산보다 많아져야 하는 것인바, 채무자가 연속하여 수개의 재산처분행위를 한 경우에는, 그 행위들을 하나의 행위로 보아야 할 특별한 사정이 없는 한, 일련의 행위를 일괄하여 그 전체의 사해성 여부를 판단할 것이 아니라 각 행위마다 그로 인하여 무자력이 초래되었는지 여부에 따라 사해성 여부를 판단하여야 한다.[180]

㈑ 가등기에 기하여 본등기가 경료된 경우 가등기에 기하여 본등기가 경료된 경우 가등기의 원인인 법률행위와 본등기의 원인인 법률행위가 명백히 다른 것이 아닌 한 사해행위 요건의 구비 여부는 가등기의 원인된 법률행위 당시를 기준으로 하여 판단하여야 한다.[181]

다. 채권자를 해함을 알고 한 행위 : 주관적 요건

(1) 채무자의 사해의사

제406조에 의하면 채권자취소권을 행사하기 위하여는 채무자가 자신의 행위에 의하여 채권자를 해하게 됨을 알고 있었어야 한다. 즉, 사해의사가 있어야 한다. 그런데 사해의사는 적극적으로 재산을 은닉하고 채무를 면탈하려는 의사이어야 하는 것은 아니고 자신의 법률행위로 인하여 채권자의 채권실현이 어렵게 된다는 점을 인식하는 것으로 족하다. 이러한 사해의사의 존재는 채권자가 입증하여야 하는데, 내심의 의사를 증명한다는 것은 불가능하므로 채무

180) 대법원 2002. 9. 24. 선고 2002다23857 판결.
181) 대법원 2001. 7. 27. 선고 2000다73377 판결.

자의 자력상태와 처분행위의 내용, 처분 당시의 상황 등 객관적인 사정에 의하여 증명할 수밖에 없을 것이다.

(2) 수익자, 전득자의 악의

채무자로부터 재산을 취득한 사람을 수익자라고 하고, 수익자로부터 다시 그 재산을 취득한 사람을 전득자라고 한다. 제406조 단서에 의하면 수익자, 전득자가 선의인 경우에는 채권자가 취소권을 행사할 수 없다. 그런데 사해행위의 객관적 요건과 채무자의 사해의사가 인정되면 수익자, 전득자의 악의는 추정되므로, 수익자, 전득자는 자신이 선의라는 점을 입증해야만 채권자의 취소권 행사를 막을 수 있다.[182]

한편, 전득자의 악의는 전득행위 당시 그 행위가 채권자를 해한다는 사실, 즉 사해행위의 객관적 요건을 구비하였다는 것에 대한 인식을 의미하므로, 전득자의 악의를 판단함에 있어서는 단지 전득자가 전득행위 당시 채무자와 수익자 사이의 법률행위의 사해성을 인식하였는지 여부만이 문제가 될 뿐이지, 수익자와 전득자 사이의 전득행위가 다시 채권자를 해하는 행위로서 사해행위의 요건을 갖추어야 하는 것은 아니다.[183]

라. 재산권을 목적으로 하는 법률행위

(1) 일반론

사해행위는 재산권을 목적으로 하는 법률행위에 한정된다. 이와 관련하여서는 신분행위와 재산행위가 함께 행해지는 경우, 공법상 권리를 양도한 경우, 압류가 금지된 재산권을 목적으로 하는 행위,

---

182) 대법원 1997. 5. 23. 선고 95다51908 판결.
183) 대법원 2006. 7. 4. 선고 2004다61280 판결.

통정허위표시에 의한 법률행위 등이 문제된다.

(2) 유형별 고찰

(가) 이혼에 따른 재산분할 판례는 이미 채무초과 상태에 있는 채무자가 이혼을 하면서 그 배우자에게 재산분할로 일정한 재산을 양도함으로써 일반 채권자에 대한 공동담보를 감소시키는 결과가 된다고 하더라도, 그것이 너무 과대하여 재산분할제도의 취지를 상당히 벗어나는 것이라고 인정할 만한 특별한 사정이 없는 한 사해행위취소의 대상이 되지 않는다고 한다.[184] 그리고 상당한 정도를 벗어나는 초과 부분에 관한 한 적법한 재산분할이라고 할 수 없어 취소의 대상으로 될 수 있을 것이나, 이처럼 상당한 정도를 벗어나는 과대한 재산분할이라고 볼 특별한 사정이 있다는 점에 관한 입증책임은 채권자에게 있다고 한다.

(나) 재산적 가치가 있는 공법상 권리의 양도 판례는 공유수면관리법에 의한 공유수면점용허가권은 공법상의 권리라고 하더라도 허가를 받은 자가 관할 관청의 허가 없이 그 점용허가권을 자유로이 양도할 수 있으므로 독립한 재산적 가치를 가지고 있고 강제집행도 가능하므로, 사해행위로서 이를 양도한 경우에는 채권자취소권의 대상이 된다고 한다.[185]

(다) 통정허위표시에 의한 법률행위 통정허위표시에 의한 법률행위에 대해서도 채권자취소권을 행사할 수 있는가? 순전히 논리적으로만 본다면 통정허위표시에 의한 법률행위는 무효이고, 무효인 행위는 처음부터 효력이 없으므로, 이를 새삼스럽게 취소한다는

---

184) 대법원 2006. 9. 14. 선고 2006다33258 판결.
185) 대법원 2005. 11. 10. 선고 2004다7873 판결.

것은 모순이 된다. 그러나 그러한 형식논리에 의하여 채권자의 권리가 침해된다면 문제이다. 그리고 통정허위표시는 입증하기가 대단히 어렵다. 따라서 그러한 경우 채권자의 선택에 따라 통정허위표시의 무효를 주장할 수도 있고, 채권자취소권 행사요건을 입증하여 취소를 할 수도 있다고 하는 것이 타당하며, 판례도 같은 결론을 취하고 있다.[186]

5. 채권자취소권의 행사방법

가. 사해행위취소소송

채권자취소권은 채권자가 수익자 또는 전득자를 상대로 소를 제기하는 방법으로만 행사할 수 있고, 재판이 아닌 방법으로 행사할 수는 없다.[187] 채권자는 위 소송에서 사해행위의 취소와 원상회복을 청구할 수 있는데, 반드시 두 가지를 동시에 청구해야 하는 것은 아니고, 사해행위취소판결을 받은 후 별도로 원상회복을 청구하는 것도 가능하다. 사해행위취소를 구하는 부분은 형성의 소이고, 원상회복을 구하는 부분은 이행의 소이다.

나. 사해행위취소소송의 피고

(1) 채무자의 제외

판례는 채권자가 채권자취소권을 행사하려면 사해행위로 인하여

---

186) 대법원 1998. 2. 27. 선고 97다50985 판결.

187) 사해행위 취소의 소를 제기하지 않고 소송상의 공격방어방법으로 채권자취소권을 행사할 수 있는지 여부에 관한 논의가 있는데, 판례는 채권자취소권은 소를 제기하는 방법으로만 청구할 수 있고 소송상의 공격방어방법으로 주장할 수는 없다고 한다(대법원 1995. 7. 25. 선고 95다8393 판결).

이익을 받은 자나 전득한 자를 상대로 그 법률행위의 취소를 청구하는 소송을 제기하여야 되는 것으로서, 채무자를 상대로 그 소송을 제기할 수는 없다고 한다.[188]

(2) 수익자를 상대로 하는 경우

사해행위의 수익자만 있고 전득자가 없는 경우에는 당연히 수익자를 상대로 사해행위취소 및 원상회복 청구를 하여야 할 것이나, 수익자의 처분으로 전득자가 생긴 경우에 누구를 상대로 소를 제기하여야 하는지가 문제된다. 이 경우에는 채권자가 수익자, 전득자 중 하나를 선택하거나 수익자, 전득자 모두를 상대로 소를 제기할 수 있다.[189] 수익자를 상대로 소를 제기한 경우에는 원상회복으로 가액배상을 구할 수 있다. 이러한 소송은 전득자가 선의이어서 전득자를 상대로 한 사해행위취소 및 원물반환 청구가 불가능한 경우에 주로 이용될 것이나, 판례는 채권자가 전득자를 상대로 소송을 통하여 구제받을 수 있는지 여부를 불문하고 수익자를 상대로 사해행위취소 및 가액배상 청구를 할 수 있다는 견해를 취하고 있다.[190]

(3) 전득자를 상대로 하는 경우

전득자를 상대로도 사해행위취소 및 원상회복을 구할 수 있다. 이때 수익자가 선의인지 악의인지는 문제되지 않으며 오직 전득자의 선의, 악의 여부에 의하여 사해행위취소 여부를 판단하여야 한다. 그리고 전득자를 상대로 한 사해행위취소소송에서 취소되어야

188) 대법원 1991. 8. 13. 선고 91다13717 판결.
189) 법무법인 해마루, 사해행위취소소송연구, 도서출판 솔숲, 2006, 28면.
190) 대법원 1998. 5. 15. 선고 97다58316 판결.

할 사해행위란 '채무자와 수익자' 사이의 법률행위이지 수익자와 전득자 사이의 법률행위가 아니라는 점을 주의해야 한다.[191] 전득자만을 상대로 사해행위취소소송을 하는 경우에 원상회복은 어떤 방법으로 해야 하는가? 만약 말소등기를 하게 된다면 전득자 명의의 등기가 말소되고 수익자 명의의 등기가 남게 되므로, 채권자는 다시 수익자를 상대로 소를 제기해야 하는 문제가 생긴다. 따라서 이때의 원상회복방법은 전득자에서 채무자로의 진정명의 회복을 위한 이전등기를 청구하는 방법으로 할 수밖에 없다. 그 경우 등기원인은 '사해행위취소로 인한 원상회복'이 된다고 한다.[192]

다. 제척기간

(1) 민법의 규정

사해행위취소의 소는 채권자가 취소원인을 안 날로부터 1년, 법률행위가 있은 날로부터 5년 내에 행사하여야 한다(406조②). 위 기간은 제척기간이므로 법원이 직권으로 판단하여야 한다.

(2) 취소원인을 안 날

위 규정에서 채권자가 '취소원인을 안 날'은 언제를 의미하는가? 판례에 의하면, 단순히 채무자가 재산의 처분행위를 하였다는 사실을 아는 것만으로는 부족하고, 그 법률행위가 채권자를 해하는 행위라는 것 즉, 그에 의하여 채권의 공동담보에 부족이 생기거나 이미 부족상태에 있는 공동담보가 한층 더 부족하게 되어 채권을 완전하게 만족시킬 수 없게 되었으며 나아가 채무자에게 사해의 의사가 있었다는 사실까지 알 것을 요한다.[193]

---

191) 대법원 2004. 8. 30. 선고 2004다21923 판결.
192) 법무법인 해마루, 전게서, 38면.

(3) 법률행위가 있은 날

(가) **판례** 예를 들어 2009. 9. 9. 채무자와 수익자가 매매계약을 체결하고, 수익자 명의의 소유권이전등기는 2009. 10. 10. 이루어졌다고 하자. 이 경우 사해행위인 법률행위가 있은 날은 언제인가? 이에 관하여 판례는 "어느 시점에서 사해행위에 해당하는 법률행위가 있었는가를 따짐에 있어서는 당사자 사이의 이해관계에 미치는 중대한 영향을 고려하여 신중하게 이를 판정하여야 할 것이고, 사해행위에 해당하는 법률행위가 언제 있었는가는 실제로 그러한 사해행위가 이루어진 날을 표준으로 판정할 것이되, 다른 특별한 사정이 없는 한 처분문서에 기초한 것으로 보이는 등기부상 등기원인일자를 중심으로 그러한 사해행위가 실제로 이루어졌는지 여부를 판정할 수밖에 없을 것이다."라고 하여 등기원인행위(매매, 증여 등)가 이루어진 날짜를 제406조 제2항의 '법률행위가 있은 날'로 보고 있다.

(나) **저자의 견해** 그러나 이러한 견해는 '법률행위'라는 용어에 너무 집착한 결과로서 동의하기 어렵다. 채무자의 어떤 법률행위가 사해행위에 해당하여 취소하도록 하는 이유는 그 법률행위의 목적물인 채무자의 재산이 원래는 강제집행의 목적이 될 수 있었는데 채무자의 처분에 의하여 강제집행이 불가능한 상태가 되었다는 점에 있다. 이때 강제집행이 불가능한 상태는 수익자 명의의 소유권이전등기가 경료될 때 이루어진다. 따라서 사해행위에 있어서 등기원인행위가 언제 행해지는지 여부는 중요하지 않고, 수익자 명의의 등기가 경료된 날이 언제인지가 중요한 의미가 있는 것이다. 그러

193) 대법원 2003. 12. 12. 선고 2003다40286 판결.

므로 제406조 제2항의 '법률행위가 있은 날'은 등기 등에 의하여 재산권의 귀속에 변동이 생긴 날로 해석하여야 할 것이지, 그 원인행위가 행해진 날로 해석할 것은 아니다.[194] 뿐만 아니라 당사자들이 통모하여 사해행위의 일자를 소급하는 것을 방지하는 측면에서도 저자의 의견과 같이 해석하여야 한다고 생각한다.

(4) 제척기간 준수 여부의 판단

제척기간의 준수 여부는 사해행위취소 청구를 기준으로 한다. 따라서 채권자가 사해행위의 취소만을 먼저 청구한 다음 원상회복을 나중에 청구하는 경우, 사해행위취소 청구가 민법 제406조 제2항에 정하여진 기간 안에 제기되었다면 원상회복의 청구는 그 기간이 지난 뒤에도 할 수 있다.[195]

---

194) 제766조에 의하여 불법행위에 기한 손해배상청구권은 불법행위를 한 날부터 10년을 경과하면 소멸하는데, 판례는 가해행위와 손해의 결과발생 시점이 다른 경우에 손해의 결과발생이 현실적인 것으로 되었다고 할 수 있는 때를 위 규정의 불법행위를 한 날이라고 해석하고 있다(대법원 1998. 5. 8. 선고 97다36613 판결). 이러한 논리를 사해행위에 관하여도 적용한다면, 채권자를 해하는 결과가 발생한 때, 즉 물권변동이 일어난 때를 제척기간 기산점으로 볼 수 있다고 생각한다.

195) 대법원 2001. 9. 4. 선고 2001다14108 판결. 이 판례의 사안은 원고가 제1심에서는 사해행위취소만 구하여 승소한 뒤 항소심에서 원상회복을 구하는 청구를 추가하였는데, 원상회복청구를 추가한 시점에서는 제406조 제2항의 제척기간이 경과된 사건이다. 항소심은 원고의 청구를 모두 받아들였고, 이에 피고가 원상회복청구 부분은 제척기간이 경과되었다며 상고를 하였는데, 대법원은 원심판결이 옳다고 판단하였다.

6. 채권자취소권 행사의 효과

가. 사해행위의 취소

(1) 취소의 범위

채권자취소권은 채권의 보전을 위한 제도이므로 그 목적 범위를 넘어서는 행사할 수 없다. 따라서 취소의 범위는 사해행위 당시의 채권액을 기준으로 한다. 다만, 사해행위의 목적물이 불가분인 경우에는 그것이 채권액을 초과하더라도 전부를 취소할 수밖에 없을 것이다.

(2) 취소의 상대적 효력

일반적으로 취소는 법률행위의 효력을 처음부터 소멸시키는 것으로서 법률에 특별한 규정이 없으면 모든 사람에 대해서 효력이 소멸되게 된다. 그런데 채권자취소권 행사에 의한 법률행위의 취소는 상대적 효력만 있어서 채권자취소소송의 당사자 사이에만 취소의 효력이 미친다. 따라서 원고인 채권자와 피고인 수익자 또는 전득자 사이에서는 사해행위인 법률행위의 효력이 없는 것으로 취급되지만, 채무자와 수익자 사이에서는 그들이 한 법률행위가 유효한 것으로 취급된다. 그런데 채권자취소권 행사에 의하여 수익자가 채무자에게 목적물을 반환하게 되면, 그 한도 내에서 채무자는 부당이득을 얻은 것이 되므로, 수익자에 대하여 부당이득반환의무를 부담한다.

나. 원상회복

(1) 원물반환

민법 제406조 제1항에 따라 채권자의 사해행위취소 및 원상회복 청구가 인정되면, 수익자는 원상회복으로서 사해행위의 목적물을 채무자에게 반환할 의무를 지게 된다. 즉, 원물을 반환하는 것이 원칙이다.

(2) 가액배상

(가) 일반론 만일 원물반환이 불가능하거나 현저히 곤란한 경우에는 원상회복의무의 이행으로서 사해행위 목적물의 가액 상당을 배상하여야 하며, 여기에서 원물반환이 불가능하거나 현저히 곤란한 경우라 함은 원물반환이 단순히 절대적·물리적으로 불능인 경우가 아니라 사회생활상의 경험법칙 또는 거래상의 관념에 비추어 그 이행의 실현을 기대할 수 없는 경우를 말하는 것이다.[196] 가액배상을 명하는 대표적인 경우는 저당권이 설정된 부동산이 사해행위에 의하여 이전된 후 저당권이 말소된 경우와 사해행위에 의하여 부동산 소유권이 이전된 후 선의의 제3자가 제한물권을 취득한 경우이다.

(나) 사해행위 후 저당권이 말소된 경우 채권자취소권을 행사하는 채권자의 채권이 성립되기 전에 이미 저당권이 설정되어 있던 부동산이 사해행위에 의하여 이전된 후 수익자의 변제 등에 의하여 저당권이 말소된 경우 사해행위가 성립되는 부분은 저당권의 피담보채무액을 공제한 잔액에 한정되게 된다. 따라서 이 경우 그

---

196) 대법원 2007. 7. 12. 선고 2007다18218 판결.

잔액에 대해서 사해행위를 취소하고 그 가액을 배상을 구할 수 있을 뿐이다.[197] 예를 들어 시가 5억원짜리 아파트에 피담보채무가 2억원인 저당권이 설정되어 있었는데, 채무자로부터 위 아파트를 매수한 수익자가 위 2억원을 변제하여 현재는 저당권이 말소되었다고 하자. 이 경우 사해행위가 성립되는 부분은 아파트 시가 5억원에서 저당권의 피담보채무액 2억원을 공제한 3억원에 한정되므로[198], 3억원에 관하여 사해행위를 취소하고 원상회복으로 3억원의 반환을 구할 수밖에 없는 것이다.

(다) **사해행위 후 제한물권이 설정된 경우** 사해행위에 의하여 부동산이 처분된 후 그 부동산에 관하여 선의의 제3자가 저당권 등 제한물권을 설정받은 경우, 전득자인 저당권자 등은 선의이므로 그들을 상대로 사해행위취소 및 원상회복을 구할 수 없다. 따라서 채권자는 수익자를 상대로 사해행위취소 및 원상회복을 구할 수밖에 없는데, 만약 원상회복방법으로 수익자 명의의 소유권이전등기 말소를 청구한다면 이해관계인인 저당권자 등이 위 말소등기에 동의하지 않을 것이기 때문에 결국 말소등기를 할 수 없게 된다. 따라서 원물반환이 불가능한 경우에 해당하므로, 채권자는 수익자에게 해당 부동산의 가액을 반환할 것을 청구할 수 있다. 그런데 채권자가 저당권, 지상권의 제한을 감수하고 원물반환을 구하는 것이

---

197) 대법원 2001. 6. 12. 선고 99다20612 판결.

198) 사해행위는 채권자가 강제집행하여 채권을 만족시킬 수 있는 재산을 채무자가 다른 사람에게 처분함으로써 채권자를 해하는 행위이다. 채권자의 채권이 성립되기 전에 이미 담보물권이 설정되어 있었던 경우에는 담보물권자가 우선변제권을 가지기 때문에 그 범위에서는 채권자가 강제집행을 통하여 자신의 채권을 만족시킬 수 있는 재산이라고 볼 수 없다. 그러므로 채권 성립 전 제3자의 담보물권이 설정되어 있었던 경우에 그 담보물권의 피담보채권액만큼은 사해행위가 성립되지 않는 것이다.

금지되는 것은 아니다. 따라서 채권자는 수익자를 상대로 채무자에게 부동산소유권이전등기를 하라는 청구를 할 수도 있다.

예를 들어 설명하면 다음과 같다. 채권자 A는 채무자 B에게 10억원의 채권이 있다. B의 재산은 시가 5억원짜리 아파트 한 채가 있는데, B는 사해행위로서 위 아파트를 C에게 매도하였다. C는 위 아파트를 매수한 뒤 이를 담보로 D은행으로부터 2억원을 빌리고 채권최고액 2억 5천만원인 근저당권을 설정해 주었다. 이러한 상황에서 A는 C를 상대로 사해행위취소의 소를 제기할 수 있는데, 그 때 원상회복청구는 A의 선택에 따라 아파트 시가인 5억원의 지급을 구할 수도 있고, C에서 B로의 소유권이전등기를 구할 수 있다. 후자의 경우 D의 근저당권이 유효하므로 A는 가액배상을 받는 것보다 금액에서 불리하게 되는데, A가 이러한 불이익을 감수하고 원물반환을 구하는 것은 허용된다는 것이다. 한편 채권자가 불이익을 감수하고 원물반환을 구하는 내용의 사해행위취소의 소를 제기하여 승소한 뒤 어떤 사정에 의하여 원물반환의 목적을 달성하지 못하였다고 하여 다시 가액배상을 구하는 소를 제기하는 것은 권리보호의 이익이 없어 허용되지 않는다.[199]

(3) 특수한 원물반환 : 근저당권변경등기

채무자가 특정 채권자에 대하여 근저당권을 설정해 줌으로써 사해행위를 한 경우에, 원상회복은 그 근저당권설정등기를 말소하는 방법에 의해야 할 것이다. 그런데 해당 근저당권의 일부는 사해행위에 해당하지 않고, 일부는 사해행위에 해당한다면 어떻게 원상회복을 하여야 하는가? 판례는 그 경우에는 가액배상을 명하는 것이

---

199) 대법원 2006. 12. 7. 선고 2004다54978 판결.

아니라 근저당권설정등기의 채권최고액을 감축하는 근저당권변경등기절차의 이행을 명하는 방법에 의하여야 한다고 한다.[200] 위 변경등기는 일종의 원물반환으로 볼 수 있다.

---

200) 대법원 2006. 12. 7. 선고 2006다43620 판결. 위 판례의 사안을 단순화하면 다음과 같다. 채무자 X는 채권자 A로부터 2억원 B로부터 10억원, C로부터 8억원을 차용하였다. 그 중 A는 채권최고액 2억원인 근저당권을 설정받았다. 그런데 X는 D로부터 10억원을 차용하면서 채권최고액 10억원인 근저당권을 설정해 주었고, 그 즉시 차용금 중 2억원을 A에게 변제하고, A의 근저당권을 말소하였다. 이 경우 X가 D에게 근저당권을 설정해 준 행위는 B, C에 대하여 사해행위가 되지만, A가 우선변제받을 수 있었던 2억원 한도에서는 사해행위가 성립되지 않는다. 다라서 D의 근저당권 중 2억원 부분은 사해행위가 아니고 8억원 부분만 사해행위가 된다. 이때 위 근저당권설정계약을 취소하고 원상회복을 하는 방법은 D의 근저당권의 채권최고액을 10억원에서 2억원으로 변경하는 변경등기를 명해야 한다는 것이다. 그리고 위와 같이 변경등기에 의하여 원물반환을 할 수 있기 때문에 가액배상을 명할 수는 없다는 것이 대법원의 판단이다.

제 4 장

채권자지체 · 제3자의 채권침해

Ⅰ. 채권자지체

1. 의의

민법 제400조는 "채권자가 이행을 받을 수 없거나 받지 아니한 때에는 이행의 제공 있는 때로부터 지체책임이 있다."라고 규정하고 있다. 채무를 이행하기 위해서는 채권자가 그 이행을 받아야만 한다. 그런데 채권자가 이행을 받지 못하거나 받지 않는 경우에도 그 채무가 소멸되는 것은 아니다. 채무자는 계속 채무를 부담하기 때문에 채권자의 사정에 의하여 이행이 늦어짐으로써 비용이 증가되는 등 곤란을 겪을 수 있다. 따라서 그 경우에 채권자에게 일정한 불이익을 주는 제도가 채권자지체이다. 채권자지체는 수령지체라고 하기도 한다.

2. 법적 성질

민법 제400조는 "지체책임이 있다."라고 표현하고 있는데, 위 '지체책임'이 일종의 채무불이행책임인가 아니면 채무불이행책임과는 다른 별개의 법정책임인가 하는 논란이 있다. 이에 관하여 채무불이행책임설은 신의칙에 기하여 채권자에게도 채권의 목적달성을 위하여 협력할 의무가 있고, 그 일환으로 목적물 수령의무가 발생되므로 그것을 위반한 것은 채무불이행이 성립된다고 해석한다. 그러나 법정책임설은 채권자는 권리를 가질 뿐 채무자에 대한 의무로서의 수령의무를 부담하지 않으며 수령을 지체한 경우 법이 일정한 불이익을 줄 뿐이라고 한다. 어느 쪽으로든 해석이 가능하나, 우리 민법상 채권자의 수령의무에 관하여 명시하고 있는 규정이 없으므로, 채권자지체에 따른 책임은 채무불이행책임이 아니라 법정책임으로 보는 것이 타당하다고 본다.

3. 요건

가. 이행의 제공

채권자지체는 채무자의 이행제공과 채권자의 수령불능 또는 수령거절이 있으면 성립된다. 이행의 제공은 채무자가 이행에 필요한 행위를 완료하고 채권자에게 협력을 구하는 것을 의미한다. 급부가 무엇인지에 따라 이행제공의 형태도 달라질 것이다. 지참채무, 추심채무, 송부채무의 이행제공에 관해서는 앞서 설명한 바 있다.

나. 현실의 제공과 구두의 제공

이행제공은 현실의 제공과 구두의 제공의 두 형태가 있다. 현실의 제공은 채권자의 주소지 또는 채권자가 지정한 장소에서 채권자가 받기만 하면 될 정도로 채무자가 이행에 필요한 행위를 완료한 것을 말한다. 구두의 제공은 채무자가 이행의 준비를 완료한 뒤 채권자에게 그 사실을 통지하고 수령을 최고하는 것이다. 구두의 제공이 허용되는 경우는 추심채무와 같이 채권자의 협력이 필요한 경우와 채권자가 미리 수령거절의 의사를 표시한 경우이다. 그런데 채권자가 변제를 받지 않을 의사가 확고한 경우에는 구두의 제공을 하는 것조차 무의미하므로 구두의 제공을 하지 않더라도 채무불이행이 되지 않는다. 그러나 채무불이행책임을 면하는 것을 넘어 채권자에게 채권자지체에 따른 책임을 부담시키려면 채무자가 현실제공이나 구두의 제공을 해야만 한다는 것이 판례이다.[201]

다. 채권자의 수령불능 또는 수령거절

민법 제400조는 '채권자가 이행을 받을 수 없거나 받지 아니한 때' 채권자지체가 성립된다고 한다. 채권자가 이행을 받을 수 없는 경우와 관련하여 문제가 되는 것은 어떤 급부가 불능이 되었을 때 그것이 채무자에게 책임이 있는 이행불능에 해당하는가 아니면 채권자의 수령불능이 되는가 하는 점이다. 이와 관련하여 이른바 '영역설'이 주장되고 있다. 위 견해에 의하면 급부불가능 상태가 채무자의 지배영역에서 발생하였는지 채권자의 지배영역에서 발생하였는지에 따라 이행불능인지 수령불능인지를 판단한다는 것이다. 한

201) 대법원 2004. 3. 12. 선고 2001다79013 판결.

편, 수령거절의 경우에는 모든 수령거절이 채권자지체의 원인이 되는 것이 아니라는 점을 주의해야 한다. 채권자가 수령을 거절할 정당한 이유가 있는 경우에는 수령을 거절해도 채권자지체가 되지 않는다. 예를 들어 채권자가 기한의 이익을 가지고 있는데, 채무자가 임의로 기한 전에 변제를 하는 경우에 채권자는 그 변제를 수령하지 않을 권리가 있다. 따라서 그 경우는 채권자지체가 성립되지 않는다. 한편, 부작위채무와 같이 급부를 이행함에 있어서 채권자의 협력이 전혀 필요 없는 경우에는 수령불능이나 수령거절이 있을 수 없으므로, 당연히 채권자지체가 성립되지 않는다.

라. 채권자의 귀책사유가 필요한지 여부

채권자가 이행을 받을 수 없는 경우에 이행을 받지 못하게 된 데 대하여 채권자의 귀책사유가 요구되는지에 관한 논란이 있다. 이는 채권자지체의 성질을 어떻게 보는가에 따라 달라지는데, 채무불이행책임설은 귀책사유가 필요하다고 하는 반면, 법정책임설은 귀책사유가 필요하지 않다고 본다.

4. 효과

가. 일반적인 효과

채권자지체 중에는 채무자는 고의 또는 중대한 과실이 없으면 불이행으로 인한 모든 책임이 없고, 이자 있는 채권이라도 이자를 지급할 의무가 없다(401조, 제402조). 채권자지체로 인하여 그 목적물의 보관 또는 변제의 비용이 증가된 때에는 그 증가액은 채권자의 부담으로 한다(403조).

나. 채권자지체와 위험부담의 관계

계약 당사자 쌍방이 대가관계 있는 의무를 부담하는 쌍무계약에 있어서 자신이 이행해야 할 급부가 쌍방에게 책임 없는 사유로 불능이 된 경우에는 상대방의 반대급부 이행을 청구할 수 없는 것이 원칙이다(537조). 그러나 그러한 상황이 채권자지체 중에 발생하였다면, 상대방은 불능이 된 자기 의무의 이행 없이도 반대급부의 이행을 청구할 수 있다(538조①).

다. 손해배상청구권과 계약해제권이 인정되는지 여부

채무불이행의 효과로서 손해배상청구권과 계약해제권이 인정되므로, 채권자지체를 일종의 채무불이행으로 보는 견해는 채권자지체로 인한 손해배상청구와 계약해제가 가능하다고 본다. 반면, 법정책임설에 의하면 채권자지체는 채무불이행이 아니라고 보므로, 제403조에 규정된 보관 또는 변제비용 증가액을 청구하는 것 외의 일반적인 손해배상청구권이나 계약해제권은 발생되지 않는다고 해석하게 된다.

라. 채권자지체와 동시이행의 항변권

한번 채권자지체를 하였다고 하여 동시이행의 항변권이 상실되는 것은 아니다. 따라서 쌍무계약의 당사자 중 한쪽이 이행제공을 하여 상대방을 채권자지체 상태에 빠뜨렸다 하더라도, 그 후 자기 채무의 이행제공을 하지 않고 상대방 채무의 이행만을 청구할 수 있는 권리가 생기는 것은 아니다.

Ⅱ. 제3자에 의한 채권침해

1. 문제의 소재

앞서 본 바와 같이 채권은 특정인에 대해서만 일정한 행위를 청구할 수 있는 권리이므로, 그 권리의 침해는 원칙적으로 채무자의 채무불이행에 의하여 발생하게 된다. 그러면 제3자에 의하여 채권이 침해될 수는 없는 것일까? 예를 들어 A가 B로부터 부동산을 1억원에 매수하는 계약을 체결하였는데, C가 자신은 1억 2천만원을 주겠다면서 그 부동산을 자신에게 팔라고 설득하여 결국 C가 위 부동산의 소유권을 취득하게 되었다면, A의 B에 대한 채권은 C에 의하여 침해된 것인가? 다른 예를 든다면 A가 가수 B와 공연계약을 체결하고 공연을 기획하였으나 C가 B를 감금하여 공연이 취소되었다면 C는 A의 B에 대한 채권을 침해한 것인가? 이러한 질문들에 대한 답변은 간단하지 않다. 채권은 기본적으로 채무자에 대해서만 권리를 행사할 수 있는 상대권이고 배타성이 없는 권리이기 때문이다.

2. 불법행위의 성립 가능성

현재의 학설은 제3자의 채권침해로 인하여 불법행위가 성립될 수 있다는 점에 대해서는 일치되고 있다. 그런데 그 근거가 무엇인지에 대해서는 두 가지 관점이 있다. 첫째 견해는 권리는 일반적으로 침해되어서는 안 되기 때문에 상대권인 채권이라 하더라도 불가침성은 대세적으로 주장할 수 있다는 입장이다. 둘째 견해는 물권과 같이 누구에게든 주장할 수 있는 절대권을 침해하는 것은 당연히 불법행위가 되지만 상대적 권리인 채권을 침해하는 것은 당연히 불법행위가 되는 것은 아니며 채권의 성질과 침해의 모습을 고려하여 위법성이 있다고 판단되는 경우에만 불법행위가 성립된다고 하는 견해이다. 일반적으로 제3자가 채권을 침해하였다고 볼 수 있는 모든 사안에 관하여 불법행위가 인정되지는 않는다. 또 권리의 불가침성에서 근거를 찾는 첫째 견해도 제3자의 채권침해가 항상 불법행위가 된다고 보는 것은 아니다. 따라서 첫째 견해보다는 둘째의 견해가 제3자의 채권침해가 일정한 경우에 불법행위를 구성할 수 있다는 점과 상대적 권리로서의 채권의 성격을 조화롭게 설명할 수 있다고 판단된다.

3. 제3자의 채권침해가 불법행위에 해당하기 위한 요건

대법원은 제3자의 채권침해가 불법행위에 해당하는 요건에 관하여 다음과 같이 판시한 바 있다. "일반적으로 채권에 대하여는 배타적 효력이 부인되고 채권자 상호간 및 채권자와 제3자 사이에 자유경쟁이 허용되는 것이어서 제3자에 의하여 채권이 침해되었다는 사실만으로 바로 불법행위로 되지는 않는 것이지만, 거래에 있어서의 자유경쟁의 원칙은 법질서가 허용하는 범위 내에서의 공정하고 건전한 경쟁을 전제로 하는 것이므로, 제3자가 채권자를 해한다는 사정을 알면서도 법규를 위반하거나 선량한 풍속 또는 사회질서를 위반하는 등 위법한 행위를 함으로써 채권자의 이익을 침해하였다면 이로써 불법행위가 성립하고, 여기에서 채권침해의 위법성은 침해되는 채권의 내용, 침해행위의 태양, 침해자의 고의 내지 해의의 유무 등을 참작하여 구체적, 개별적으로 판단하되, 거래자유 보장의 필요성, 경제·사회정책적 요인을 포함한 공공의 이익, 당사자 사이의 이익균형 등을 종합적으로 고려하여야 하는바, 이러한 법리는 제3자가 위법한 행위를 함으로써 다른 사람 사이의 계약체결을 방해하거나 유효하게 존속하던 계약의 갱신을 하지 못하게 하여 그 다른 사람의 정당한 법률상 이익이 침해되기에 이른 경우에도 적용된다."[202] 이와 같이 제3자의 채권침해가 불법행위에 해당하는지 여부는 결국 그 침해행위가 법규위반 또는 선량한 풍속 기타 사회질서에 반하는 행위인지에 달려 있는데, 그 기준 역시 추상적이므로 구체적인 사안의 결과를 참고하는 것이 좋을 것이다. 아래에서는 몇 가지 사례를 제시해 본다.

4. 불법행위 성립 여부에 관한 구체적 사례

가. 제3자가 채무자에 대하여 지불보류를 요청한 사건

대법원은 대한민국 재무부장관이 미국 제5공군당국과 공생건설주식회사에게 손해배상 채무이행에 관한 지불을 보류할 것을 통지한 사건에 관하여 단순히 제3자가 채무자에 대하여 지불의 일시보류를 요청하는 행위는 채무자가 당해 제3자의 요청을 거절할 수 없는 지위에 있거나 또 이를 거절하기 심히 곤란한 특별한 사정이 없는 한 불법행위가 되지 않는다고 하였다.[203]

---

202) 대법원 2007. 5. 11. 선고 2004다11162 판결.
203) 대법원 1953. 2. 21. 선고 4285민상129 판결.

나. 제3자의 독점판매권을 침해한 불법유출행위의 경우

A회사가 B회사로부터 특정 자동차 부품의 제작을 주문받아 B회사에게만 공급하기로 약정하였고, B회사는 C회사에게 위 자동차 부품의 독점판매권을 부여하였다. 그런데 A회사는 위와 같은 사정을 알면서도 B회사 외의 다른 곳에 위 부품을 공급하였다. 대법원은 A회사의 위와 같은 행위는 자신들의 행위로 인하여 C회사가 적법하게 취득한 독점판매권자로서의 지위 내지 이익을 침해하게 됨을 알면서도 자신들의 이익을 유지하기 위하여 상표법에 위반하면서까지 불법유출을 계속한 것으로서, 상업거래의 공정성과 건전성을 해하고 사회통념상 요구되는 경제적 질서에 반하는 위법한 행위이므로, B회사에 대한 채무불이행이 됨은 물론, C회사에 대해서도 불법행위가 성립된다고 하였다.[204)]

다. 마이클 잭슨 공연 입장권판매 방해 사건

A공연기획사는 마이클 잭슨의 내한공연을 기획하고 관계 당국으로부터 허가를 받은 후 B은행과 입장권판매 대행계약을 체결하였다. 그런데 위 공연을 반대하는 일부 시민단체의 간부들이 B은행에게 입장권판매 대행계약의 불이행을 요구하면서 만약 그렇지 않을 경우 B은행의 모든 상품에 대하여 불매운동을 벌이겠다고 고지하였다. B은행은 이에 굴복하여 입장권판매 대행계약을 파기하였고, 이에 A공연기획사가 해당 시민단체 간부들을 상대로 손해배상청구의 소를 제기하였다. 위 사안에 관하여 대법원은 시민단체의 공연 반대운동은 공연 관람이나 공연에 대한 협력 여부의 결정을

204) 대법원 2003. 3. 14. 선고 2000다32437 판결.

상대방의 자유로운 판단에 맡기는 한 허용되지만, 이 사안의 경우에는 은행으로 하여금 불매운동으로 인한 경제적 손실을 우려하여 부득이 본의 아니게 공연기획사와 체결한 입장권판매대행계약을 파기케 하는 결과를 가져온 것이므로, 이는 A공연기획사가 B은행과 체결한 입장권판매대행계약에 기한 A공연기획사의 채권 등을 침해하는 것으로서 위법하다고 판단하였다.[205)]

라. 유선방송계약갱신 방해 사건

A는 방송법에 의한 중계유선방송사업 허가를 받지 않은 업체이다. 그런데 지역 내 유일한 적법한 중계유선방송사업자인 B가 C아파트 입주자대표회의와 이미 체결된 유선방송 위탁계약을 갱신하려고 하자 마치 A가 적법한 방송사업자인 것처럼 가장하여 위 아파트 입주자와 계약을 체결하였고, 그 결과 B의 재계약 체결이 무산되었다. 이에 관하여 대법원은 제3자의 채권침해에 의한 불법행위를 인정하였으며, A의 재계약 방해행위와 B의 수신료 수입 상실 사이에 상당인과관계가 있다고 판단하였다.[206)]

5. 방해배제청구권의 인정 여부

가. 학설

물권의 경우 모든 사람에 대해서 주장할 수 있는 배타적인 권리이므로, 만약 어떤 사람이 물권의 실현을 방해할 경우 이를 배제할 수 있는 물권적 청구권을 행사할 수 있다. 그런데 채권의 경우에도

---

205) 대법원 2001.7.13. 선고 98다51091 판결.

206) 대법원 2007. 5. 11. 선고 2004다11162 판결.

그러한 방해배제청구권이 인정되는지 여부가 논의되고 있다. 이와 관련하여 다수의 견해는 대항력 있는 임차권과 같이 물권화된 채권은 방해배제청구권이 인정되지만 그렇지 않은 일반적인 채권은 방해배제청구권이 인정되지 않는다는 입장을 취하고 있다.[207] 그러나 물권화된 채권이 아니더라도 제3자에 의한 채권침해의 우려가 급박한 경우에는 예외적으로 방해예방 또는 금지청구를 인정하여야 한다는 소수설도 제시되고 있다.[208]

나. 저자의 의견

채권을 침해하는 행위가 법규위반 또는 선량한 풍속 기타 사회질서에 반하는 행위로서 불법행위가 성립될 것이 분명한 경우에도 채권이 배타성이 없다는 이유만으로 불법행위를 방치한 후 사후적으로 손해배상만을 청구할 수 있도록 하는 것은 매우 불합리한 결론이다. 채권이 성립된 이후에도 제3자의 경쟁이 허용된다는 것은 어디까지나 정당한 규칙에 따른 적법한 경쟁행위라는 것을 전제로 하고 있는 것이다. 따라서 그와 달리 경쟁행위가 위법한 경우에까지 채권의 상대성을 강조해야 할 이유가 없다. 이미 제3자의 채권침해가 불법행위에 해당하는지 여부에 관하여 판단할 대 그 침해행위의 위법성이 검토될 뿐만 아니라, 그 위법성 판단에 있어서도 채권의 상대적 성격이 충분히 고려되는 것이다. 따라서 그러한 과정을 거쳐 불법행위를 성립시킬 수 있다고 판단된 행위에 대해서 또다시 채권의 상대성을 들어 방해배제를 부인하는 것은 채권의 상대성에 대한 지나친 집착이라 할 것이다 따라서 물권화된 채권

207) 송덕수, 755면; 지원림, 753면.

208) 김재형, "제3자에 의한 債權侵害-판례의 전개를 중심으로", 민법학의 현대적 양상 : 나암 서민 교수 정년기념논문집, 2006, 196면.

이 아닌 일반적인 채권이라 하더라도 그 침해행위가 위법하여 불법행위를 성립시킬 것이 예상되는 경우에는 방해배제를 청구할 수 있다는 소수설에 찬성한다.

제 5 장

다수당사자의 채권관계

Ⅰ. 다수당사자의 채권관계 개요

1. 서론

하나의 채권관계에 관하여 여러 사람이 관계되는 경우가 있다. 예를 들어 X에 대하여 A, B, C가 90만원의 채무를 부담하고 있다고 하자. 이 경우에 X는 A로부터 30만원, B로부터 30만원, C로부터 30만원을 받아야 하는가 아니면 A, B, C 중 누구에게든 90만원 전부를 청구할 수 있는가? 또 X가 A에 대하여 채무를 면제해 주었다면 B, C에 대하여 여전히 90만원을 청구할 수 있는가 아니면 60만원만 청구할 수 있는가? 이와 같은 문제에 관한 논의가 바로 '다수당사자의 채권관계'이다. 다수당사자의 채권관계는 채권자가 다수인 경우와 채무자가 다수인 경우가 모두 존재하는데, 채무자가 다수인 경우가 많으므로, 아래에서는 다수의 채무자가 존재하는 법률관계를 우선 설명하고, 뒤에 채권자가 다수인 법률관계를 설명하기로 한다.

2. 채무자가 다수인 경우의 법률관계 개요

가. 분할채무의 원칙

민법 제408조는 "채권자나 채무자가 수인인 경우에 특별한 의사표시가 없으면 각 채권자 또는 각 채무자는 균등한 비율로 권리가 있고 의무를 부담한다."라고 규정하고 있다. 따라서 여러 명의 채무자가 한 채권자에게 채무를 부담하는 경우에 별도의 의사표시가 없으면 분할채무가 되는 것이 원칙이다. 분할채무의 경우 각 채무자는 분할된 금액에 관하여 각자 독립된 채무를 부담하고, 채무자 상호간에 서로 영향을 미치지 않는다.

나. 불가분채무

불가분채무는 다수의 채무자들이 부담하는 하나의 급부가 성질상 나눌 수 없거나 당사자의 의사표시에 의하여 급부를 나눌 수 없도록 한 채무를 말한다. 예를 들어 A, B, C가 X에게 황소 1마리를 인도할 채무가 있는 경우, 그 채무는 성질상 분할할 수가 없고, 누가 이행하더라도 황소 1마리를 X에게 인도할 수밖에 없다. 이러한 채무를 불가분채무라고 한다.

다. 연대채무

연대채무는 여러 명의 채무자가 채무 전부를 각자 이행할 의무가 있고 채무자 1인의 이행으로 다른 채무자도 그 의무를 면하게 되는 채무이다. 예를 들어 A, B, C가 X에 대하여 90만원의 연대채무를 부담하고 있다면, X는 A에게 90만원 전부의 이행을 청구할 수 있고, A가 90만원을 지급하면 B, C도 채무를 면하는 것이다. 연대채무는 채무자들 사이에 계약 또는 법률 규정에 의한 내부관계가 있는 것이 특징이다.

라. 부진정연대채무

부진정연대채무는 여러 명의 채무자가 각각 다른 법률관계에 의하여 동일한 채권자에게 채무를 부담하게 되었는데, 그 채무의 내용이 동일하기 때문에 어느 한 채무자가 이행을 하면 다른 채무자도 채무를 면하는 채무이다. 예를 들어 A, B, C가 X에게 90만원의 부진정연대채무를 부담하고 있는 경우, X는 A, B, C 중 누구에게든 90만원 전액을 청구할 수 있고, A, B, C 중 한 명이 90만원을 X에게 변제하면 나머지 채무자도 채무를 면한다. 이러한 점은 연대채무의 경우와 같은데, 채권자 X가 A의 채무를 면제하더라도 B, C에 대해서는 90만원 전액을 청구할 수 있다는 점이 연대채무와 다른 점이다.[209] 다른 차이점에 관하여는 후술한다.

마. 보증채무

보증채무는 주채무자가 채무를 이행하지 않는 경우 주채무자 대신 같은 내용의 급부를 이행하여야 할 채무를 말한다. 예를 들어 A가 X은행에서 100만원을 대출받고, 그 대출금 반환채무에 대하여 B가 보증을 한 경우에, A가 100만원을 변제하지 않으면 B가 X

209) 연대채무의 경우에는 X가 A의 채무를 면제하면 B, C에 대하여 60만원만 청구할 수 있다.

은행에 100만원을 변제하여야 한다. 이때 위 보증채무가 단순보증채무라면 보증인 B가 X은행에 대하여 주채무자 A에게 먼저 이행을 청구하고, A의 재산을 먼저 강제집행하라는 항변을 할 수 있다. 그러나 연대보증의 경우에는 주채무의 불이행이 있으면 채권자는 주채무자, 보증인 누구에게든 순서에 관계없이 채무의 이행을 청구할 수 있다. 위와 같이 연대보증이 채권자에게 유리하기 때문에 금융기관의 대출거래에서는 대부분 연대보증이 이용되고 있다.

3. 채권자가 다수인 경우의 법률관계 개요

채권자가 다수인 경우의 법률관계도 여러 형태가 있다. 우선 채권자가 다수인 경우 제408조에 의하여 분할채권이 원칙이다. 채권은 물권의 공동소유에 준하여 준공유, 준합유, 준총유할 수 있다. 그리고 채권의 성질이나 의사표시에 의하여 불가분채권이 성립될 수 있다. 이론상 당사자의 의사에 의하여 연대채권이 성립될 수도 있다고 하나 민법은 별도의 규정을 두고 있지 않고, 실제로 이용되는 사례도 없다.

Ⅱ. 분할채권관계

第408條 (分割債權關係)
債權者나 債務者가 數人인 境遇에 特別한 意思表示가 없으면 各債權者 또는 各債務者는 均等한 比率로 權利가 있고 義務를 負擔한다.

1. 원칙

민법은 채권자나 채무자가 여러 명인 경우에 특별한 의사표시가 없으면 각 채권자, 채무자가 균등한 비율로 권리가 있고 의무를 부담한다고 규정하고 있다(제408조). 이때 각 채권자, 채무자가 가지는 분할된 채권, 채무는 각각 독립된 별개의 채권, 채무로 다루어진다. 그러므로 한 명의 채권자, 채무자에 대하여 발생된 사유는 다른 채권자, 채무자에 대하여 영향을 미치지 않는다.

2. 예외

가. 민법 규정에 의한 예외

민법은 분할채권관계에 관하여 다음과 같은 예외들을 규정하고 있다. 법인의 목적범위외의 행위로 인하여 타인에게 손해를 가한 때에는 그 사항의 의결에 찬성하거나 그 의결을 집행한 사원, 이사 및 기타 대표자가 연대하여 배상하여야 한다(35조②). 이사가 그 임무를 해태한 때에는 그 이사는 법인에 대하여 연대하여 손해배상의 책임이 있다(65조). 사용대차에 관하여 수인이 공동하여 물건을 차용한 때에는 연대하여 그 의무를 부담한다(616조). 수인이 공동의 불법행위로 타인에게 손해를 가하였거나 공동 아닌 수인의 행위 중 어느 자의 행위가 그 손해를 가한 것인지 알 수 없는 경우 연대하여 손해를 배상할 책임이 있다(760조). 부부의 일방이 일상의 가사에 관하여 제3자와 법률행위를 한 때에는 다른 일방은 이로 인한 채무에 대하여 연대책임이 있다(832조 본문).

나. 상사채무 : 연대채무의 원칙

분할채무의 원칙은 민사채무에 한하여 적용된다. 상법은 여러 사람이 그 한 사람 또는 전원에게 상행위가 되는 행위로 인하여 채무를 부담한 때에는 연대하여 변제할 책임이 있다고 하여(상법 57조), 연대채무의 원칙을 취하고 있다.

3. 계약과 관련된 문제

채권, 채무가 분할채권관계라 하더라도 그로 인하여 그 채권, 채무의 발생원인인 계약에 관한 법률관계도 분할적으로 적용되는 것은 아니다. 그리하여 쌍무계약에 있어서의 동시이행의 항변권은 각 전체 급부에 대해서 행사할 수 있고, 계약의 해지나 해제는 그 전원으로부터 또는 전원에 대하여 하여야 한다(547조).

Ⅲ. 불가분채권관계

第409條 (不可分債權)
債權의 目的이 그 性質 또는 當事者의 意思表示에 依하여 不可分인 境遇에 債權者가 數人인 때에는 各債權者는 모든 債權者를 爲하여 履行을 請求할 수 있고 債務者는 모든 債權者를 爲하여 各債權者에게 履行할 수 있다.

第410條 (1人의 債權者에 생긴 事項의 效力)
① 前條의 規定에 依하여 모든 債權者에게 效力이 있는 事項을 除外하고는 不可分債權者中 1人의 行爲나 1人에 關한 事項은 다른 債權者에게 效力이

없다.

② 不可分債權者中의 1人과 債務者間에 更改나 免除있는 境遇에 債務全部의 履行을 받은 다른 債權者는 그 1人이 權利를 잃지 아니하였으면 그에게 分給할 利益을 債務者에게 償還하여야 한다.

第411條 (不可分債務와 準用規定)

數人이 不可分債務를 負擔한 境遇에는 第413條 乃至 第415條, 第422條, 第424條 乃至 第427條 및 前條의 規定을 準用한다.

第413條 (連帶債務의 內容)

數人의 債務者가 債務 全部를 各自 履行할 義務가 있고 債務者1人의 履行으로 다른 債務者도 그義務를 免하게 되는 때에는 그 債務는 連帶債務로 한다.

第414條 (各連帶債務者에 對한 履行請求)

債權者는 어느 連帶債務者에 對하여 또는 同時나 順次로 모든 連帶債務者에 對하여 債務의 全部나 一部의 履行을 請求할 수 있다.

第415條 (債務者에 생긴 無效, 取消)

어느 連帶債務者에 對한 法律行爲의 無效나 取消의 原因은 다른 連帶債務者의 債務에 影響을 미치지 아니한다.

第422條 (債權者遲滯의 絶對的 效力)

어느 連帶債務者에 對한 債權者의 遲滯는 다른 連帶債務者에게도 效力이 있다.

第424條 (負擔部分의 均等)

連帶債務者의 負擔部分은 均等한 것으로 推定한다.

第425條 (出財債務者의 求償權)

① 어느 連帶債務者가 辨濟 其他 自己의 出財로 共同免責이 된 때에는 다른 連帶債務者의 負擔部分에 對하여 求償權을 行使할 수 있다.

② 前項의 求償權은 免責된 날 以後의 法定利子 및 避할 수 없는 費用 其他 損害賠償을 包含한다.

第426條 (求償要件으로서의 通知)

① 어느 連帶債務者가 다른 連帶債務者에게 通知하지 아니하고 辨濟 其他 自己의 出財로 共同免責이 된 境遇에 다른 連帶債務者가 債權者에게 對抗할 수 있는 事由가 있었을 때에는 그 負擔部分에 限하여 이 事由로 免責行爲를 한 連帶債務者에게 對抗할 수 있고 그 對抗事由가 相計인 때에는 相

計로 消滅할 債權은 그 連帶債務者에게 移轉된다.
② 어느 連帶債務者가 辨濟 其他 自己의 出財로 共同免責되었음을 다른 連帶債務者에게 通知하지 아니한 境遇에 다른 連帶債務者가 善意로 債權者에게 辨濟 其他 有償의 免責行爲를 한 때에는 그 連帶債務者는 自己의 免責行爲의 有效를 主張할 수 있다.

第427條 (償還無資力者의 負擔部分)
① 連帶債務者中에 償還할 資力이 없는 者가 있는 때에는 그 債務者의 負擔部分은 求償權者 및 다른 資力이 있는 債務者가 그 負擔部分에 比例하여 分擔한다. 그러나 求償權者에게 過失이 있는 때에는 다른 連帶債務者에 對하여 分擔을 請求하지 못한다.
② 前項의 境遇에 償還할 資力이 없는 債務者의 負擔部分을 分擔할 다른 債務者가 債權者로부터 連帶의 免除를 받은 때에는 그 債務者의 分擔할 部分은 債權者의 負擔으로 한다.

第412條 (可分債權, 可分債務에의 變更)
不可分債權이나 不可分債務가 可分債權 또는 可分債務로 變更된 때에는 各債權者는 自己部分만의 履行을 請求할 權利가 있고 各債務者는 自己負擔部分만을 履行할 義務가 있다.

1. 불가분채권

가. 법률관계

(1) 이행청구와 이행

불가분채권은 채권의 목적이 그 성질 또는 당사자의 의사표시에 의하여 불가분인 경우 중 채권자가 다수인 경우에 성립된다. 불가분채권의 각 채권자는 모든 채권자를 위하여 이행을 청구할 수 있고, 채무자도 모든 채권자를 위하여 각 채권자에게 이행할 수 있다(409조). 즉, 불가분채권의 채권자가 A, B, C 세 사람이고 채무자는 한 사람이라면, A, B, C 중 한 사람이 채무자에게 전부의 이행을 청구할 수 있고, 채무자 역시 A, B, C 중 어느 한 사람에게 전부를 이행하면 채무를 면하게 되는 것이다. 이렇게 되면 A, B, C 세 사람 중 어느 한 사람만 급부를 받아 이익을 독식하게 되는 상황이 발생될 수 있다. 민법은 불가분채권자 사이의 내부관계에 관하여 별도의 규정을 두고 있지 않지만, 채무자의 급부로 인하여 얻은 이익은 세 사람이 공평하게 나누어 가져야 하는 것은 당연한 이치이다. 성질상 급부 자체를 나눌 수 없는 경우에는 금전에 의하여 이익을 분배할 수밖에 없을 것이다.

(2) 이행청구·이행 이외의 사유

이행청구나 이행은 모든 채권자에게 효력이 있지만, 그 외에 불가분채권자 중 1인의 행위나 1인에 관한 사항은 다른 채권자에게 효력이 없다(410조①).

(3) 채권자 일부와의 경개 또는 면제가 있는 경우

불가분채권은 그 급부를 나눌 수 없으므로 설령 채권자 중 한 사람과 채무자가 경개계약을 체결하여 그 채권자에 대하여 채무를 소멸시키거나 한 사람의 채권자가 채무를 면제해 주어도 채무자는 다른 불가분채권자에게 급부 전부를 하지 않으면 안 된다. 그 경우에 아무런 조치가 없다면 채무자로서는 경개계약을 체결하거나 면제를 받은 의미가 전혀 없게 된다. 따라서 민법은 불가분채권자 중 1인과 채무자간에 경개나 면제가 있는 경우에 채무 전부의 이행을 받은 다른 채권자는 그 1인이 권리를 잃지 아니하였으면 그에게 분급할 이익을 채무자에게 상환하여야 한다고 규정하고 있다(410조②).

예를 들어 A, B, C 세 사람이 채무자로부터 90만원짜리 컴퓨터 한 대를 받는 불가분채권이 있는데, A는 채무자에 대하여 채무를 면제해 주었고, 채무자는 B에게 컴퓨터를 인도하였다고 하자. A는 만약 채무면제가 없었더라면 컴퓨터를 인도받은 B에게 30만원의 지급을 청구할 수 있었을 것이다. 그러나 채무면제로 인하여 그 30만원을 받을 수 없게 되었고, A 대신 채무자가 그 30만원의 지급을 청구할 수 있다는 것이다.

나. 관련 사례

(1) 임대인이 다수인 경우의 임차인에 대한 명도청구권

대법원은 임대인이 다수인 임대차계약이 종료된 경우 임차인에 대해서 건물명도를 청구하는 권리는 불가분채권이므로 임대인 각자가 임차인을 상대로 건물명도를 청구할 수 있다는 견해를 취하고 있다.[210]

(2) 매매계약의 무효로 인한 부당이득반환채권

판례는 다수의 매도인이 다수의 매수인에게 임야를 매도하기로 하는 계약을 체결하였으나 그 매매계약이 무효인 경우에 관하여, 매매계약의 무효를 원인으로 부당이득으로서 계약금의 반환을 구하는 채권은 특별한 사정이 없으면 불가분채권채무관계가 될 수 없다고 보았다.[211]

---

210) 대법원 1968. 9. 17. 선고 68다1142 판결. 다만, 이 판결은 임대인이 임차인을 상대로 건물명도를 구하는 사건에 관한 것은 아니었고, 다른 사안에 관한 논거로서 위와 같은 사례를 예시한 것이어서 임대인이 다수인 임대차관계에 관한 직접적인 판례라고 볼 수는 없다.

211) 대법원 1993. 8. 14. 선고 91다41316 판결.

2. 불가분채무

가. 법률관계

불가분채권은 채권의 목적이 그 성질 또는 당사자의 의사표시에 의하여 불가분인 경우 중 채무자가 다수인 경우에 성립된다. 민법은 불가분채무에 관하여 별도의 규정을 두지 않은 채 다른 규정들을 준용하는 입법 방식을 취하고 있다. 준용되는 규정은 연대채무에 관한 제413 · 414 · 415 · 422 · 424 · 425 · 426 · 427조와 불가분채권에 관한 제410조이다(411조).

(1) 연대채무와의 공통점

불가분채무도 연대채무와 마찬가지로 수인의 채무자가 채무 전부를 각자 이행할 의무가 있고 채무자 1인이 이행하면 다른 채무자도 그 의무를 면하게 된다(413조 준용). 채권자는 어느 불가분채무자에 대하여 또는 동시나 순차로 모든 불가분채무자에 대하여 채무의 전부나 일부의 이행을 청구할 수 있다(414조 준용). 불가분채무자에 대한 법률행위의 무효나 취소의 원인은 다른 불가분채무자의 채무에 영향을 미치지 아니한다(415조 준용). 어느 불가분채무자에 대한 채권자의 지체는 다른 불가분채무자에게도 효력이 있다(422조 준용). 불가분채무자의 부담부분은 균등한 것으로 추정한다(424조 준용). 불가분채무자 중 어느 한 사람이 변제 등 출재로 인하여 공동면책이 된 경우에 다른 불가분채무자에 대하여 구상권을 행사할 수 있다(425조 준용). 불가분채무자가 구상권을 행사하기 위해서는 공동면책행위 전후에 통지를 해야 하는데, 그 내용은 연대채무자의 구상권의 경우와 같다(426조 준용).

(2) 연대채무와의 차이점

연대채무의 경우 이행청구, 경개, 상계, 면제, 혼동, 소멸시효에 관하여 어느 한 연대채무자에 관한 사항이 다른 연대채무자에게 영향을 미치는 절대적 효력이 있으나, 불가분채무의 경우에는 위 사항에 관하여 상대적 효력밖에 없다(410조① 준용). 특히 이행청구에 관하여 상대적 효력밖에 없다는 것을 주의해야 한다.[212]

(3) 경개·면제의 경우

불가분채무자 중 1인과 채권자 사이에 경개나 면제가 있더라도 다른 불가분채무자는 채권자에게 채무를 이행해야 한다. 채권자가 일부 채무자에 대하여 경개나 면제를 한 이후에 다른 불가분채무자로부터 변제를 받은 경우 경개를 하였거나 면제를 받은 불가분채무자가 부담하였을 부분의 가액은 변제를 한 불가분채무자에게 상환하여야 한다(410조② 준용).

나. 관련 사례

(1) 공동으로 타인 재산을 권원 없이 사용한 경우

여러 사람이 공동으로 법률상 원인 없이 타인의 재산을 사용한 경우의 부당이득 반환채무는 특별한 사정이 없는 한 불가분적 이득의 반환으로서 불가분채무이다.[213]

---

212) 불가분채권의 경우에는 이행청구에 절대적 효력이 있으나(409조), 불가분채무는 이행청구에 절대적 효력이 없다.

213) 대법원 2001. 12. 11. 선고 2000다13948 판결.

(2) 건물공유자의 임대차보증금 반환채무

건물의 공유자가 공동으로 건물을 임대하고 보증금을 수령한 경우, 특별한 사정이 없는 한 그 임대는 각자 공유지분을 임대한 것이 아니고 임대목적물을 다수의 당사자로서 공동으로 임대한 것이고 그 보증금 반환채무는 성질상 불가분채무에 해당된다.[214)]

(3) 매매계약의 무효로 인한 부당이득반환청구권

매매계약의 무효로 인한 부당이득반환채무는 원칙적으로 분할채무이다. 그러나 계약의 경위 등에 비추어 보아 불가분적 관계가 인정되는 경우에 매매계약 무효로 인한 부당이득반환채무가 불가분채무로 인정되는 경우도 있다.[215)]

(4) 공동상속인들의 건물철거의무

판례는 공동상속인들의 건물철거의무는 그 성질상 불가분채무라고 할 것이고 각자 그 지분의 한도 내에서 건물 전체에 대한 철거의무를 지는 것이라고 한다.[216)] 그러면 지분의 한도 내에서 건물 전체에 대한 철거의무가 있다는 의미는 무엇인가? 공동상속인은 지분 한도 내에서만 철거의무를 부담하므로, 결국 철거청구권자는 공동상속인 전원에 대해서 판결 등 집행권원을 받아야만 건물철거

214) 대법원 1998. 12. 8. 선고 98다43137 판결.

215) 판례 중에는 국토이용관리법상 토지거래허가지역 내에 있는 토지에 관한 매매계약을 체결함에 있어서 매도인들이 매매계약 당시 특약사항으로 분묘의 이장과 같은 여러 가지 불가분채무를 부담하였을 뿐만 아니라 매도인들 상호간에 밀접한 신분관계를 가지고 있어 계약 이행에 관하여 전원의 의사나 능력이 일체로서 고려되었다고 할 것이므로 매매계약이 확정적으로 무효로 되면서 발생한 매도인들의 매수인들에 대한 부당이득반환채무도 성질상 불가분채무라고 본 사례가 있다(대법원 1997. 5. 16. 선고 97다7356 판결).

216) 대법원 1980. 6. 24. 선고 80다756 판결.

를 집행할 수 있다. 따라서 위 판결은 공동상속인 전원이 동시에 피고로 되어야 할 필요는 없고, 순차적으로 일부씩 판결을 받아도 상관없다는 의미에 불과한 것이고[217], 공동상속인 중 1인에 대하여 건물철거를 청구하였을 때 그 판결로서 건물철거가 집행될 수 있다는 의미가 아님을 주의해야 하는 것이다.

Ⅳ. 연대채무

1. 의의

여러 명의 채무자가 채무 전부를 각자 이행할 의무가 있고 채무자 1인의 이행으로 다른 채무자도 그 의무를 면하게 되는 채무 중 민법 제413조~제427조의 적용을 받는 채무를 연대채무라고 한다. 채권자는 여러 명의 채무자에게 각각 채무 전액을 청구할 수 있으므로 채권의 실현이 보다 확실히 담보되는 것이다. 이러한 연대채무는 법률행위에 의하여 발생될 수도 있고, 법률에 의하여 연대채무로 정해진 것도 있다.

2. 연대채무의 법적 성질

第413條 (連帶債務의 內容)
數人의 債務者가 債務 全部를 各自 履行할 義務가 있고 債務者1人의 履行으로 다른 債務者도 그義務를 免하게 되는 때에는 그 債務는 連帶債務로 한다.

---

217) 즉, 필요적 공동소송이 아니라는 것이다.

第414條 (各連帶債務者에 對한 履行請求)
債權者는 어느 連帶債務者에 對하여 또는 同時나 順次로 모든 連帶債務者에 對하여 債務의 全部나 一部의 履行을 請求할 수 있다.

第415條 (債務者에 생긴 無效, 取消)
어느 連帶債務者에 對한 法律行爲의 無效나 取消의 原因은 다른 連帶債務者의 債務에 影響을 미치지 아니한다.

연대채무의 채무자 각자가 부담하는 채무는 각각 독립한 채무이다. 따라서 각 연대채무자의 채무에 관하여 조건, 기한, 이행기 등을 다르게 할 수 있고, 각각 따로 보증채무를 성립시킬 수 있으며, 분리하여 채권양도를 할 수도 있다. 또 어느 연대채무자에 대한 법률행위의 무효나 취소의 원인은 다른 연대채무자의 채무에 영향을 미치지 않는다. 그러나 연대채무자의 채권자는 어느 채무자에 대해서든 채무 전부의 이행을 청구할 수 있고, 채무자 중 한 사람이 전부 이행하면 다른 채무자의 채무도 동시에 소결된다는 것이 연대채무의 특징이다. 연대채무는 채무자 사이에 나부관계가 있는 것을 전제로 하여 설계된 채무이므로, 연대채무자 중 한 사람에 대하여 발생한 사유가 다른 연대채무자에게 영향을 미치는 경우가 많다.

3. 연대채무자 중 한 사람에 대해 생긴 사유의 효력

第416條 (履行請求의 絶對的 效力)
어느 連帶債務者에 對한 履行請求는 다른 連帶債務者에게도 效力이 있다.

第417條 (更改의 絶對的 效力)
어느 連帶債務者와 債權者間에 債務의 更改가 있는 때에는 債權은 모든 連帶債務者의 利益을 爲하여 消滅한다.

第418條 (相計의 絶對的 效力)
① 어느 連帶債務者가 債權者에 對하여 債權이 있는 境遇에 그 債務者가 相計한 때에는 債權은 모든 連帶債務者의 利益을 爲하여 消滅한다.
② 相計할 債權이 있는 連帶債務者가 相計하지 아니한 때에는 그 債務者의 負擔部分에 限하여 다른 連帶債務者가 相計할 수 있다.

第419條 (免除의 絶對的 效力)
어느 連帶債務者에 對한 債務免除는 그 債務者의 負擔部分에 限하여 다른 連帶債務者의 利益을 爲하여 效力이 있다.

第420條 (混同의 絶對的 效力)
어느 連帶債務者와 債權者間에 混同이 있는 때에는 그 債務者의 負擔部分에 限하여 다른 連帶債務者도 義務를 免한다.

第421條 (消滅時效의 絶對的 效力)
어느 連帶債務者에 對하여 消滅時效가 完成한 때에는 그 負擔部分에 限하여 다른 連帶債務者도 義務를 免한다.

第422條 (債權者遲滯의 絶對的 效力)
어느 連帶債務者에 對한 債權者의 遲滯는 다른 連帶債務者에게도 效力이 있다.

第423條 (效力의 相對性의 原則)
前7條의 事項外에는 어느 連帶債務者에 關한 事項은 다른 連帶債務者에게 效力이 없다.

연대채무자 중 한 사람에 대해 생긴 사유의 효력은 크게 세 종류로 분류할 수 있다. 첫째는 채무 전부에 관하여 모든 연대채무자에게 공통되는 절대적 효과가 발생되는 경우이고, 둘째는 그 사유가 생긴 연대채무자의 부담부분에 한하여 다른 연대채무자에 대해서 절대적 효력이 발생되는 경우이며, 셋째는 그 사유가 발생된 연대채무자에 대해서만 효력이 있고 다른 연대채무자에게는 효력이 발생되지 않는 경우이다. 아래에서 차례로 살펴본다.

가. 전부에 대하여 절대적 효력이 있는 사유

(1) 이행의 청구

채권자는 어느 연대채무자에 대하여 또는 동시나 순차로 모든 연대채무자에 대하여 채무의 전부나 일부의 이행을 청구할 수 있고(414조), 그 이행의 청구는 다른 연대채무자에게도 효력이 있다(416조). 예를 들어 A, B, C가 X에 대하여 기한이 정해져 있지 않은 90만원의 채무를 부담하고 있는 경우에 X가 A에게 이행청구를 하면 A, B, C 모두 이행지체에 빠지게 된다. 또 이행청구로 인한 소멸시효 중단의 효력은 연대채무자 전원에게 미친다.

(2) 변제, 대물변제, 공탁, 상계

A, B, C가 X에 대하여 90만원의 연대채무를 부담하고 있다고 하자. 이때 A가 X에게 90만원을 변제하거나, 골프채 한 세트를 지급하면서 90만원 채무를 소멸시키기로 하는 대물변제를 하거나, X가 변제를 받지 않아 공탁소에 90만원을 공탁하거나, A가 X에 대하여 가지고 있는 90만원의 채권과 위 연대채무를 상계하여 서로 채권이 없는 것으로 하면 채권자 X는 자신의 채권이 실현되는 결과를 얻는다. 그래서 변제, 대물변제, 공탁, 상계를 이른바 '채권을 만족시키는 사유'라고 한다. 그리고 이와 같이 연대채무자 중 한 사람이 채권을 만족시키는 행위를 하면 연대채무자 전원이 채무를 면하며 연대채무는 소멸된다. 민법은 상계의 절대적 효력에 관하여만 규정을 두고 있고(418면),[218] 변제, 대물변제, 공탁의 절대적 효

력에 관하여는 규정을 두지 않았는데, 채권을 만족시키는 사유는 별도의 법률 규정이 없어도 당연히 절대적 효력이 있는 것이다.

(3) 경개(更改)

어느 연대채무자와 채권자간에 채무의 경개가 있는 때에는 채권은 모든 연대채무자의 이익을 위하여 소멸한다(417조). 경개는 새로운 내용의 채무를 부담하기로 하면서 기존 채무를 소멸시키는 계약이다. A, B, C가 X에 대하여 90만원의 연대채무를 부담하고 있는데, A가 X에 대하여 2012년 1월 31일까지 책상과 의자를 인도하는 대신 90만원의 채무는 소멸시키기로 A와 X 사이에 합의하였다고 하자.[219] 이 경우 A, B, C 모두 90만원의 채무를 면하게 되며, 책상과 의자를 인도하는 채무는 A만 부담하게 된다.

(4) 채권자지체

어느 연대채무자에 대한 채권자의 지체는 다른 연대채무자에게도 효력이 있다(422조).

나. 부담부분에 한하여 절대적 효력이 있는 사유

(1) 다른 연대채무자의 채권으로 상계하는 경우

A, B, C가 채권자에 대하여 90만원의 연대채무를 부담하고 있고, A가 우연히 채권자에 대하여 90만원의 반대채권을 취득하였다

218) 상계의 경우 어느 연대채무자가 자신의 채권으로 상계한 경우에는 위와 같이 전부에 대하여 절대적 효력이 발생하지만, 다른 연대채무자의 채권으로 상계하는 것은 그 다른 연대채무자의 부담부분에 한하여 할 수 있다(418조②). 그러한 이유로 상계에 관하여만 별도의 규정을 둔 것이다.

219) 이와 같이 책상과 의자를 장차 지급하기로 하면서 기존 채무를 소멸시키는 계약은 경개이고, 실제로 책상과 의자를 지급하면서 기존 채무를 소멸시키는 계약은 대물변제이다.

고 하자. 이때 만약 A가 자신의 채권으로 의 연대채무와 상계한다면 앞서 본 바와 같이 전액에 대하여 절대적 효력이 있다. 그런데 민법은 위 상황에서 B 또는 C가 A의 채권으로 연대채무와 상계를 할 수 있도록 규정하고 있다(418조②).[220] 다만, A 스스로 상계하지 않고 B, C가 관여해서 상계하는 경우에는 그 범위를 A의 부담부분에 한정한다. 즉, B 또는 C가 A가 채권자에 대하여 가지는 반대채권으로 상계를 할 때에는 A의 부담부분인 30만원 한도에서만 상계할 수 있다. 위 상황에서 B가 A의 부담부분인 30만원 한도에서 상계를 하면 A, B, C는 X에 대하여 60만원의 연대채무를 부담하는 상태가 된다.

(2) 면제

면제는 부담부분에 한하여 절대적 효력이 있다(419조). 즉, A, B, C가 채권자에 대하여 90만원의 연대채무를 부담하고 있는데, 채권자가 A에 대하여 채무를 면제해 주면 A는 채무 전액을 면하게 되고, B, C에 대해서는 A의 부담부분인 30만원 범위에서 효력이 있으므로, B, C는 60만원의 연대채무를 부담하게 된다.

(3) 혼동

A, B, C가 X에 대하여 90만원의 연대채무를 부담하고 있는데, A가 단독으로 X를 상속하였다고 하자. 그 경우 A는 채권자 겸 채무자가 되어 채무가 소멸될 것이다. 그러면 채권자 X를 상속하여 이제는 채권자가 된 A는 B, C에 대해서 얼마를 청구할 수 있는

---

220) 원래 상계는 자신의 채권으로만 할 수 있고 제3자가 가지는 채권으로 할 수 없으므로, 위 규정은 상계의 일반원칙에 대한 예외를 규정한 것이라 할 수 있다.

가? 이때 A의 부담부분인 30만원 범위에서는 B, C의 채무도 소멸하므로 B, C는 A에 대하여 60만원의 연대채무를 부담하게 된다. 즉, 혼동은 부담부분에 한하여 절대적 효력이 있다(420조).

(4) 소멸시효 완성

소멸시효 완성의 효과도 부담부분에 한하여 절대적 효력이 있다(421조). A, B, C가 90만원의 연대채무를 부담하고 있는데, A의 채무는 소멸시효가 완성되었고, B, C의 채무는 소멸시효가 완성되지 않았다고 하자. 이 경우 A는 채무 전부를 면하고 B, C는 30만원 범위에서 채무를 면한다. 따라서 그 경우 B, C는 채권자에 대하여 60만원의 연대채무를 부담하게 된다.

다. 상대적 효력만 있는 사유

(1) 일반론

어느 연대채무자에 관하여 위에서 절대적 효력이 있다고 설명한 사항 외에 어떤 사유가 발생하였다 하더라도 다른 연대채무자에게 영향을 미치지 않는다. 즉, 상대적 효력밖에 없다. 그 중 소멸시효의 중단에 관하여는 아래에서 추가로 설명한다.

(2) 연대채무자 1인에 대한 소멸시효중단의 효력

㈎ **중단사유에 따른 차이** 이행청구는 절대적 효력이 있으므로, 이행청구에 의한 소멸시효 중단의 효력도 연대채무자 전원에게 미친다. 그러나 이행청구가 아닌 소멸시효 중단사유는 상대적 효력밖에 없다. A, B, C가 90만원의 연대채무를 부담하고 있는데 채권자가 A에 대하여 이행청구를 하였다면 A, B, C 모두에 대하여 시효중단의 효력이 있다. 그러나 채권자가 A의 재산을 가압류하여 시

효가 중단된 경우라면, 그 시효중단의 효력은 A에 대해서만 발생되고, B, C에 관하여는 소멸시효가 계속 진행된다.

(나) **재판상 청구에 의한 시효중단의 효력** 위에서 본 바와 같이 재판상 청구에 의하여 소멸시효가 중단되는 경우에는 시효중단의 효력이 연대채무자 전원에 대하여 미친다. 이때 새로 진행되는 소멸시효기간도 공통적으로 10년으로 되는가? 그렇지는 않다고 해야 한다. 민법 제165조에 의하면 단기소멸시효가 적용되던 채권도 판결이 확정되면 10년의 소멸시효기간이 적용된다. 그러나 판결의 효력은 재판당사자 사이에만 미친다고 해야 하므로, 판결을 받은 연대채무자에 대해서만 10년의 소멸시효기간이 적용되고, 다른 연대채무자에 대해서는 시효중단의 효력만 공통되고, 새로 진행하는 소멸시효기간은 종전의 소멸시효기간이 그대로 적용된다고 해야 한다. 판례는 보증채무에 관하여 주채무자에 대한 재판상 청구는 보증인에 대해서도 시효중단의 효력이 있으나, 새로 진행되는 소멸시효기간은 주채무에 대해서는 10년이지만 보증채무에 대해서는 종전의 소멸시효기간에 따른다고 한다.[221] 이와 같은 판례의 논리는 연대채무에 관하여도 적용될 수 있다고 본다.

4. 구상권

第424條 (負擔部分의 均等)
連帶債務者의 負擔部分은 均等한 것으로 推定한다.

221) 대법원 1986. 11. 25. 선고 86다카1569 판결.

第425條 (出財債務者의 求償權)
① 어느 連帶債務者가 辨濟 其他 自己의 出財로 共同免責이 된 때에는 다른 連帶債務者의 負擔部分에 對하여 求償權을 行使할 수 있다.
② 前項의 求償權은 免責된 날 以後의 法定利子 및 避할 수 없는 費用 其他 損害賠償을 包含한다.

第426條 (求償要件으로서의 通知)
① 어느 連帶債務者가 다른 連帶債務者에게 通知하지 아니하고 辨濟 其他 自己의 出財로 共同免責이 된 境遇에 다른 連帶債務者가 債權者에게 對抗할 수 있는 事由가 있었을 때에는 그 負擔部分에 限하여 이 事由로 免責行爲를 한 連帶債務者에게 對抗할 수 있고 그 對抗事由가 相計인 때에는 相計로 消滅할 債權은 그 連帶債務者에게 移轉된다.
② 어느 連帶債務者가 辨濟 其他 自己의 出財로 共同免責되었음을 다른 連帶債務者에게 通知하지 아니한 境遇에 다른 連帶債務者가 善意로 債權者에게 辨濟 其他 有償의 免責行爲를 한 때에는 그 連帶債務者는 自己의 免責行爲의 有效를 主張할 수 있다.

第427條 (償還無資力者의 負擔部分)
① 連帶債務者中에 償還할 資力이 없는 者가 있는 때에는 그 債務者의 負擔部分은 求償權者 및 다른 資力이 있는 債務者가 그 負擔部分에 比例하여 分擔한다. 그러나 求償權者에게 過失이 있는 때에는 다른 連帶債務者에 對하여 分擔을 請求하지 못한다.
② 前項의 境遇에 償還할 資力이 없는 債務者의 負擔部分을 分擔할 다른 債務者가 債權者로부터 連帶의 免除를 받은 때에는 그 債務者의 分擔할 部分은 債權者의 負擔으로 한다.

가. 의의

어느 연대채무자가 변제 기타 자기의 출재(出財)로 공동면책이 된 때에는 다른 연대채무자들에 대하여 부담부분에 따른 정산을 요구할 수 있는데, 이를 구상권이라고 한다.

나. 연대채무자의 부담부분

연대채무자의 부담부분은 균등한 것으로 추정된다(424조). 물론 약정에 의하여 달리 정할 수도 있다. 부담부분은 연대채무자들 내부의 관계이지만, 연대채무자 1인에 대하여 생긴 사유 중에서 면제, 혼동, 소멸시효완성은 부담부분에 한하여 절대적 효력이 있으므로, 채권자의 다른 연대채무자에 대한 권리의 범위에 영향을 미치게 된다. 이때 부담부분이 균등하지 않은 경우에 이를 채권자에 대하여 주장할 수 있는지의 문제가 발생할 수 있는데, 통설은 채권자가 그 부담부분을 알았거나 알 수 있었을 때에는 균등하지 않은 부담부분을 채권자에 대하여 주장할 수 있다고 한다.[222]

다. 구상권 발생의 요건

민법 제425조에 의하면 구상권이 발생되기 위해서는 자기의 출재로 공동면책이 되어야 한다.

(1) 출재

출재는 자기 재산을 감소시킴으로써 타인의 재산을 증가시키는 행위인데, 변제, 대물변제, 공탁, 상계, 경개는 출재를 한 경우로 인정되며, 면제와 소멸시효완성은 출재를 한 경우에 포함되지 않는다. 혼동은 그 성질상 출재로 보아야 할 것이기는 하지만, 혼동으로 인한 절대적 효력은 그 연대채무자의 부담부분에 한정되므로, 구상권은 발생되지 않는다고 보는 것이 타당하다.

---

222) 곽윤직, 176면.

(2) 공동면책

(가) **학설** 공동면책은 연대채무자 전원이 전부 또는 일부의 채무를 면하는 것을 의미한다. 그런데 구상권이 발생하기 위한 공동면책의 범위에 관하여 자기의 부담부분을 넘어서 공동면책을 시킨 경우에만 구상권이 발생된다는 적극설[223]과 부담부분과 관계없이 출재로 인하여 공동면책이 되면 구상권이 발생된다는 소극설[224]이 대립되고 있다. 예를 들어 A, B, C가 90만원의 연대채무를 부담하고 부담비율은 균등한데 A가 채권자에게 30만원을 변제하였다고 하자. 적극설에 의하면 구상권이 발생되지 않지만 소극설에 의하면 A는 B에 대하여 10만원, C에 대하여 10만원을 구상할 수 있다. 연대채무의 구상권에 관한 판례는 확인되지 않고 있으나 부진정연대채무에 관하여는 적극설을 취하고 있는 것으로 보인다.[225]

(나) **저자의 의견** 다수설인 소극설은 공평의 원칙을 근거로 내세우고 있다. 그러나 그와 같은 완전한 공평을 추구할 필요가 있을까 하는 의문이 있다. 연대채무자는 대외적으로는 전액에 대하여, 대내적으로는 자신의 부담부분 범위에서는 당연히 채무를 이행할 것이 예정되어 있으므로, 그 범위 내에서 이행한 것을 가지고 공평하지 않다고 주장할 자격은 없다고 본다. 또한 소극설에 의할 경우에는 채권자가 다수의 연대채무자들에 대하여 조금씩 변제를 받는 경우 구상권 행사가 반복되어 법률관계가 복잡하게 된다. 뿐만 아니라 어떤 연대채무자가 부담부분 내의 변제를 하였다는 이유로 구상권을 행사하는 경우라면 채권자는 일부의 채권을 변제받지 못

223) 김상용, 311면.
224) 곽윤직, 177면; 김대정, 725면; 장재현, 290면; 지원림, 1011면.
225) 대법원 2007. 10. 11. 선고 2005다7085 판결.

하고 있는 상황인데, 그 경우 만약 다른 연대채무자들이 구상의무를 이행할 여유가 있다면 구상의무 이행에 앞서 채권자에게 변제하는 것이 마땅한 의무라 할 것이다. 그리고 판례는 부진정연대채무 및 연대보증인이 여러 명인 경우에 관하여 적극설을 취하고 있는데[226], 유독 연대보증만 소극설을 취해야 할 이유는 없다고 본다. 따라서 적극설을 지지한다.

라. 구상권의 범위

적극설에 의하면 공동면책액[227]에서 자신의 부담부분을 공제한 금액이 구상권 행사 범위를 정하는 기준이 된다. A, B, C가 90만원의 연대채무를 부담하는 경우 A가 42만원을 변제하였다면 자신의 부담부분 30만원을 초과하는 12만원에 대하여 B, C에게 구상하게 되므로, B, C에게 각 6만원을 구상할 수 있다. 그러나 소극설에 의하면 공동면책액 자체가 기준이 되므로 A는 부담부분의 비율에 따라 B, C에게 각 14만원(42만원×1/3)을 구상할 수 있다. 구상권은 다른 연대채무자의 부담부분에 한하여 행사할 수 있으므로(425조①) B, C의 위 구상채무는 분할채무이고 연대채무가 아니다. 한편, 구상권은 면책된 날 이후의 법정이자 및 피할 수 없는 비용 기타 손해배상을 포함한다(425조②).

---

226) 부진정연대채무에 관한 판례로는 대법원 2007. 10. 11. 선고 2005다7085 판결 등이 있고, 수인의 연대보증인에 관한 판례로는 대법원 1993. 5. 27. 선고 93다4656 판결이 있다.

227) 출재액이 공동면책액보다 적은 경우에는 출재액이 기준이다. 예를 들어 20만원짜리 물건을 지급하고 30만원의 채무를 면하는 대물변제를 한 경우에는 출재액인 20만원이 기준이 된다.

마. 구상권 행사요건으로서의 통지

어느 연대채무자가 변제 등 자기의 출재로 공동면책이 되도록 한 경우 이를 다른 연대채무자에게 통지하지 않으면 다른 연대채무자는 이중으로 변제할 위험이 있다. 이를 예방하기 위하여 민법은 변제 등 출재로 공동면책을 하려는 연대채무자는 사전에 다른 연대채무자에게 통지를 하여야 하고, 공동면책을 얻은 뒤에는 사후통지를 하도록 규정하고 있다(426조). 그리고 위 통지를 하지 않은 경우 뒤에 이중으로 변제한 연대채무자에 대하여는 구상권을 행사할 수 없게 된다.

한편, 통설은 연대채무자 A가 통지 없이 변제를 한 뒤 다른 연대채무자 B가 이중으로 변제를 한 경우에, 만약 B도 사전통지를 하지 않고 변제를 하였다면 A, B 모두 잘못을 저지른 것이므로, 일반원칙에 따라 먼저 변제한 A의 변제가 유효하고 A는 B에게 구상권을 행사할 수 있다고 한다. 즉, 통설에 의하면 A, B 모두 통지 없이 변제하였다면 먼저 변제한 것이 유효하고, 구상권도 행사할 수 있다고 보는 것이다. 그런데 위 사안에서 A가 사후통지를 하였다면 B는 A의 변제사실을 인식하게 되므로 이중으로 변제할 이유가 없고, B가 사전통지를 한 경우에도 A가 B에게 자신이 이미 변제를 하였으니 변제할 필요가 없다고 알려줄 가능성이 높기 때문에 역시 이중변제가 일어날 가능성이 거의 없다. 따라서 실제로 발생하는 이중변제는 대부분 이중변제자 모두 통지를 하지 않은 경우일 것으로 예상된다. 그러므로 통설에 의할 경우 제426조가 적용되는 사례는 거의 없고, 변제의 일반원칙에 따라 먼저 행해진 변제가 유효한 변제라고 인정될 가능성이 높다고 추론할 수 있다.

바. 상환무자력자의 부담부분과 구상권

(1) 보통의 경우

연대채무자중에 상환할 자력이 없는 자가 있는 때에는 그 채무자의 부담부분은 구상권자 및 다른 자력이 있는 채무자가 그 부담부분에 비례하여 분담한다(427조①). A, B, C가 90만원의 연대채무를 부담하고 있는데, C가 상환무능력자라고 하자. 그 경우 원래 각 부담부분이 30만원씩이었으나 C가 상환무능력자이므로 이제는 A와 B가 각 45만원씩 부담하게 된다. 따라서 A가 90만원을 변제하면 B에게 45만원을 구상할 수 있다.

(2) 연대의 면제가 있는 경우

한편, 위 상황에서 채권자가 A에 대하여 연대를 면제해 주었다면 어떻게 되는가? 그러면 A는 30만원의 분할채무를 부담하고, B와 C는 60만원의 연대채무를 부담한다.[228] 이때 B가 채권자에게 60만원을 변제하였다면 C에게 30만원을 구상할 수 있는데, C는 상환무능력자이므로 결국 B는 혼자서 60만원을 부담해야 하는 상황에 처하게 된다. 이것은 연대의 면제가 없었던 경우에 비해서 불리하다. 연대의 면제가 없었더라면 B는 A에게 15만원을 구상할 수

---

228) 연대의 면제의 개념에 대하여 학자들의 견해는 일치되어 있지 않다. 어떤 견해는 연대의 면제는 연대채무의 면제와 다르다고 하면서 그것은 상대적 효력밖에 없으므로 위 사안의 경우 A는 30만원의 분할채무를, B와 C는 90만원의 연대채무를 부담한다고 하고(곽윤직 181면; 김대정, 731면), 다른 견해는 위 사안의 경우 A는 30만원의 분할채무를 부담하고 B와 C는 60만원의 연대채무를 부담한다고 한다(장재현, 292면). 전자의 견해에 의하면 A가 30만원의 분할채무를 부담한다고 하면서도 B 또는 C의 변제에 의하여 A의 채무가 소멸될 수도 있는 결과가 되어 분할채무의 정의에 어긋난다. 따라서 후자의 견해가 타당하다고 본다.

있었을 것이다. 따라서 그 부분을 누군가가 책임져야 하는데, 그와 같은 상황은 채권자의 연대 면제에 의하여 발생하였으므로 민법은 채권자로 하여금 그 부분을 책임지도록 규정하였다(427조②). 따라서 위 경우 B는 채권자로부터 15만원을 반환받을 권리가 있다.

사. 변제자대위

연대채무자는 변제할 정당한 이익이 있는 사람이므로 변제에 의하여 채권자에 대위한다(481조). 즉, 채권자가 가지고 있던 담보물권, 보증채권 등이 변제를 한 연대채무자에게 이전된다는 것이다. 위 변제자대위는 구상권의 이행을 확보하기 위한 것이므로 변제자대위에 의한 권리이전의 범위는 구상권의 범위에 한정된다.

Ⅴ. 부진정연대채무

1. 의의

부진정연대채무는 여러 명의 채무자가 각각 다른 법률관계에 의하여 동일한 채권자에게 채무를 부담하게 되었는데, 그 채무의 내용이 동일하기 때문에 어느 한 채무자가 이행을 하면 다른 채무자도 채무를 면하는 채무이다. 부진정연대채무는 기본적으로 채무자들 사이에 서로 관련이 없기 때문에 변제, 대물변제, 공탁, 상계 등 채권을 만족시키는 행위를 제외하고는 채무자 1인에 대하여 생긴 사유가 다른 부진정연대채무자에게 영향을 미치지 않는다.

부진정연대채무라고 해석되는 사례들로는 ① 공동불법행위에 의한 각 불법행위자의 손해배상의무[229], ② 피용자가 불법행위를 한 경우 사용자의 손해배상의무와 피용자 본인의 손해배상의무, ③ 절도범의 불법행위에 기한 손해배상의무와 경비업체의 용역계약상 채무불이행에 따른 손해배상의무, ④ 실화책임을 지는 사람의 불법행위에 기한 손해배상의무와 화재보험회사의 보험금지급의무 등이다. 주로 불법행위가 성립될 경우 불법행위자의 손해배상의무와 다른 사람이 다른 원인(계약 또는 법률 규정)에 의하여 부담하는 채무 사이에 부진정연대의 관계에 있음을 알 수 있다.

2. 부진정연대채무자 1인에 대하여 생긴 사유의 효력

가. 절대적 효력이 있는 사유

(1) 일반론

변제, 대물변제, 공탁, 상계는 이른바 채권을 만족시키는 행위이므로 어느 부진정연대채무자가 변제, 대물변제, 공탁, 상계를 하면 그 만큼의 채무가 소멸되고, 그 채무소멸의 효력은 모든 부진정연대채무자에게 미친다. 예를 들어 A, B, C가 X에 대하여 90만원의 부진정연대채무를 부담하고 있는 경우, A가 X에게 90만원을 변제하면 X가 가진 채권은 전부 소멸하고, X는 B, C에 대하여 90만원의 지급을 청구할 수 없게 된다.

---

229) 통설과 판례는 부진정연대채무로 보나, 민법 제760조가 '연대하여' 배상한다고 규정하고 있는 이상 부진정연대채무가 아니라 보통의 연대채무로 보아야 한다는 소수설도 있다.

(2) 상계의 절대적 효력에 관한 논의

(가) 제418조 제1항의 적용여부 과거의 판례는 부진정연대채무자 중 1인이 채권자에 대한 반대채권으로 채무를 대등액에서 상계하더라도 그 상계로 인한 채무소멸의 효력은 다른 부진정연대채무자에게 미치지 않는다는 입장을 취하였고,[230] 학설은 대체로 반대하는 견해를 취하고 있었다. 그런데 대법원은 최근 견해를 변경하여 통설과 같이 상계의 절대적 효력을 긍정하였다. 즉, 대법원 2010. 9. 16 선고 2008다9721 전원합의체 판결은 "부진정연대채무자 중 1인이 자신의 채권자에 대한 반대채권으로 상계를 한 경우에도 채권은 변제, 대물변제, 또는 공탁이 행하여진 경우와 동일하게 현실적으로 만족을 얻어 그 목적을 달성하는 것이므로, 그 상계로 인한 채무소멸의 효력은 소멸한 채무 전액에 관하여 다른 부진정연대채무자에 대하여도 미친다고 보아야 한다. 이는 부진정연대채무자 중 1인이 채권자와 상계계약을 체결한 경우에도 마찬가지이다. 나아가 이러한 법리는 채권자가 상계 내지 상계계약이 이루어질 당시 다른 부진정연대채무자의 존재를 알았는지 여부에 의하여 좌우되지 아니한다."라고 선언하여 오랜 논란을 종결지었다.

(나) 제418조 제2항의 적용여부 한편, 부진정연대채무에 관하여 상계의 절대적 효력을 인정하더라도 제418조 제2항은 적용되지 않는다고 본다. 제418조 제2항은 연대채무자 사이의 부담부분이 있는 것을 전제로 다른 연대채무자의 상계를 허용하는 규정인데, 부진정연대채무는 고유한 의미의 부담부분이 있다고 볼 수 없기 때문이다. 판례도 제418조 제2항은 부진정연대채무에 관하여 적용되지 않

---

230) 대법원 1989. 3. 28. 선고 88다카4994 판결등

는다고 한다.[231]

나. 상대적 효력만 있는 사유

채권을 만족시키는 사유인 변제, 대물변제, 공탁, 상계 외의 다른 사유들은 전부 상대적 효력만 있다. 예를 들어 부진정연대채무의 채권자는 채무자 중 1인에 대하여 채무의 전부 또는 일부의 이행을 청구할 수 있고, 모든 채무자에 대하여 동시 또는 순차로 전부나 일부 이행을 청구할 수 있지만, 어느 부진정연대채무자에 대하여 이행청구를 하였다 하여 그 이행청구의 효력이 다른 부진정연대채무자에게 미치는 것은 아니다. 면제, 경개, 혼동, 소멸시효완성, 소멸시효중단 등의 사유들도 모두 상대적 효력밖에 없어서 해당 채무자와의 관계에서만 효력이 있고, 다른 부진정연대채무자에게는 효력이 없다.

3. 구상권

가. 구상권이 인정되는지 여부

부진정연대채무자 사이에는 내부관계가 없으므로, 부진정연대채무라는 사실만으로 당연히 구상권이 발생되는 것은 아니다. 그러나 부진정연대채무를 발생시킨 원인관계에 의하여 구상권이 인정되는 경우도 있다. 판례도 공동불법행위자 상호간에는 과실비율에 따른 부담부분이 있으므로 어느 공동불법행위자가 부담부분을 넘어 공동면책을 얻게 한 경우에는 다른 공동불법행위자에게 구상할 수

---

231) 대법원 1994. 5. 27. 선고 93다21521 판결.

있다고 한다.[232] 뿐만 아니라 절도범의 절도에 의해 손해배상의무를 부담하게 된 경비용역업체가 전액을 배상한 뒤 절도범에게 구상권을 행사하는 것도 긍정하였다.[233]

나. 구상권 발생의 요건

구상권이 발생되기 위해서는 자기의 출재로 공동면책이 되어야 한다. 이때 공동면책이 된 부분이 자기의 부담부분을 넘어야 하는지 여부에 관하여는 연대채무의 경우와 마찬가지의 문제가 발생하는데, 판례는 부담부분을 넘어서 공동면책을 얻은 부분에 한하여 구상권이 발생한다는 입장이다.[234] 예를 들어 A, B, C가 공동의 과실로 X에게 90만원의 손해를 입혔고, 각 과실 비율은 1:1:1이라고 하자. 만약 A가 X에게 30만원을 변제하였다면 30만원은 A의 부담부분 범위 내이므로 A는 구상권을 행사할 수 없다. A가 X에게 60만원을 변제한 경우에는 부담부분을 초과한 30만원에 대하여 B, C에게 구상할 수 있고, 그 경우 B, C는 각 15만원씩 구상채무가 발생한다. B, C의 구상채무는 분할채무이다.

다. 구상권 행사요건으로서 통지가 필요한지 여부

부진정연대채무의 경우 구상권을 행사하기 위해서 연대채무와 같이 사전통지, 사후통지를 해야 하는지의 문제가 있다. 판례는 연대채무의 구상요건으로서의 통지에 관한 규정인 민법 제426조는 부진정연대채무에 관하여 유추적용되지 않는다고 하면서 제1변제자의 변제가 있었으면 통지 여부에 관계없이 제2변제자에게 면책

---

232) 대법원 1983. 5. 24. 선고 83다카208 판결.
233) 대법원 2006. 1. 27. 선고 2005다19378 판결.
234) 대법원 2007. 10. 11. 선고 2005다7085 판결.

행위의 유효를 주장할 수 있다고 한다.[235)]

Ⅵ. 보증채무

1. 보증채무의 의의

> **第428條 (保證債務의 內容)**
> ① 保證人은 主債務者가 履行하지 아니하는 債務를 履行할 義務가 있다.
> ② 保證은 將來의 債務에 對하여도 할 수 있다.

보증채무는 주채무자가 채무를 이행하지 않는 경우 주채무자 대신 같은 내용의 급부를 이행하여야 할 채무를 말한다. 이와 같이 보증채무는 주채무자의 채무불이행을 대비하는 제도이므로 일종의 담보로서 기능하게 된다. 담보물권의 경우에는 물건 위에 성립하여 그 목적물로만 담보의 기능을 하므로 물적 담보라고 하고, 보증채무의 경우에는 보증인이 주채무를 담보하게 되므로 인적 담보라고 표현한다.

보증채무는 주채무자 대신 같은 내용의 급부를 보증인이 이행하는 것이므로, 원칙적으로 주채무는 대체적 급부를 내용으로 하여야 한다. 주채무의 내용이 대체성이 없고 이행당사자가 달라지면 급부의 내용도 바뀌는 경우에는 논리적으로는 보증채무가 성립될 수 없다고 볼 여지가 있다. 그러나 통설은 그 경우 보증채무가 무효라고 보지는 않고, 주채무가 손해배상으로 변하는 것을 조건으로 하

---

235) 대법원 1998. 6. 26. 선고 98다5777 판결.

여 그 손해배상의무를 보증한 것으로 해석하고 있다.[236] 보증은 장래의 채무에 대해서도 할 수 있는데(428조②), 판례는 주채무 발생의 원인이 되는 기본계약이 반드시 보증계약보다 먼저 체결되어야만 하는 것은 아니고, 보증계약 당시 보증의 대상이 될 주채무의 발생원인과 그 내용이 어느 정도 확정되어 있다면 장래의 채무에 대해서도 유효하게 보증계약을 체결할 수 있다고 한다.[237]

2. 보증채무의 범위

> **第429條 (保證債務의 範圍)**
> ① 保證債務는 主債務의 利子, 違約金, 損害賠償 其他 主債務에 從屬한 債務를 包含한다.
> ② 保證人은 그 保證債務에 關한 違約金 其他 損害賠償額을 豫定할 수 있다.

보증채무의 범위는 주채무의 범위 내로 한정되는데, 구체적인 범위는 당사자 사이의 특약으로 정할 수 있다. 만약 특약이 없으면 민법 제429조 제1항에 의하여 범위가 정해진다. 위 규정에 의하면 보증채무는 주채무의 이자, 위약금, 손해배상 기타 주채무에 종속한 채무를 포함한다. 보증인은 그 보증채무에 관한 위약금 기타 손해배상액을 예정할 수 있다(429조②). 예를 들어 A가 X은행으로부터 100만원을 대출받는 것에 대하여 B가 보증을 하면서 만약 일정한 기간 내에 보증채무를 이행하지 않으면 50만원을 추가로 지급하여야 한다고 약정한 경우에 주채무자 A는 채무불이행을 하더라도 100만원 및 그에 대한 이자, 연체이자만 변제할 의무가 있는 반면,

---

236) 곽윤직, 188면; 김대정, 756면; 김형배, 501면.
237) 대법원 1957. 10. 21. 선고 4290민상349 판결.

보증인은 위 금액에다가 50만원을 더해서 변제할 의무가 있다.

판례는 주채무의 발생원인인 계약이 해제, 해지된 경우에 그 원상회복의무 및 손해배상의무도 기존의 보증채무에 의하여 담보된다고 한다.[238] 예를 들어 A가 X에게 책상 1개를 판매하고 대금 50만원을 지급받는 계약에 관하여 B가 A의 책상인도 등 채무를 보증하였는데, A가 X로부터 50만원을 지급받고도 책상을 인도하지 않아 X가 계약을 해제하였다고 하자. 이 경우 A는 X에게 50만원을 반환하여야 하는데, 보증인인 B는 그 50만원 반환의무에 대하여도 보증채무를 부담하므로, 만약 A가 50만원을 반환하지 않을 경우 X는 보증인 B에게 50만원의 반환을 청구할 수 있다는 것이다.

3. 보증채무의 법적 성질

第430條 (目的, 形態上의 附從性)
保證人의 負擔이 主債務의 目的이나 形態보다 重한 때에는 主債務의 限度로 減縮한다.

가. 부종성

보증채무는 주채무와 별개의 채무이지만 주채무에 종속된 채무이므로 다음과 같은 특징을 가진다. ① 주채무가 무효이거나 취소된 경우 보증채무도 무효가 된다.[239] ② 주채무가 소멸되면 보증

---

238) 대법원 1972. 5. 9. 선고 71다1474 판결.

239) 다만 이러한 원칙에 대한 예외로서 제436조는 "취소의 원인 있는 채무를 보증한 자가 보증계약 당시에 그 원인 있음을 안 경우에 주채무의 불이행 또는 취소가 있는 때에는 주채무와 동일한 목적의 독립채무를 부담한 것으로 본다."라고 규정하고 있다.

채무도 소멸된다. ③ 주채무의 내용이 동일성을 상실할 정도로 변경되면 보증채무는 소멸된다. ④ 보증채무의 내용과 모습은 주채무보다 무거울 수 없다(430조). ⑤ 보증인은 주채무자가 가지는 항변으로 채권자에게 대항할 수 있다(433조).

나. 수반성

보증채무는 주채무에 종속된 권리이므로 주채무가 이전되면 보증채무도 함께 이전된다. 예를 들어 A가 X은행으로부터 100만원을 대출받고, 그에 대하여 B가 보증하였는데, X은행이 Y은행에 위 대출채권을 양도하면 B는 별도의 절차 없이 당연히 Y은행에 대하여 보증채무를 부담하게 된다는 것이다. 다만, 특약에 의하여 주채무만 양도하기로 할 수 있는데, 그러한 경우에는 보증채무가 소멸된다. 반대로 보증채무만 양도하기로 하는 계약은 무효이다.

보증채무는 주채무가 이행되는지 여부에 따라 보증인의 이행의무가 현실화되는지 여부가 결정되므로, 주채무자가 변경되면 보증인은 예측할 수 없는 불이익을 당할 수 있다. 따라서 면책적 채무인수[240] 등으로 주채무자가 변경되면 원칙적으로 보증채무는 소멸된다. 그러나 통설은 주채무자의 사망으로 상속인이 주채무자가 된 경우에 계속적 보증은 소멸되지만 보통의 보증채무는 소멸되지 않는다고 한다.[241]

---

240) 면책적 채무인수는 기존의 채무자는 채무를 면하고 인수인만 채무를 부담하게 되는 계약이다.

241) 김상용, 328면; 김형배, 493면; 이은영, 543면.

4. 보증인의 조건

第431條 (保證人의 條件)
① 債務者가 保證人을 세울 義務가 있는 境遇에는 그 保證人은 行爲能力 및 辨濟資力이 있는 者로 하여야 한다.
② 保證人이 辨濟資力이 없게 된 때에는 債權者는 保證人의 變更을 請求할 수 있다.
③ 債權者가 保證人을 指名한 境遇에는 前2項의 規定을 適用하지 아니한다.

第432條 (他擔保의 提供)
債務者는 다른 相當한 擔保를 提供함으로써 保證人을 세울 義務를 免할 수 있다.

보증채무는 보증계약에 의하여 성립되는데, 보증계약은 채권자와 '보증인' 사이의 계약이고 주채무자는 보증계약의 당사자가 아니라는 점을 주의하여야 한다. 따라서 보증인이 되려고 하는 사람은 주채무자의 의사와 관계없이 채권자와 보증계약을 체결할 수 있고, 심지어 주채무자의 의사에 반해서도 보증계약을 체결할 수 있다.

일반적으로 보증인의 자격은 제한이 없지만, 채무자가 보증인을 세울 의무가 있는 경우에는 그 보증인은 행위능력 및 변제자력이 있는 자로 하여야 한다. 보증인이 변제자력이 없게 된 때에는 채권자는 보증인의 변경을 청구할 수 있다. 그러나 채권자가 보증인을 지명한 경우에는 위 두 가지가 적용되지 않는다. 한편, 채무자는 다른 상당한 담보를 제공함으로써 보증인을 세울 의무를 면할 수 있다.

5. 보증인의 권리

第433條 (保證人과 主債務者 抗辯權)
① 保證人은 主債務者의 抗辯으로 債權者에게 對抗할 수 있다.
② 主債務者의 抗辯拋棄는 保證人에게 效力이 없다.

第434條 (保證人과 主債務者 相計權)
保證人은 主債務者의 債權에 依한 相計로 債權者에게 對抗할 수 있다.

第435條 (保證人과 主債務者의 取消權等)
主債務者가 債權者에 對하여 取消權 또는 解除權이나 解止權이 있는 동안은 保證人은 債權者에 對하여 債務의 履行을 拒絶할 수 있다.

第436條 (取消할 수 있는 債務의 保證)
取消의 原因있는 債務를 保證한 者가 保證契約當時에 그 原因있음을 안 境遇에 主債務의 不履行 또는 取消가 있는 때에는 主債務와 同一한 目的의 獨立債務를 負擔한 것으로 본다.

第437條 (保證人의 催告, 檢索의 抗辯)
債權者가 保證人에게 債務의 履行을 請求한 때에는 保證人은 主債務者의 辨濟資力이 있는 事實 및 그 執行이 容易할 것을 證明하여 먼저 主債務者에게 請求할 것과 그 財産에 對하여 執行할 것을 抗辯할 수 있다. 그러나 保證人이 主債務者와 連帶하여 債務를 負擔한 때에는 그러하지 아니하다.

第438條 (催告, 檢索의 懈怠의 效果)
前條의 規定에 依한 保證人의 抗辯에 不拘하고 債權者의 懈怠로 因하여 債務者로부터 全部나 一部의 辨濟를 받지 못한 境遇에는 債權者가 懈怠하지 아니하였으면 辨濟받았을 限度에서 保證人은 그 義務를 免한다.

第439條 (共同保證의 分別의 利益)
數人의 保證人이 各自의 行爲로 保證債務를 負擔한 境遇에도 第408條의 規

定을 適用한다.

주채무에 종속된 채무라는 보증채무의 특성을 고려하여 민법은 보증인에게 몇 가지 권리를 부여하고 있다. 아래에서 살펴본다.

가. 주채무자의 항변 원용권

보증인은 주채무자의 항변으로 채권자에게 대항할 수 있고, 주채무자의 항변포기는 보증인에게 효력이 없다(433조). 예를 들어 A가 X로부터 100만원을 차용하였고, 그에 대하여 B가 보증하였는데, 변제기로부터 10년이 경과하도록 X가 아무런 청구도 하지 않아 소멸시효가 완성되었다고 하자. 그런데 A는 소멸시효에 관계없이 빌린 돈은 갚겠다면서 X에 대하여 소멸시효 이익을 포기한다는 의사를 표시하였다. 이 경우 보증인 B는 주채무자의 위와 같은 항변포기에도 불구하고 채권자 X에 대하여 소멸시효 항변을 하여 주채무가 소멸되었다고 주장할 수 있다. 그리고 주채무가 소멸되면 보증채무도 당연히 소멸되므로 결국 보증채무를 면하게 된다.

나. 주채무자 채권에 의한 상계권

보증인은 주채무자가 채권자에 대하여 가지는 채권으로 상계를 할 수 있다(434조).

다. 주채무자의 취소권 등을 이유로 한 이행거절권

(1) 원칙

주채무자가 채권자에 대하여 취소권 또는 해제권이나 해지권이 있는 동안은 보증인은 채권자에 대하여 채무의 이행을 거절할 수 있다(435조). 그러나 보증인이 주채무자의 해제권 또는 해지권을 원용하여 직접 계약을 해제하거나 해지하는 것은 허용되지 않는다. 해제권, 해지권은 주채무에 관한 항변이 아니라 주채무의 원인이 되는 '계약'에 관한 사유이므로, 계약 당사자인 주채무자만 행사할 수 있기 때문이다.

(2) 예외

취소의 원인 있는 채무를 보증한 자가 보증계약당시에 그 원인 있음을 안 경우에 주채무의 불이행 또는 취소가 있는 때에는 주채무와 동일한 목적의 독립채무를 부담한 것으로 보므로(436조), 이행을 거절할 수 없게 된다.

라. 최고 · 검색의 항변권

채권자가 보증인에게 채무의 이행을 청구한 때에는 보증인은 주채무자의 변제자력이 있는 사실 및 그 집행이 용이할 것을 증명하여 먼저 주채무자에게 청구할 것과 그 재산에 대하여 집행할 것을 항변할 수 있다(437조 본문). 이때 주채무자에 대한 집행이 용이하다는 것은 단순히 주채무자의 재산이 있다는 것을 증명하는 것만으로는 인정되지 않고, 채권자가 집행을 위해 많은 시일과 비용을 요하지 않고 쉽게 집행을 할 수 있다는 것이 증명되어야 한다. 보증인의 최고 · 검색의 항변에 불구하고 채권자의 해태로 인하여 채무자로부터 전부나 일부의 변제를 받지 못한 경우에는 채권자가 해태하지 아니하였으면 변제받았을 한도에서 보증인은 그 의무를 면한다(438조). 연대보증인은 최고 · 검색의 항변권이 없다(437조 단서). 그래서 실제 거래에서는 채권자에게 유리한 연대보증이 많이 사용된다.

마. 분별의 이익을 주장할 수 있는 권리

여러 명의 보증인이 각자의 행위로 보증채무를 부담한 경우, 분할채권관계의 원칙에 따라 각 보증인들은 주채무를 균등한 비율로 분할한 부분에 대해서만 보증채무를 부담한다(439조). 연대보증이나 보증연대[242]의 경우 분별의 이익이 없다.

6. 주채무자 또는 보증인에게 생긴 사유의 효력

> **第440條 (時效中斷의 保證人에 對한 效力)**
> 主債務者에 對한 時效의 中斷은 保證人에 對하여 그 效力이 있다.

가. 주채무자에 관하여 생긴 사유의 효력

주채무자에 관하여 생긴 사유는 모두 보증인에 대하여 효력이 있다. 다만 주채무에 관한 상속한정승인과 같이 채무는 그대로 존속하고 책임만 한정되는 경우에는 보증인에 대하여 아무런 영향이 없다. 즉, 그 경우 보증인은 전액을 변제하여야 한다. 그리고 주채무자에 대한 시효의 중단은 보증인에 대하여 그 효력이 있다(440조). 따라서 주채무자에 대한 시효중단의 사유가 발생하였을 때에는 그 보증인에 대한 별도의 중단조치가 이루어지지 않아도 보증인에 대하여 동시에 시효중단의 효력이 발생한다. 다만, 절대적 효력이 미치는 범위는 시효가 중단된다는 것에 한정되고, 시효가 중단된 후 다시 진행할 소멸시효기간에까지 영향을 미치는 것은 아

---

242) 주채무자와는 연대관계가 없는 단순보증이지만, 보증인들이 부담하는 보증채무들 사이에는 연대의 관계가 있는 경우를 보증연대라고 한다.

니다. 예를 들어 3년의 단기소멸시효가 적용되는 채무에 관하여 주채무자에 대해서만 확정판결을 받아 소멸시효가 중단된 경우, 주채무의 소멸시효기간은 10년으로 연장되지만, 확정판결을 받지 않은 보증채무의 소멸시효기간은 종전과 같이 3년이라는 점을 주의하여야 한다.243)

나. 보증인에 관하여 생긴 사유의 효력

보증인에게 생긴 사유 중에서는 변제, 대물변제, 공탁, 상계와 같이 채권을 만족시키는 사유만 주채무자에게 영향을 미치고, 나머지 사유는 주채무자에 대하여 영향을 미치지 않는다. 예를 들어 보증채무에 대하여 소멸시효가 중단되었다 하더라도 주채무에 대한 소멸시효는 중단되지 않는다. 그리고 그 경우 주채무가 시효로 소멸하면 보증채무는 부종성에 따라 같이 소멸되게 된다.244)

7. 구상권

第441條 (受託保證人의 求償權)
① 主債務者의 付託으로 保證人이 된 者가 過失없이 辨濟 其他의 出財로 主債務를 消滅하게 한 때에는 主債務者에 對하여 求償權이 있다.
② 第425條 第2項의 規定은 前項의 境遇에 準用한다.

第442條 (受託保證人의 事前求償權)
① 主債務者의 付託으로 保證人이 된 者는 다음 各號의 境遇에 主債務者에 對하여 미리 求償權을 行使할 수 있다.
1. 保證人이 過失없이 債權者에게 辨濟할 裁判을 받은 때

243) 대법원 2006. 8. 24. 선고 2004다26287 판결.

244) 보증채무는 시효가 중단되어 소멸시효가 완성되지 않았다 하더라도 주채무의 소멸에 의하여 보증채무도 소멸된다는 의미이다.

2. 主債務者가 破産宣告를 받은 境遇에 債權者가 破産財團에 加入하지 아니한 때
3. 債務의 履行期가 確定되지 아니하고 그 最長期도 確定할 수 없는 境遇에 保證契約後 5年을 經過한 때
4. 債務의 履行期가 到來한 때
② 前項第4號의 境遇에는 保證契約後에 債權者가 主債務者에게 許與한 期限으로 保證人에게 對抗하지 못한다.

第443條 (主債務者의 免責請求)

前條의 規定에 依하여 主債務者가 保證人에게 賠償하는 境遇에 主債務者는 自己를 免責하게 하거나 自己에게 擔保를 提供할 것을 保證人에게 請求할 수 있고 또는 賠償할 金額을 供託하거나 擔保를 提供하거나 保證人을 免責하게 함으로써 그 賠償義務를 免할 수 있다.

第444條 (付託없는 保證人의 求償權)

① 主債務者의 付託없이 保證人이 된 者가 辨濟 其他 自己의 出財로 主債務를 消滅하게 한 때에는 主債務者는 그 當時에 利益을 받은 限度에서 賠償하여야 한다.
② 主債務者의 意思에 反하여 保證人이 된 者가 辨濟 其他 自己의 出財로 主債務를 消滅하게 한 때에는 主債務者는 現存 利益의 限度에서 賠償하여야 한다.
③ 前項의 境遇에 主債務者가 求償한 날 以前에 相計原因이 있음을 主張한 때에는 그 相計로 消滅할 債權은 保證人에게 移轉된다.

第445條 (求償要件으로서의 通知)

① 保證人이 主債務者에게 通知하지 아니하고 辨濟 其他 自己의 出財로 主債務를 消滅하게 한 境遇에 主債務者가 債權者에게 對抗할 수 있는 事由가 있었을 때에는 이 事由로 保證人에게 對抗할 수 있고 그 對抗事由가 相計인 때에는 相計로 消滅할 債權은 保證人에게 移轉된다.
② 保證人이 辨濟 其他 自己의 出財로 免責되었음을 主債務者에게 通知하지 아니한 境遇에 主債務者가 善意로 債權者에게 辨濟 其他 有償의 免責行爲를 한 때에는 主債務者는 自己의 免責行爲의 有效를 主張할 수 있다.

第446條 (主債務者의 保證人에 對한 免責通知義務)
主債務者가 自己의 行爲로 免責하였음을 그 付託으로 保證人이 된 者에게 通知하지 아니한 境遇에 保證人이 善意로 債權者에게 辨濟 其他 有償의 免責行爲를 한 때에는 保證人은 自己의 免責行爲의 有效를 主張할 수 있다.

第447條 (連帶, 不可分債務의 保證人의 求償權)
어느 連帶債務者나 어느 不可分債務者를 爲하여 保證人이 된 者는 다른 連帶債務者나 다른 不可分債務者에 對하여 그 負擔部分에 限하여 求償權이 있다.

第448條 (共同保證人間의 求償權)
① 數人의 保證人이 있는 境遇에 어느 保證人이 自己의 負擔部分을 넘은 辨濟를 한 때에는 第444條의 規定을 準用한다.
② 主債務가 不可分이거나 各保證人이 相互連帶로 또는 主債務者와 連帶로 債務를 負擔한 境遇에 어느 保證人이 自己의 負擔部分을 넘은 辨濟를 한 때에는 第425條 乃至 第427條의 規定을 準用한다.

가. 구상권 발생 범위

(1) 부탁받은 보증인의 사후구상권

주채무자의 부탁으로 보증인이 된 자가 과실 없이 변제 기타의 출재로 주채무를 소멸하게 한 때에는 주채무자에 대하여 구상권이 있다(441조①). 이때 구상권은 면책된 날 이후의 법정이자 및 피할 수 없는 비용 기타 손해배상을 포함한다(425조② 준용).

(2) 부탁받은 보증인의 사전구상권

주채무자의 부탁으로 보증인이 된 자는 보증인이 과실 없이 채권자에게 변제할 재판을 받은 때, 주채무자가 파산선고를 받은 경우에 채권자가 파산재단에 가입하지 아니한 때, 채무의 이행기가 확정되지 아니하고 그 최장기도 확정할 수 없는 경우에 보증계약 후 5년을 경과한 때, 채무의 이행기가 도래한 때에는 주채무자에 대하여 미리 구상권을 행사할 수 있다(442조). 보증인의 사전구상권 행사에 의하여 주채무자가 보증인에게 배상하는 경우에 주채무자는 자기를 면책하게 하거나 자기에게 담보를 제공할 것을 보증인에게 청구할 수 있고 또는 배상할 금액을 공탁하거나 담보를 제공하거나 보증인을 면책하게 함으로써 그 배상의무를 면할 수 있다(443조).

사전구상권의 행사 여부는 보증인의 선택에 달려 있으며, 사전구상권의 요건이 갖추어졌다고 하여 반드시 사전구상권을 행사하여야 하는 것은 아니다. 또한 사전구상권과 사후구상권은 그 발생원인과 법적 성질이 다른 별개의 권리이므로 소멸시효도 각각 별도로 진행된다.[245]

(3) 부탁 없는 보증인의 구상권

주채무자의 부탁 없이 보증인이 된 자가 변제 기타 자기의 출재로 주채무를 소멸하게 한 때에는 주채무자는 그 당시에 이익을 받은 한도에서 배상하여야 한다(444조①).

(4) 주채무자 의사에 반하여 보증인이 된 자의 구상권

주채무자의 의사에 반하여 보증인이 된 자가 변제 기타 자기의 출재로 주채무를 소멸하게 한 때에는 주채무자는 현존 이익의 한도에서 배상하여야 한다(444조②). 그 경우 주채무자가 구상한 날 이전에 상계원인이 있음을 주장한 때에는 그 상계로 소멸할 채권은 보증인에게 이전된다(444조③). 주채무자가 상계원인 있었음을 주장

245) 대법원 1992. 9. 25. 선고 91다37553 판결.

하는 경우 상계로 소멸될 수 있었던 금액만큼은 보증인이 주채무자에게 구상할 수 없게 되지만, 그 대신 주채무자가 채권자에게 가지고 있는 반대채권이 보증인에게 이전된다는 뜻이다. 즉, 주채무자가 금전으로 구상의무를 이행할 것을 채권자에 대한 반대채권을 이전하는 형태로 바꾼 것으로 이해하면 될 것이다.

나. 구상요건으로서의 통지

보증인이 주채무자에게 통지하지 아니하고 변제 기타 자기의 출재로 주채무를 소멸하게 한 경우에 주채무자가 채권자에게 대항할 수 있는 사유가 있었을 때에는 이 사유로 보증인에게 대항할 수 있고 그 대항사유가 상계인 때에는 상계로 소멸할 채권은 보증인에게 이전된다(445조①).[246] 보증인이 변제 기타 자기의 출재로 면책되었음을 주채무자에게 통지하지 아니한 경우에 주채무자가 선의로 채권자에게 변제 기타 유상의 면책행위를 한 때에는 주채무자는 자기의 면책행위의 유효를 주장할 수 있다(445조②). 주채무자가

246) 이 규정의 의미는 다음과 같다. 예를 들어 주채무자 A가 채권자 X에게 100만원의 채무를 부담하고, 이를 B가 보증하였다고 하자. 그런데 A는 다른 원인에 의하여 X에 대하여 60만원의 채권을 가지게 되었다. A는 60만원을 상계하고 나머지 40만원을 갚을 생각이었는데, B가 통지도 없이 X에게 100만원을 갚은 뒤 A에 대하여 100만원을 달라고 구상권을 행사하고 있다. 이 경우 아무 규정이 없다면 A는 상계를 주장할 수 없는데(A는 X에게 60만원 채권을 가지고 있을 뿐 B에게는 아무 채권도 없으므로), 만약 그렇다면 A는 상계의 기회를 상실하게 되어 종전보다 불리해진다. 따라서 위 규정을 두어 A가 보증인 B에게 상계를 주장할 수 있도록 하는 것이다. 즉, A는 당초 X에 대하여 상계할 수 있었던 60만원을 뺀 나머지 40만원만 B에게 지급하면 구상의무를 이행한 것이 된다. 그러면 B는 X에게 100만원을 갚았음에도 A로부터 40만원만 받게 되어 손해를 보게 되고, A는 B에게 40만원만 주고도 다시 X에게 60만원을 청구할 수 있어 부당이득을 얻게 된다. 이러한 문제를 해결하기 위해서 위 규정에서 상계로 소멸할 채권(A의 X에 대한 60만원 채권)은 보증인에게 이전된다고 규정한 것이다. 결국 B가 A로부터 60만원 채권을 이전받아 X에게 청구하게 된다.

자기의 행위로 면책하였음을 그 부탁으로 보증인이 된 자에게 통지하지 아니한 경우에 보증인이 선의로 채권자에게 변제 기타 유상의 면책행위를 한 때에는 보증인은 자기의 면책행위의 유효를 주장할 수 있다(446조).

그런데 주채무자가 변제를 하였지만 이를 수탁보증인에게 통지하지 않은 경우에 보증인도 주채무자에 대하여 통지하지 않고 이중변제를 하였다면 누구의 변제가 유효한지가 문제된다. 판례는 위와 같이 쌍방에게 잘못이 있는 경우 이중변제의 기본원칙으로 돌아가 먼저 이루어진 주채무자의 변제가 유효하므로 보증인은 주채무자에게 구상권을 행사할 수 없다고 한다.[247]

다. 주채무가 연대채무 또는 불가분채무인 경우

어느 연대채무자나 어느 불가분채무자를 위하여 보증인이 된 자는 다른 연대채무자나 다른 불가분채무자에 대하여 그 부담부분에 한하여 구상권이 있다(447조). 예를 들어 A, B, C가 90만원의 연대채무를 부담하고, D는 A의 채무만을 보증하였다고 하자. 만약 D가 90만원을 채권자에게 변제하였다면, D는 자신의 주채무자인 A에게는 90만원 전액, B와 C에 대해서는 각 30만원을 구상할 수 있다.

라. 변제자대위

보증인은 주채무자의 부탁을 받았는지 여부와 관계없이 변제할 정당한 이익이 있는 자이므로 만약 그가 변제를 하였다면 당연히 채권자의 채권 및 담보에 관한 권리를 대위한다(481조). 변제자대위의 객체가 된 권리와 보증인의 구상권은 별개의 권리이지만, 변제

---

247) 대법원 1997. 10. 10. 선고 95다46265 판결.

자대위는 구상권의 이행을 확보하기 위하여 두는 제도이므로, 변제자대위의 범위는 구상권의 범위에 한정된다.

8. 특수한 보증

가. 연대보증

연대보증은 단순보증과 대비되는 특징이 있어서 특수한 보증의 하나로 소개하고 있기는 하지만, 실제로는 단순보증보다도 많이 이용되는 가장 일반적인 보증이다. 게다가 상법 제57조 제2항은 보증인이 있는 경우에 그 보증이 상행위이거나 주채무가 상행위로 인한 것인 때에는 주채무자와 보증인은 연대하여 변제할 책임이 있다고 하여 아예 법률 규정에 의하여 연대보증을 성립시키고 있다. 연대보증의 가장 큰 특징은 최고·검색의 항변권과 분별의 이익이 인정되지 않는다는 점이다. 그래서 주채무의 불이행이 있으면 채권자는 주채무자에게 먼저 이행청구를 할 필요 없이 곧바로 보증인에게 보증채무의 이행을 청구할 수 있고, 연대보증인이 여러 명인 경우에 각 연대보증인은 주채무 전액에 대해서 책임을 진다. 그 외의 내용은 단순보증과 동일하다.

나. 공동보증

공동보증은 보증인이 여러 명인 경우인데, 아무 특약이 없으면 보증인은 분별의 이익을 주장하여 주채무를 보증인 수로 나눈 금액만을 보증하게 된다. 그러나 특약으로 보증인들 사이의 보증책임을 연대하기로 하는 경우도 있는데, 이를 보증연대라고 한다. 그런데 위에서 설명한 내용이 실제 거래에서 이용되는 경우는 많지 않다. 대부분 연대보증이 이용되고 있기 때문이다. 연대보증의 경우 분별의 이익이 없으므로, 채권자는 주채무자 및 각 연대보증인들에게 채무 전액의 지급을 청구할 수 있다.

다. 근보증

(1) 일반론

근보증은 계속적 거래관계에 기하여 증감변동하는 불특정 채무에 대한 보증이다. 예를 들어 A가 B은행과의 거래에서 발생하는 일체의 채무를 주채무로 하여 보증계약을 체결하는 것이다. 근보증의 경우 기존에 발생된 채무와 장래의 채무를 묶어서 함께 보증할 수도 있고, 실제 금융실무에서는 그러한 형태의 보증계약이 일반적이라고 한다.[248] 근보증에 관하여 보증한도액을 정하는 경우가 많은데, 그것이 근보증의 성립요건은 아니므로 한도액 없는 근보증도 가능하다.

(2) 보증한도액

(가) 한도액 없는 근보증의 유효성과 그 제한 판례는 기간이나 한도액 없는 근보증도 유효하다고 하면서 '계속적 보증계약은 보증책임의 범위나 보증기간에 관하여 아무런 정함이 없는 경우라도 그 본질은 보증계약임에 변함이 없는 것이므로 보증인은 변제기에 있는 주채무 전액에 관하여 보증책임을 부담함이 원칙이고, 다만 보증인의 부담으로 돌아갈 주채무의 액수가 보증인이 보증당시에 예상할 수 있었던 범위를 훨씬 상회하고 그 원인이 채권자가 주채무자의 자산상태가 현저히 악화된 사실을 익히 알면서도(중대한

---

248) 김상용, 368면.

과실로 알지 못한 경우도 이와 같다) 이를 알지 못하는 보증인에게 아무런 통보나 의사타진도 없이 고의로 거래규모를 확대함에 연유하는 등 신의칙에 반하는 사정이 인정되는 경우에 한하여 보증인의 책임을 합리적인 범위로 제한할 수 있다."라고 판시하여 일정한 경우에는 보증채무의 범위를 제한할 수 있다는 입장을 취하고 있다.[249]

(나) **물상보증과 근보증이 함께 이루어진 경우** 제3자가 채무자의 불특정채무를 담보하기 위하여 채권자와 근저당권설정계약을 체결하고 동시 또는 그 직후 근저당권 채권최고액과 같은 금액을 한도로 하는 근보증계약을 체결한 경우에 근저당권과 근보증은 각각 한도액까지 채무를 담보 또는 보증하는 것인가? 아니면 동일한 한도액에 대하여 중첩적으로 담보 또는 보증하는 것인가? 예를 들어 근저당권의 채권최고액이 1억원이고, 근보증의 한도액도 1억원인 경우 담보 내지 보증되는 채무의 범위가 2억원인지 1억원인지의 문제이다. 판례는 이를 당사자의 의사해석의 문제로 보아 해석결과에 따라 어느 쪽이든 가능하다는 견해를 취하고 있다.[250] 판례를 살펴보면, 신용보증[251]의 한도액과 근저당권의 채권최고액에 차이가 있고 신용보증과 물상보증을 한 시일이 각기 다른 사안에 관하여는 보증채무의 주채무와 근저당권 피담보채무는 별개의 채무라고 하였으나[252], 근보증 한도액과 근저당권 채권채고액이 같은 금액이고, 근저당권설정등기 다음날 근보증계약을 체결한 사안에 관하여는 근보증과 근저당권에 의해 담보되는 채무는 같은 것

249) 대법원 1987. 4. 28. 선고 86다카2023 판결.
250) 대법원 1983. 7. 26. 선고 82다카1772 판결.
251) 근보증의 일종이다.
252) 대법원 1972. 5. 23. 선고 72다353 판결.

이라고 판단하였다.[253]

(3) 근보증의 해지

근보증의 해지와 관련하여 문제되는 것은 크게 두 가지이다. 근보증의 기간을 정하지 않은 경우에 보증인이 일방적으로 해지할 수 있는지의 문제와 근보증기간과 관계없이 사정변경에 의하여 근보증계약을 해지할 수 있는지의 문제이다. 일부 견해는 두 문제를 별개의 문제로 보면서 판례가 두 형태의 해지를 모두 긍정하고 있다고 하나[254], 판례는 양자를 구별하지 않고 모두 사정변경에 의한 해지의 범주에 포함시켜서 판단하는 것으로 생각된다.

판례는 계속적 거래관계로 인하여 발생하는 불확정한 채무를 보증하기 위한 이른바 계속적 보증에 있어서 보증계약 성립 당시의 사정에 현저한 변경이 생긴 경우에는 보증인은 보증계약을 해지할 수 있다고 밝히고 있다.[255] 그리하여 회사의 이사라는 지위에 있었기 때문에 부득이 회사와 은행 사이의 계속적 거래로 인한 회사의 채무에 연대보증인이 된 자가 그 후 회사로부터 퇴직하여 이사의 지위를 상실하게 된 때에는 사회통념상 계속 보증인의 지위를 유지케 하는 것이 부당하므로, 연대보증계약 성립 당시의 사정에 현저한 변경이 생긴 것을 이유로 그 보증계약을 일방적으로 해지할 수 있다고 한다.[256] 그러나 해지의 의사표시 전에 주채무가 확정된 경우나 처음부터 확정채무를 보증한 경우에는 해지가 허용되

253) 대법원 2005. 4. 29. 선고 2005다3137 판결.

254) 김상용, 370면.

255) 대법원 1994. 12. 13. 선고 94다31839 판결.

256) 대법원 2000. 3. 10. 선고 99다61750 판결. 퇴직으로 인하여 자동적으로 보증계약이 해지되는 것은 아니고 해지의 의사표시를 하여야 한다.

지 않는다.[257)]

(4) 상속과 관련된 문제

근보증과 같은 계속적 보증은 주채무자와 보증인 사이에 상당히 강한 신뢰관계를 바탕으로 하는 경우가 많다. 그러므로 보증인이 사망한 경우 상속인이 보증채무를 상속하는지 여부에 관하여 논란이 있다. 이에 관하여 보증인이 사망하면 이미 현실로 발생된 보증채무만 상속되고 아직 발생하지 않은 장래의 채무에 대한 보증채무는 일신전속적 의무로서 상속되지 않는다는 견해가 다수설이다.[258)] 그러나 판례는 보증한도액이 정해져 있는지 여부에 따라 결론을 달리 하고 있다. 판례는 보증한도액이 정해진 계속적 보증계약의 경우 보증인이 사망하였다 하더라도 보증계약이 당연히 종료되는 것은 아니고 특별한 사정이 없는 한 상속인들이 보증인의 지위를 승계한다고 보아야 할 것이나, 보증기간과 보증한도액의 정함이 없는 계속적 보증계약의 경우에는 보증인이 사망하면 보증인의 지위가 상속인에게 상속된다고 할 수 없고 다만, 기왕에 발생된 보증채무만이 상속된다고 한다.[259)]

---

257) 대법원 2002. 5. 31. 선고 2002다1673 판결, 대법원 1994. 12. 27. 선고 94다46008 판결.

258) 김대정, 797면; 김형배, 539면; 장재현, 341면.

259) 대법원 2001. 6. 12. 선고 2000다47187 판결. 보증기간만 정해져 있고 보증한도액이 없는 경우에 관하여는 판례가 없는데, 위 판례의 표현을 살펴보면, 보증한도액이 중요한 기준이고 보증기간은 보충적인 기준에 불과한 것으로 보인다.

라. 신원보증

(1) 의의

신원보증은 피용자가 업무를 수행하는 과정에서 그에게 책임 있는 사유로 사용자에게 손해를 입힌 경우에 그 손해를 배상할 채무를 부담할 것을 약정하는 계약이다(신원보증법 2조). 신원보증은 장기간에 걸쳐 광범위한 책임을 부담하는 계속적 보증이므로 보증인의 책임을 일정 범위 내로 제한할 필요가 있다. 이를 위하여 신원보증법이 제정되어 있다.

(2) 신원보증법의 주요 내용

(가) 존속기간(3조) 신원보증법에 의하면 기간을 정하지 않은 신원보증계약의 존속기간은 그 성립일로부터 2년으로 제한되고, 존속기간을 정하였더라도 2년을 초과하는 경우에는 2년으로 단축하며, 갱신은 할 수 있되 갱신한 기간은 2년을 초과하지 못하도록 하고 있다.

(나) 사용자의 통지의무(4조) 그리고 사용자는 피용자가 업무상 부적격자이거나 불성실한 행적이 있어 이로 인하여 신원보증인의 책임을 야기할 우려가 있음을 안 경우, 피용자의 업무 또는 업무수행의 장소를 변경함으로써 신원보증인의 책임이 가중되거나 업무감독이 곤란하게 될 경우에는 지체 없이 신원보증인에게 통지하여야 하고, 그 경우 신원보증인은 계약을 해지할 수 있다. 만일 사용자가 고의 또는 중과실로 통지의무를 게을리 하여 신원보증인이 위 해지권을 행사하지 못한 경우 신원보증인은 그로 인하여 발생한 손해의 한도에서 의무를 면한다.

(다) **신원보증인의 해지권(5조)** 신원보증인은 사용자로부터 신원보증법 제4조 제1항의 통지를 받거나 신원보증인이 스스로 그 사유가 있음을 안 경우, 피용자의 고의 또는 과실로 인한 행위로 발생한 손해를 신원보증인이 배상한 경우, 그 밖에 계약의 기초가 되는 사정에 중대한 변경이 있는 경우에는 계약을 해지할 수 있다.

(라) **신원보증인의 책임제한(6조)** 신원보증인은 피용자의 고의 또는 중과실로 인한 행위로 발생한 손해를 배상할 책임이 있는데, 신원보증법 제8조에 의하여 이보다 불리한 내용의 약정은 무효이므로, 결국 피용자의 경과실에 대해서는 신원보증인이 책임지지 않는다. 신원보증인이 2명 이상인 경우에는 특별한 의사표시가 없으면 각 신원보증인은 같은 비율로 의무를 부담한다. 법원은 신원보증인의 손해배상액을 산정하는 경우 피용자의 감독에 관한 사용자의 과실 유무, 신원보증을 하게 된 사유 및 이를 할 때 주의를 한 정도, 피용자의 업무 또는 신원의 변화, 그 밖의 사정을 고려하여야 한다.

(마) **상속의 제한(7조)** 신원보증계약은 신원보증인의 사망으로 종료된다.

마. 손해담보계약

손해담보계약은 주채무의 존재를 전제로 하지 않고 주채무와 관련하여 채권자에게 발생한 손해를 배상할 의무를 부담하는 계약이다. 손해담보계약은 보증채무와 달리 주채무에 대한 부종성, 보충성이 없는 독립채무이다. 판례는 손해담보계약상 담보의무자의 책임은 손해배상책임이 아니라 이행의 책임이고, 담보권리자의 담보의무자에 대한 청구권의 성질은 손해배상청구권이 아니라 이행청구권이므로, 민법 제396조의 과실상계 규정이 준용될 수 없음은 물론 과실상계의 법리를 유추적용하여 그 담보책임을 감경할 수도 없는 것이 원칙이지만, 담보권리자의 고의 또는 과실로 손해가 야기되는 등의 구체적인 사정에 비추어 담브권리자의 권리 행사가 신의칙 또는 형평의 원칙에 반하는 경우에는 그 권리 행사의 전부 또는 일부가 제한될 수 있다고 한다.[260]

---

260) 대법원 2002. 5. 24. 선고 2000다72572 판결.

제 6 장

채권양도와 채무인수

제 1 절 채권양도

Ⅰ. 서론

채권양도는 채권의 동일성을 유지하면서 그 채권을 이전하는 계약이다. 즉 A가 X에 대하여 가지고 있는 채권을 B에게 양도하면 이제는 B가 채권자로서 X에 대하여 채무 이행을 청구하게 되고, X가 B에 대하여 부담하는 채무는 종전에 A에 대하여 부담하던 것과 동일하다. 채권양도는 채권의 종류에 따라서 당사자 사이의 합의만에 의하여 양도되는 것이 있고, 증권의 배서·교부 등 다른 요건이 필요한 경우가 있다. 그런데 채권양수인이 채무자에게 채무의 이행을 청구하면 채무자는 정말로 채권이 양도되었는지 여부에 관하여 의구심을 가질 것이므로, 민법은 채권양도를 채무자에게 주장할 수 있는 요건에 관하여 규정하고 있다. 뿐만 아니라 제3자와의 관계에서도 채권양도의 효력이 문제될 수 있으므로 제3자에 대하여 채권양도의 효력을 주장할 수 있는 요건을 규정하고 있는데, 이를 채권양도의 대항요건이라고 한다.

Ⅱ. 지명채권의 양도

1. 의의

지명채권(指名債權)은 채권자가 정해져 있는 채권으로서 우리가 알고 있는 대부분의 채권이 지명채권이다. 예를 들어 A가 B에게 100만원을 대여한 경우 A가 B에 대하여 가지는 대여금반환채권은 지명채권이다. 지명채권은 채권의 성립, 존속, 행사, 양도에 있어서 증서의 작성, 교부가 필요 없다. 차용증서 등 증서를 작성하였다 하더라도 그것은 하나의 증거방법에 지나지 않으므로 그것이 없더라도 채권이 소멸하는 것이 아니다. 지명채권에 대비되는 개념은 증권적 채권이다. 증권적 채권은 채권의 성립, 존속, 행사, 양도에 관하여 일정한 증권(證券)이 필요한 채권이다. 예를 들어 A가 B에게 액면금 100만원인 약속어음 1장을 작성·교부한 경우 B가 약속어음금을 지급받기 위해서는 어음을 제시하여야 한다.

2. 지명채권의 양도성

第449條 (債權의 讓渡性)
① 債權은 讓渡할 수 있다. 그러나 債權의 性質이 讓渡를 許容하지 아니하

는 때에는 그러하지 아니하다.
② 債權은 當事者가 反對의 意思를 表示한 境遇에는 讓渡하지 못한다. 그러나 그 意思表示로써 善意의 第三者에게 對抗하지 못한다.

가. 일반론

채권은 기본적으로 양도성이 있지만 성질상 양도를 할 수 없는 채권도 있다. 채권자가 변경되면 급부의 내용이 달라지거나 채권자가 변경되면 권리행사에 있어서 큰 차이가 생기는 채권도 양도성이 없다. 또 종속된 채권은 주된 채권에 따라서 함께 이전되므로 주된 채권과 분리하여 양도할 수 없다. 예를 들어 원본채권과 별도로 향후 발생할 이자채권만 양도하는 것은 허용되지 않는다. 그러나 이미 변제기가 도래한 이자채권은 원본과 분리해서 양도할 수 있다.

나. 양도성 유무가 문제되는 경우

(1) 장래에 발생할 채권

장래 발생할 채권이라도 현재 그 권리의 특정이 가능하고 가까운 장래에 발생할 것임이 상당한 정도 기대되는 경우에는 채권양도의 대상이 될 수 있다.[261]

(2) 전세금반환청구권

전세권은 전세금을 지급하고 타인의 부동산을 그 용도에 따라 사용·수익하는 권리이다. 따라서 전세금의 지급이 없으면 전세권은 성립하지 않으므로, 전세금은 전세권과 분리될 수 없는 요소이

261) 대법원 1996. 7. 30. 선고 95다7932 판결.

다. 그러므로 전세권이 존속하는 동안은 전세권을 존속시키기로 하면서 전세금반환채권만을 전세권과 분리하여 확정적으로 양도하는 것은 허용되지 않는다. 다만 장래에 그 전세권이 소멸하는 경우에 전세금 반환채권이 발생하는 것을 조건으로 그 장래의 조건부 채권을 양도할 수는 있다.[262)]

(3) 임금채권

근로기준법 제43조에 의하면 임금은 통화로 직접 근로자에게 그 전액을 지급하여야 한다. 따라서 임금채권을 양도할 수 있는지가 문제되는데, 판례에 의하면 임금채권의 양도 자체는 허용되나, 그 경우 임금채권의 양수인이 사용자에게 임금의 지급을 구하거나 사용자의 재산이 강제집행될 때 배당을 요구하는 것은 허용되지 않는다고 한다.[263)] 임금채권이 양도되었더라도 사용자는 양수인이 아닌 근로자에게 임금을 지급해야 한다는 것이다.

다. 법률에 의한 채권양도 제한

(1) 양도금지채권

정책적인 목적을 달성하기 위하여 또는 성질상 양도할 수 없는 채권임을 명백하게 하기 위하여 법률이 채권양도를 금지한다는 규정을 두는 경우가 있다. 공무원연금법, 군인연금법, 국민연금법, 사립학교교원연금법 등에는 연금청구권을 양도하지 못한다고 규정하고 있고, 민법 제979조는 부양청구권을 양도하지 못한다고 규정하고 있다. 이러한 양도금지 채권은 압류도 할 수 없다.[264)]

---

262) 대법원 2002. 8. 23. 선고 2001다69122 판결.
263) 대법원 1996. 3. 22. 선고 95다2630 판결.
264) 그러나 그 역은 성립되지 않는다. 압류금지채권의 범위는 양도금지 채권

(2) 채무자의 승낙을 요하는 경우

양도 자체가 금지되지는 않지만 채무자의 승낙이 없으면 채무자에게 채권양도를 주장할 수 없는 경우가 있다. 예를 들어 사용대차의 차주는 대주의 승낙이 없으면 제3자에게 차용물을 사용, 수익하게 하지 못하며(610조②). 임차인도 임대인의 동의 없이 그 권리를 양도하거나 임차물을 전대하지 못한다(629조①). 또 사용자는 노무자의 동의 없이 그 권리를 제3자에게 양도하지 못한다(657조①). 이러한 경우 채무자의 승낙 없이 채권을 양도한 것이 절대적으로 무효가 되는 것은 아니고 채무자에게 대항할 수 없을 뿐이다. 그러므로 채무자의 승낙이 없어도 당사자 사이의 양도계약은 유효하다.

라. 특약에 의한 채권양도의 제한

민법 제449조 제2항에 의하면 채권은 당사자가 반대의 의사를 표시한 경우에는 양도하지 못하지만, 그 의사표시로써 선의의 제3자에게 대항하지 못한다. 그런데 판례는 제3자에게 중과실이 있는 경우에는 악의와 마찬가지로 다루어야 한다고 한다.[265]

3. 지명채권의 양도방법과 대항요건

第450條 (指名債權讓渡의 對抗要件)
① 指名債權의 讓渡는 讓渡人이 債務者에게 通知하거나 債務者가 承諾하지 아니하면 債務者 其他 第三者에게 對抗하지 못한다.
② 前項의 通知나 承諾은 確定日字 있는 證書에 依하지 아니하면 債務者以外의 第三者에게 對抗하지 못한다.

보다 넓어서 압류는 금지되지만 양도는 허용되는 경우도 있다.

265) 대법원 1999. 2. 12. 선고 98다49937 판결.

第451條 (承諾, 通知의 效果)
① 債務者가 異議를 保留하지 아니하고 前條의 承諾을 한 때에는 讓渡人에게 對抗할 수 있는 事由로써 讓受人에게 對抗하지 못한다. 그러나 債務者가 債務를 消滅하게 하기 爲하여 讓渡人에게 給與한 것이 있으면 이를 回收할 수 있고 讓渡人에 對하여 負擔한 債務가 있으면 그 成立되지 아니함을 主張할 수 있다.
② 讓渡人이 讓渡通知만을 한 때에는 債務者는 그 通知를 받은 때까지 讓渡人에 對하여 생긴 事由로써 讓受人에게 對抗할 수 있다.

第452條 (讓渡通知와 禁反言)
① 讓渡人이 債務者에게 債權讓渡를 通知한 때에는 아직 讓渡하지 아니하였거나 그 讓渡가 無效인 境遇에도 善意인 債務者는 讓受人에게 對抗할 수 있는 事由로 讓渡人에게 對抗할 수 있다.
② 前項의 通知는 讓受人의 同意가 없으면 撤回하지 못한다.

가. 일반론

지명채권은 채권양도인과 채권양수인의 계약에 의하여 양도된다. 그런데 채권양도의 효력을 채무자에게 주장하기 위해서는 '양도인'이 채무자에게 채권양도의 통지를 하거나 채무자가 채권양도를 승낙하여야 한다(450조①). 그리고 채권양도의 효력을 제3자에게 주장하기 위해서는 위 통지 또는 승낙을 확정일자 있는 증서로 하여야 한다(450조②). 채권양도의 통지 또는 승낙은 대항요건이므로 이를 갖추지 않은 경우에도 양도인, 양수인 사이에는 채권양도의 효력이 있으며 채무자나 제3자가 채권양도의 효력을 인정하는 것은 무방하다.

나. 채권양도 통지

(1) 채권양도 통지의 주체

채권양도의 통지는 양도인만 할 수 있으므로 양수인이 한 통지는 무효이다. 양수인은 양도인을 대위하여 통지를 할 수도 없다. 다만, 양도인으로부터 채권양도 통지의 권한을 위임받아 양도인의 대리인으로서 채권양도 통지를 할 수는 있다. 물론 대리에는 현명주의가 적용되므로 양수인이 양도인의 대리인으로서 하는 통지임을 밝혀야 한다. 이를 밝히지 않은 경우 원칙적으로 채권양도 통지가 무효가 되나, 채무자가 그 사실을 알았거나 알 수 있었던 경우에는 통지가 유효하다. 한편, 「자산유동화에 관한 법률」 제7조는 자산유동화계획에 따른 채권의 양도에 관하여 채권양수인도 채권양도의 통지를 할 수 있는 특례를 규정하고 있다.

(2) 채권양도 통지의 시기

채권양도 통지는 채권양도와 동시에 또는 채권양도 이후에 하여야 한다. 채권양도 전에 미리 통지한 것은 통지로서의 효력이 없다.[266] 양도인이 채무자에게 채권양도를 통지하였으나 아직 양도하지 아니하였거나 그 양도가 무효인 경우에도 선의인 채무자는 양수인에게 대항할 수 있는 사유로 양도인에게 대항할 수 있다(452조①).

(3) 연대채무 · 보증채무의 경우

연대채무의 경우에는 연대채무자 전원에 대하여 채권양도의 통지를 하여야 한다. 어느 채무자에 대하여 통지가 없으면 그 채무자

---

266) 이에 대하여 사전통지 후 뒤에 실제로 채권양도의 사실이 발생한 경우에는 그때부터 대항력이 생긴다는 견해도 있다(김대정, 868면; 김형배, 585면).

에 대하여는 대항할 수 없다. 그러나 보증채무의 경우에는 주채무자에게 통지를 하였다면 보증인에게 통지하지 않은 경우에도 채권양수인은 보증인에게 채권양도의 효력을 주장할 수 있다.

(4) 통지의 효과

채무자가 승낙한 경우가 아니라 채권양도인이 양도통지만을 한 때에는 채무자는 그 통지를 받은 때까지 양도인에 대하여 생긴 사유로써 양수인에게 대항할 수 있다(451조②). 그런데 상계에 관해서는 생각해 볼 문제가 있다. 예를 들어 A가 B에 대하여 100만원을 받을 채권이 있는데, 이를 C에게 양도하고 채무자인 B에게 채권양도 통지를 하였다고 하자. 그런데 그 당시 B는 A에게 50만원을 받을 채권이 있지만 아직 변제기가 되지 않아서 상계를 할 수 없었다면 B는 채권양수인인 C에게 상계를 주장할 수 있는가 없는가의 문제이다. 이 문제에 관하여 통설은 뒤에 채무자인 B가 A에 대하여 가지는 반대채권이 변제기에 도달하여 상계적상이 되면 B는 C에 대하여 상계로 대항할 수 있다고 한다.[267] 즉, 채무자는 채권양도의 통지 전에 발생하여 통지 이후에 변제기가 도래한 반대채권을 가지고 상계를 할 수 있다는 것이다.

다. 채무자의 승낙

(1) 승낙의 의사표시의 방법

채권양도 통지의 경우와 달리 승낙은 채권양도 전후에 관계없이 할 수 있고[268], 그 의사표시도 양도인, 양수인 어느 쪽에 해도 상

---

267) 곽윤직, 224면; 김대정, 871면; 김상용, 401면; 장재현, 360면. 채무자의 반대채권이 양도채권보다 먼저 변제기에 도달하는 경우에만 상계할 수 있다는 견해로는 김형배, 590면.

관없다.

(2) 양도인에 대한 사유로 양수인에게 대항

승낙의 경우에는 채권양도 통지의 경우와 달리 채무자가 이의를 보류하고 승낙을 하였는지 아닌지에 따라 양도인에 대한 항변을 양수인에 대하여 주장할 수 있는지 여부가 결정된다. 채무자가 이의를 보류하지 않은 채 채권양도에 대하여 승낙을 하면 양도인에게 대항할 수 있는 사유로써 양수인에게 대항할 수 없으나, 양수인이 악의이거나 중과실이 있으면 대항할 수 있다. 한편, 채무자가 이의를 보류하고 승낙을 한 경우에는 채권양도 통지의 경우와 같이 양도인에게 대항할 수 있는 사유로써 양수인에게 대항할 수 있다.

라. 제3자에 대한 대항요건

(1) 확정일자 있는 증서

채권양도를 제3자에 대하여 대항하기 위해서는 확정일자 있는 증서로 채권양도 통지를 하거나 확정일자 있는 증서로 채무자가 승낙하여야 한다. 이때 확정일자 있는 증서란 그 작성한 일자에 관한 완전한 증거가 될 수 있는 것으로 법률상 인정되는 일자를 말하며, 당사자가 후에 변경하는 것이 불가능한 확정된 일자가 기재된 증서를 말한다. 예를 들어 채권자가 채권양도통지서에 공증인가 합동법률사무소의 확정일자 인증을 받아 이를 채무자에게 통지한 경우[269], 채권양도통지서를 내용증명우편으로 보내면서 우체국에서 기입한 일자[270] 등이 확정일자이다. 확정일자는 반드시 증서

---

268) 채권양도 통지는 채권양도와 동시 또는 그 이후에만 할 수 있다.
269) 대법원 2008. 9. 11. 선고 2008다38400 판결.
270) 대법원 2008. 9. 25. 선고 2007다47216 판결.

작성과 동시에 받아야 하는 것이 아니라 증서가 작성된 이후에 확정일자를 받아도 효력이 있고, 증서가 작성된 후 그 사본에 대하여 확정일자를 받은 경우에도 대항력이 인정된다. 다만 제3자에 대하여 대항력을 취득하는 시점은 증서가 최초에 작성된 때가 아니라 확정일자를 받은 날이 된다.

(2) 채권이 이중으로 양도된 경우의 우열관계

채권양도의 제3자에 대한 대항요건은 주로 채권이 이중으로 양도되거나 채권양도와 압류, 가압류 등이 경합할 때 우열관계를 정하는 기준이 된다. 다음 순서에 의하여 우열관계를 정할 수 있다. ① 제1·2양도 중 한쪽만 확정일자 있는 통지 또는 승낙에 의한 경우, 채권양도의 순서에 관계없이 확정일자 있는 통지·승낙에 의한 채권양수인이 채권을 취득한다. ② 제1·2양도 모두 확정일자가 없는 통지나 승낙만을 한 경우는 먼저 통지나 승낙이 있는 쪽이 채권을 취득한다. ③ 제1·2양도 모두 확정일자 있는 증서로 통지나 승낙을 한 경우에 확정일자의 선후에 의할 것인지 통지 또는 승낙의 순서에 의할 것인지가 문제되는데, 판례는 양도통지가 도달한 일시 또는 채무자의 승낙의 일시의 선후에 의한다고 한다.[271] ④ 동일한 채권에 관하여 채권양도와 압류 또는 가압류가 경합하는 경우[272]에는 확정일자 있는 채권양도 통지가 도달한 일시(또는 확정일자 있는 승낙을 한 일시)와 압류 또는 가압류 결정정본이 제3채무자에게 송달된 일시를 비교하여 선후를 정한다. ⑤ 제1양도가 있은 후 채무자가 변제하거나 기타 사유로 채무가 소멸된 뒤에

---

271) 대법원 1994. 4. 26. 선고 93다24223 전원합의체 판결.

272) 예를 들어 A가 B에게 채권을 양도하였는데, 그 무렵 A의 채권자 X가 같은 채권을 가압류한 경우이다.

제2양도가 행해진 경우에는 언제나 제2양도가 무효이므로 대항요건을 따질 이유가 없다.

(3) 양도통지, 가압류명령 등이 동시에 도달한 경우

확정일자 있는 채권양도 통지, 가압류 또는 압류명령 등이 제3채무자에게 동시에 도달된 경우에는 그들은 모두 대항요건을 갖추었다고 할 수 있지만 상호간에 우열이 없는 상태가 된다. 이때 같은 날 도달된 경우에도 도달의 선후를 알 수 있으면 그 선후에 따라야 하고, 도달의 선후를 알 수 없는 경우에만 동시에 도달한 것으로 추정한다는 점을 주의해야 한다.

동시도달의 경우 법률관계는 다음과 같다.[273] ① 채무자는 누구에게든 전액을 변제하여 채무를 면할 수 있고, 채권자를 알 수 없다는 이유로 변제공탁을 할 수도 있다. ② 그러나 어느 채권자가 이행청구를 하였을 때 동시에 도달한 다른 채권양도 통지 또는 가압류명령 등이 존재한다는 이유를 들어 변제를 거절할 수는 없다. ③ 채무자가 어느 한 채권자에게 변제를 한 경우에 공평의 원칙상 채권자들 상호간에는 정산할 의무가 발생한다.

Ⅲ. 증권적 채권의 양도

1. 증권적 채권의 의의

증권적 채권(證券的 債權)은 채권의 성립, 존속, 양도, 행사 등을 그 채권이 표창(表彰)되어 있는 증권에 의하여야 하는 채권을 말

273) 대법원 1994. 4. 26. 선고 93다24223 전원합의체 판결.

한다. 민법에 규정된 증권적 채권에는 지시채권, 무기명채권, 지명소지인출급채권이 있다. 증권적 채권은 대부분 상법, 어음법, 수표법 등에 규정되어 있으므로 민법이 적용되는 경우는 많지 않다. 지시채권은 특정인 또는 그가 지정한 자에게 변제하여야 하는 증권적 채권으로서 어음, 수표가 대표적인 예이다. 무기명채권은 채권자를 지정함이 없이 증서의 소지인에게 변제하여야 하는 증권적 채권인데, 상품권을 떠올리면 쉽게 이해할 수 있을 것이다. 지명소지인출급채권은 무기명채권의 변형으로서 특정인 또는 증권의 정당한 소지인에게 변제해야 하는 증권적 채권이다.

2. 증권적 채권의 양도방법

지시채권은 증권에 배서하여 양수인에게 교부하는 방식으로 양도하고, 무기명채권과 지명소지인출급채권은 증권의 교부에 의하여 양도한다. 이때 배서·교부 또는 교부는 대항요건이 아니라 채권양도의 효력발생요건임을 주의하여야 한다. 예를 들어 지시채권에 관하여 배서·교부에 의하지 않은 경우에는 당사자 사이에서도 채권양도의 효력이 발생하지 않는다.

3. 증권적 채권의 양도와 인적 항변의 절단

증권적 채권의 채무자는 증권소지인의 앞 사람에 대한 인적 항변으로 소지인에게 대항하지 못한다. 다만, 소지인이 채무자를 해함을 알고 증권적 채권을 취득한 경우에는 앞 사람에 대한 항변으로 소지인에게 대항할 수 있다(515조). 소멸시효완성, 증서의 위조·

변조 등의 사유는 누구에게나 주장할 수 있는 물적 항변이므로 위와 같은 제한을 받지 않는다.

4. 증권적 채권의 선의취득

증권적 채권의 양도에 관하여는 선의취득이 인정된다. 즉, 소지인이 증권적 채권을 취득한 때에 양도인이 권리가 없다는 것을 알았거나 중대한 과실로 알지 못한 경우를 제외하고는 소지인이 증서상의 권리를 취득한다(514조).

제 2 절 채무인수

Ⅰ. 서론

채무인수는 채무의 동일성을 유지하면서 인수인에게 이전시키는 계약이다. 채권은 채무자가 이행함으로써 실현되므로, 채권자의 입장에서는 채무자가 누구이냐에 따라 그 채권의 가치가 달라진다.[274] 따라서 채권자의 승낙 없이 채무자와 인수인이 마음대로 채무를 인수할 수 없는 것은 당연하다. 보통 채무인수라고 하는 것은 크게 면책적 채무인수와 병존적 채무인수(중첩적 채무인수)의 두 가지가 있는데, 면책적 채무인수가 진정한 의미의 채무인수이

274) 예를 들어 똑같은 100만원의 채권이지만 재력이 충분한 사람으로부터 100만원을 지급받을 채권이 있는 경우와 신용불량자로부터 100만원을 지급받을 채권이 있는 경우는 그 가치에 엄청난 차이가 있다.

고, 병존적 채무인수는 사실은 채무인수가 아니라 그와 유사한 계약이라고 할 수 있다. 그 외에 유사한 계약으로 계약인수, 이행인수가 있는데 아래에서 간략하게 살펴보기로 한다.

Ⅱ. 면책적 채무인수

1. 의의 및 요건

면책적 채무인수는 원래의 채무자는 채무를 면하고 채무를 인수한 사람이 새로이 채무자가 되는 계약이다. 이러한 계약은 채권자·채무자·인수인, 채권자·인수인, 채무자·인수인 사이의 계약으로 할 수 있지만 채무자와 인수인 사이에 채무인수계약을 한 경우에는 채권자의 승낙이 있어야 채무인수의 효력이 발생한다(454조①). 그리고 이해관계 없는 제3자는 채무자의 의사에 반하여 채무를 인수하지 못한다(453조②).

2. 효과

가. 기본적인 효과

채무가 동일성을 유지하면서 인수인에게 이전하고 원래의 채무자는 채무를 면하는 것이 면책적 채무인수의 기본적인 효과이다.

나. 전 채무자의 항변으로 대항할 수 있는지 여부

채무인수인은 전 채무자가 가지고 있던 항변으로 채권자에게 대항할 수 있다(458조). 그러나 인수인이 주장할 수 있는 전 채무자의 항변은 채무 자체에 관하여 생긴 것이라야 하지 그 채무의 발생원인인 계약상의 항변은 채무인수인이 주장할 수 없다. 예를 들어 채무인수인이 계약해제권을 행사할 수는 없는 것이다.

다. 종속된 채무의 이전

채무인수가 있으면 위약금채무, 변제기가 되지 않은 이자채무 등의 종속된 채무는 함께 이전된다.

라. 담보의 소멸 여부

채무인수가 있는 경우 그 채무에 대한 담보물권이나 보증 등 인적 담보는 소멸되는가 존속하는가의 문제가 있다. 이는 채무인수계약의 당사자가 누구이고, 담보를 제공한 사람이 누구이냐에 따라 다음과 같이 결론이 달라진다. ① 유치권과 같은 법정담보물권은 채무인수에 영향을 받지 않고 계속 존속한다. ② 채무자가 제공한 담보물권은 채무인수가 채무자·인수인 또는 채권자·채무자·인수인 사이의 계약에 의한 경우에는 존속하고, 채권자·인수인 사이의 계약에 의한 경우에는 소멸한다. ③ 제3자가 제공한 담보물권이나 보증채무는 채무인수로 인하여 원칙적으로 소멸하나 그 제3자가 채무인수에 동의한 경우에는 소멸되지 않는다. ④ 담보물을 제공한 제3자가 채무를 인수한 경우에는 담보물권이 존속한다.

Ⅲ. 채무인수와 유사한 계약

1. 병존적 채무인수

가. 의의

병존적 채무인수는 기존 채무자는 계속 채무를 부담하고, 제3자가 추가적으로 그와 동일한 채무를 부담하기로 하는 계약이다. 이때 주의할 점은 병존적 채무인수인에 대하여 채권자가 직접 채권을 취득하도록 하려는 의사가 있어야 병존적 채무인수에 해당하고, 그렇지 않고 인수인은 채권자에 대하여 직접 채무를 부담하지 않으면서 채무자와 인수인 사이에서만 인수인이 채무자를 위하여 채무를 이행하기로 약정하는 것은 이행인수이지 병존적 채무인수가 아니다.

나. 제3자를 위한 계약으로서의 성격

채무자와 인수인 사이에 병존적 채무인수계약을 한 경우에 이는 채권자로 하여금 인수인에 대한 채권을 취득하도록 하는 계약으로서 일종의 제3자를 위한 계약에 해당한다. 따라서 그 경우 채권자가 인수인에 대하여 권리를 취득하기 위해서는 제539조 제2항에 의하여 수익의 의사표시를 하여야 한다. 수익의 의사표시를 할 수 있는 기간은 당사자가 기간을 정한 경우에는 그 기간이고, 그렇지 않은 경우에는 10년의 제척기간이 적용된다.

다. 기존 채무자와 병존적 채무인수인 사이의 관계

병존적 채무인수가 있으면 채무자와 인수인이 어떤 관계에 놓이게 되는지에 관하여 연대채무설, 부진정연대채무설, 당사자 사이에 주관적 공동관계의 존재 여부에 따라서 연대채무 또는 부진정연대채무가 성립된다는 견해가 대립되고 있다. 판례는 연대채무설의 입장으로 보인다.[275] 그러나 연대채무관계가 성립되기 위해서는 당사자 사이에 연대채무관계를 성립시키고자 하는 의사가 있어야 할 것인데, 병존적 채무인수에서 그러한 합의가 이루어지는지는 의문이다. 특히, 채권자의 입장에서는 채무자들 사이에 연대채무관계가 성립된다는 인식 없이 단순히 채무자가 추가된다고만 인식할 가능성이 높으므로, 기존 채무자와 인수인 사이에 연대채무가 성립된다고 보게 되면 채권자가 불의의 손해를 입을 수 있다. 예를 들어 X가 A에게 100만원의 채권을 가지고 있고, B가 A의 채무를 병존적으로 인수하였으며, X가 수익의 의사표시를 하였는데, X가 B의 경제사정이 좋지 않다는 소문을 듣고 B의 채무를 면제하였다고 하자. 이 경우 연대채무설을 취하면 A는 B의 부담부분인 50만원 범위에서 채무를 면하게 되는데, 채권자 X가 법률전문가가 아니라면 위와 같은 결과를 예상하기 어려울 것이다. 따라서 병존적 채무인수의 경우 기존 채무자와 채무인수인이 연대채무관계에 있다고 보는 견해에는 동의할 수 없다. 병존적 채무인수의 경우 채무자와 인

---

275) 대법원 1997. 4. 22. 선고 96다56443 판결. 판례는 병존적 채무인수인이 채권자에 대한 손해배상채권을 자동채권으로 하여 채권자의 자신에 대한 그 채권에 대하여 대등액에서 상계의 의사표시를 하였다면, 연대채무자 1인이 한 상계의 절대적 효력을 규정하고 있는 민법 제418조 제1항의 규정에 의하여, 다른 연대채무자인 원채무자의 채권자에 대한 채무도 상계에 의하여 소멸되었다고 보아야 한다고 하였다.

수인이 채권자에 대하여 동일한 내용의 급부를 하여야 하지만 이를 연대채무로 하기로 하는 의사의 합치가 없으므로[276] 부진정연대채무가 성립된다고 보는 것이 타당하다.

2. 이행인수

이행인수는 채무자와 인수인 사이의 계약으로 인수인이 채무를 이행할 것을 약정하지만 채권자가 인수인에 대하여 직접 채권을 취득하도록 할 의사가 없는 경우이다. 예를 들어 A가 X에게 1억원의 채무를 부담하고 있는데, 이를 B가 대신 변제하기로 하지만, A와 B 둘 사이에서만 그러한 약속을 하고, B가 X에게 직접 채무를 부담하지는 않는 경우를 말한다. 판례는 부동산의 매수인이 매매목적물에 관한 근저당권의 피담보채무, 가압류채무, 임대차보증금반환채무를 인수하는 한편 그 채무액을 매매대금에서 공제하기로 약정한 경우 그 약정의 성격을 이행인수로 해석하고 있다.[277] 그러나 부동산 매매대금 일부를 채무자의 채권자에게 직접 지급하기로 한 경우에는 병존적 채무인수로 해석하고 있으므로[278], 두 가지 경우를 잘 구별하여야 할 것이다.

3. 계약인수

계약인수는 계약당사자의 지위를 포괄적으로 승계하는 계약이다.

---

276) 특히 채권자는 그러한 의사를 표시한 적이 없다.
277) 대법원 1993. 2. 12. 선고 92다23193 판결.
278) 대법원 1997. 10. 24. 선고 97다28698 판결.

예를 들어 A가 B로부터 책상 10개를 매수하기로 하는 매매계약을 체결하였으나 아직 쌍방이 이행하지 않고 있는 동안 매수인 A의 지위를 C가 승계하기로 하는 것이다. 이를 위해서는 A, B, C가 합의를 하거나 A와 C의 계약인수계약에 대하여 B가 동의하여야 한다. 위와 같은 경우 C는 A의 계약상 지위를 포괄적으로 승계하기 때문에 채권양도, 채무인수의 경우와 달리 계약상 주장할 수 있는 사유를 주장할 수 있다. 따라서 C는 취소사유가 있으면 계약을 취소할 수 있고, B의 채무불이행이 있으면 계약을 해제할 수도 있다.

제 7 장

채권의 소멸

Ⅰ. 채권소멸 원인의 개관

1. 총설

채무자가 채무 이행을 하면 채권의 내용이 실현되고 채권은 소멸된다. 따라서 변제 등 채권을 만족시키는 행위는 채권의 소멸사유에 해당한다. 그 뿐만 아니라 채권자가 채무를 면제하거나 채권자, 채무자가 합의하여 기존 채무를 소멸시키고 새 채무를 발생시킬 수도 있다. 또한 상속, 채권양도, 채무인수 등으로 인하여 채권자와 채무자의 지위가 한 사람에게 귀속됨으로써 채권이 소멸되는 경우도 있다. 민법 채권편에서는 채권의 소멸 원인으로서 변제, 대물변제, 공탁, 상계, 경개, 면제, 혼동을 규정하고 있다. 한편, 채권은 위 7가지 사유뿐만 아니라 권리의 일반적 소멸사유, 예를 들어 소멸시효 완성, 채권 목적의 소멸 등에 의하여도 소멸된다. 아래에서는 민법 채권편에 규정된 7가지 채권소멸사유에 관하여 살펴보기로 한다.

2. 채권소멸 사유의 개요

가. 변제

변제는 채무의 내용인 급부를 실현하는 행위로서 채무의 이행과 사실상 동의어이다. 보통 채무자가 채무를 이행하면 그 채무는 변제되었다고 표현하므로 이행은 행위의 측면에서 본 용어이고, 변제는 채권이 소멸되는 상태를 중시하는 용어라고 할 수 있다. 두 용어를 엄격하게 구별하지 않고 사용하는 경우가 많다.

나. 대물변제

대물변제는 본래의 급부에 갈음하여 다른 급부를 현실적으로 함으로써 채권을 소멸시키는 계약이다. 예를 들어 A가 B에게 다세대주택의 건축을 도급하면서 건물 완공시 공사대금으로 10억원을 지급하기로 하였으나, 공사완료 후 A가 현금을 마련하지 못하여 공사대금 대신 다세대주택 101호의 소유권을 B에게 이전하는 경우이다. 위와 같은 대물변제는 채무자 A 마음대로 할 수 있는 것이 아니라 101호의 소유권을 이전하는 대신 공사대금채권을 소멸시킨다는 점에 관하여 A, B 사이에 합의가 이루어진 경우에만 할 수 있다. 그러한 이유에서 판례는 대물변제를 계약으로 이해하고 있다.[279)]

---

279) 대법원 1972. 5. 23. 선고 72다414 판결.

다. 변제공탁

변제공탁은 금전, 유가증권, 기타의 물건을 공탁소[280]에 임치(任置)함으로써 채무를 면하는 제도이다. 변제공탁은 ① 채권자가 변제를 받지 않는 경우, ② 채권자가 변제를 받을 수 없는 경우, ③ 변제자가 과실 없이 채권자를 알 수 없는 경우에 할 수 있다. 위와 같은 요건을 갖춘 경우에 변제공탁을 하면 채무자는 채무를 면하고, 채권자는 공탁물출급청구권을 취득하게 된다.

라. 상계

상계는 채권자와 채무자가 서로 같은 종류를 목적으로 하는 채권・채무를 가지고 있는 경우에 일방적인 의사표시에 의하여 그 채무들을 대등한 액수에서 소멸시키는 단독행위이다. 예를 들어 A는 B에게 100만원의 채권이 있고, B는 A에게 50만원의 채권이 있다면 A 또는 B는 일방적 의사표시에 의하여 두 채권은 50만원 범위 내에서 소멸되도록 할 수 있고, 그 경우 A가 B로부터 50만원을 지급받을 채권만 남게 된다.

마. 경개

경개는 채무의 중요한 부분을 변경함으로써 신채무를 성립시키는 동시에 구채무를 소멸시키는 계약이다. 채무의 중요한 부분이 변경되어야 하므로 신・구채무 사이에 동일성이 없는 경우에만 경개로 인정된다. 예를 들어 A가 B에게 100만원을 지급할 채무가 있

280) 변제공탁은 채무이행지의 공탁소에 하여야 하는데, 공탁사무는 지방법원 또는 지방법원 지원이나 시・군법원의 공탁공무원이 담당하고 있다.

는데, A와 B의 합의로 채무의 내용을 2010년 1월 31일까지 ○○책상 10개를 인도하기로 하는 것으로 변경하는 것이다.[281)]

바. 면제

면제는 채권자가 채무자에 대한 그의 채권을 무상으로 소멸시키는 단독행위이다. 면제는 채권자가 채무자에 대하여 일방적인 의사표시로 한다.

사. 혼동

혼동은 채권과 채무가 동일인에게 귀속하는 것을 말한다. 상속, 채권양도 등에 의하여 발생될 수 있다. 예를 들어 A가 아버지 B로부터 100만원을 차용하였는데, B가 사망하여 A가 단독으로 상속하였다면, A는 채무자인 동시에 채권자의 지위를 가지게 되었으므로 채권・채무가 소멸하는 것이다.

Ⅱ. 변제

1. 변제의 의의와 법적 성격

변제는 채무를 이행하는 행위이다. 변제의 법적 성질에 관하여는 준법률행위설과 사실행위설이 대립하고 있다. 준법률행위설은 변제는 의사표시는 아니지만 단순한 사실적 효과만을 지향하는 것은 아니며 채무와의 관련 아래 이루어지므로 행위자의 의사가 채권관

281) 만약 당장 책상을 인도하면서 동시에 기존 100만원 채무를 소멸시키기로 합의하였다면 이는 경개가 아니고 대물변제가 된다.

계의 상대방에게 전달된다는 점을 근거로 한다.[282] 반면, 사실행위설은 변제와 급부행위를 구별하여 급부행의는 그 내용과 성격에 따라 법률행위인 것도 있고 사실행위인 경우도 있지만 그 급부가 채무 내용에 합치되는 경우 채권에 만족을 주어 이행으로서의 효과가 발생하게 되는데, 변제는 급부행위와 구별하여 법률에 의하여 채권소멸을 발생시키는 법률요건일 뿐이므로 사실행위로 보아야 한다고 주장한다. 실제 사건에 있어서 두 학설의 차이는 크지 않다고 생각한다. 다만, 굳이 변제의 법적 성질을 논한다면 채무의 이행으로서 어떤 행위를 한다는 의사가 개입되어 있지만 그 의사의 힘으로써 채권소멸이라는 법률효과가 발생하는 것은 아니므로 준법률행위의 하나로 분류할 수 있다고 본다.

2. 변제의 제공

第460條 (辨濟提供의 方法)
辨濟는 債務內容에 좇은 現實提供으로 이를 하여야 한다. 그러나 債權者가 미리 辨濟 받기를 拒絶하거나 債務의 履行에 債權者의 行爲를 要하는 境遇에는 辨濟準備의 完了를 通知하고 그 受領을 催告하면 된다.

第461條 (辨濟提供의 效果)
辨濟의 提供은 그 때로부터 債務不履行의 責任을 免하게 한다.

가. 의의와 효과

변제의 제공은 채무의 이행에 채권자의 협력을 필요로 하는 채무에 있어서 채무자가 급부에 필요한 모든 준비를 다해서 채권자

282) 주해, 24면.

의 협력을 요구하는 것이다. 채권자가 변제를 수령하게 되면 채권이 소멸하게 되어 채무자도 채무를 면할 것이지만 채권자가 변제를 수령하지 않는 경우에는 채권이 소멸되지 않는다. 그러나 그렇다고 하여 채무자가 채무불이행책임을 지게 되어서는 안 된다. 이 때 유용한 개념이 변제의 제공이다. 변제의 제공이 있으면 채무자로서는 자신이 할 수 있는 일을 모두 한 것이므로 채무불이행 책임을 지지 않고, 변제를 수령하지 않은 채권자는 채권자지체 책임을 지게 된다. 그러나 채권 자체는 소멸하지 않고 계속 존속하게 된다.

나. 현실제공과 구두의 제공

변제의 제공은 현실제공과 구두의 제공의 두 가지가 있는데, 현실제공은 채무의 내용에 좇아 현실적으로 급부행위를 하는 것이고 구두의 제공은 채무자가 언제든지 변제할 수 있는 준비를 하고 이를 채권자에게 통지하는 것이다. 당연히 현실제공이 원칙이고 구두의 제공이 예외에 해당한다. 채권자가 수령을 거절한 경우와 채무이행에 채권자의 행위를 요하는 경우에는 구두의 제공을 할 수 있다. 채권자의 수령거절의사가 명백하고 번복가능성이 없는 경우에는 변제제공이 없더라도 채무불이행은 성립되지 않으나[283], 채권자지체를 성립시키기 위해서는 현실제공 또는 구두의 제공이 필요하다는 것이 판례의 입장이다.[284]

---

283) 일반적인 수령거절의 경우에는 구두의 제공을 하면 그 때부터 채무불이행책임이 발생되지 않으나, 번복가능성이 없는 명백한 수령거절은 구두의 제공이 없어도 채무불이행책임이 발생되지 않는다는 것이다.

284) 대법원 2004. 3. 12. 선고 2001다79013 판결.

다. 구체적인 문제

(1) 일부제공

일부변제제공은 채무 내용에 좇은 내용이 아니므로 유효한 변제제공으로 볼 수 없다. 즉, 채무 전체에 대하여 변제제공이 없는 것으로 평가된다.

(2) 금전 대신 유가증권이나 예금통장을 교부한 경우

금전 대신 유가증권을 교부한 경우에는 그 유가증권이 거의 현금과 동일한 작용을 하는지 여부에 따라 변제의 제공 여부를 판단하여야 한다. 따라서 우편환이나 은행 발행 자기앞수표의 교부는 변제의 제공으로 인정되지만, 보통의 어음·수표를 교부하거나 예금통장과 인장을 교부한 경우에는 변제의 제공으로 인정되지 않는다.

(3) 부동산 매매계약의 매도인의 이행제공

부동산 매도인이 이행장소인 법무사 사무실에 등기에 필요한 서류를 보관시키면서 언제든지 잔대금과 상환으로 그 서류들을 수령할 수 있음을 통지하고 신의칙상 상당한 시간 간격으로 거듭하여 수령을 최고한 경우에는 변제의 제공을 계속한 것으로 인정된다.

(4) 임차인의 임차목적물 명도의무의 이행제공

임차인의 임차목적물 명도의무와 임대인의 보증금 반환의무는 동시이행의 관계에 있다. 따라서 임대인의 동시이행의 항변권을 소멸시키고 임대보증금 반환 지체책임을 인정하기 위해서는 임차인이 임대인에게 임차목적물의 명도의 이행제공을 해야만 한다. 이때 임차인이 임차목적물에서 퇴거한 것만으로는 임차목적물 명도의 이행제공이 있었다고 인정되지 않으며, 퇴거사실을 임대인에게 알려야만 명도의 이행제공으로 인정된다는 것이 판례이다.[285]

라. 변제제공의 효과

변제제공이 있으면 그 때부터 채무불이행책임이 발생되지 않고, 변제제공을 수령하지 않은 채권자는 채권자지체 책임을 지며, 쌍무계약에 있어서 일방이 변제제공을 계속하면 상대방은 동시이행의 항변권을 상실한다. 한편, 판례는 쌍무계약의 당사자 일방이 먼저 한 번 현실의 제공을 하여 상대방을 수령지체에 빠지게 하였다 하더라도 그 이행의 제공이 계속되지 않는 경우는 상대방이 가지는 동시이행의 항변권이 소멸되지 않는다고 한다.[286]

3. 물건의 인도와 변제

第462條 (特定物의 現狀引渡)
特定物의 引渡가 債權의 目的인 때에는 債務者는 履行期의 現狀대로 그 物件을 引渡하여야 한다.

第463條 (辨濟로서의 他人의 物件의 引渡)
債務의 辨濟로 他人의 物件을 引渡한 債務者는 다시 有效한 辨濟를 하지 아니하면 그 物件의 返還을 請求하지 못한다.

第464條 (讓渡能力없는 所有者의 物件引渡)
讓渡할 能力없는 所有者가 債務의 辨濟로 物件을 引渡한 境遇에는 그 辨濟가 取消된 때에도 다시 有效한 辨濟를 하지 아니하면 그 物件의 返還을 請求하지 못한다.

---

285) 대법원 2002. 2. 26. 선고 2001다77697 판결.
286) 대법원 1993. 8. 24. 선고 92다56490 판결.

第465條 (債權者의 善意消費, 讓渡와 求償權)
① 前2條의 境遇에 債權者가 辨濟로 받은 物件을 善意로 消費하거나 他人에게 讓渡한 때에는 그 辨濟는 效力이 있다.
② 前項의 境遇에 債權者가 第三者로부터 賠償의 請求를 받은 때에는 債務者에 對하여 求償權을 行使할 수 있다.

가. 특정물의 인도

특정물의 인도가 채권의 목적인 때에는 채무자는 이행기의 현상대로 그 물건을 인도하여야 한다(462조). 이때 특정물이 멸실, 훼손된 경우에 채무자는 이행기의 현상 그대로 인도하면 채무불이행책임은 지지 않으나, 그렇다고 해서 멸실, 훼손된 부분에 대한 반대급부를 받을 수 있는 것은 아니라는 점을 주의해야 한다.

나. 타인 물건의 인도와 양도능력 없는 소유자의 인도

채무의 변제로 타인의 물건을 인도한 채무자는 다시 유효한 변제를 하지 아니하면 그 물건의 반환을 청구하지 못한다(463조). 그런데 위 규정의 취지는 채무자가 그 물건의 반환을 청구하지 못한다는 것에 지나지 않으므로, 그 물건의 진정한 소유자는 당연히 소유권에 기하여 반환청구를 할 수 있다는 점을 주의하여야 한다. 양도할 능력 없는 소유자가 채무의 변제로 물건을 인도한 경우에는 그 변제가 취소된 때에도 다시 유효한 변제를 하지 아니하면 그 물건의 반환을 청구하지 못한다(464조). 이때 양도할 능력이 없다는 것은 경제적 능력이 없다는 것이 아니라 행위능력이 없는 것을 의미한다. 제463조와 제464조의 경우에 채권자가 변제로 받은 물건을 선의로 소비하거나 타인에게 양도한 때에는 그 변제는 효력이 있다(465조①). 전항의 경우에 채권자가 제3자로부터 배상의 청구를 받은 때에는 채무자에 대하여 구상권을 행사할 수 있다(465조②).

4. 변제의 장소, 변제의 시기

第467條 (辨濟의 場所)
① 債務의 性質 또는 當事者의 意思表示로 辨濟場所를 定하지 아니한 때에는 特定物의 引渡는 債權成立當時에 그 物件이 있던 場所에서 하여야 한다.
② 前項의 境遇에 特定物引渡以外의 債務辨濟는 債權者의 現住所에서 하여야 한다. 그러나 營業에 關한 債務의 辨濟는 債權者의 現營業所에서 하여야 한다.

第468條 (辨濟期前의 辨濟)
當事者의 特別한 意思表示가 없으면 辨濟期前이라도 債務者는 辨濟할 수 있다. 그러나 相對方의 損害는 賠償하여야 한다.

가. 변제의 장소

채무의 성질에 의하여 변제장소가 정해지거나 당사자의 의사표시로 변제장소를 정한 경우에는 그 장소에서 변제하여야 한다. 그런데 채무의 성질 또는 당사자의 의사표시로 변제장소를 정하지 아니한 때에는 다음 표준에 의하여 변제장소를 정한다. ① 특정물의 인도는 채권성립 당시에 그 물건이 있던 장소에서 하여야 한다. ② 특정물인도 이외의 채무변제는 채권자의 현주소에서 하여야 한다. 그러나 영업에 관한 채무의 변제는 채권자의 현영업소에서 하여야 한다.

나. 변제의 시기

변제기는 당사자의 의사표시에 의하여 정해지는 경우가 많을 것이나, 의사표시가 없는 경우 법률 규정에 의하여 결정되기도 한다. 변제는 변제기에 하는 것이 원칙이지만, 당사자의 특별한 의사표시가 없으면 변제기 전이라도 변제할 수 있다. 그러나 그로 인한 상대방의 손해는 배상하여야 한다.

5. 변제자

第469條 (第三者의 辨濟)
① 債務의 辨濟는 第三者도 할 수 있다. 그러나 債務의 性質 또는 當事者의 意思表示로 第三者의 辨濟를 許容하지 아니하는 대에는 그러하지 아니하다.
② 利害關係없는 第三者는 債務者의 意思에 反하여 辨濟하지 못한다.

가. 채무자의 변제

당연히 변제는 채무자가 하는 것이 원칙이다. 채무자는 변제의무가 있는 동시에 변제를 하여 채권을 소멸시킬 권한이 있다.

나. 이해관계 있는 제3자의 변제

이해관계 있는 제3자는 채무자의 의사에 관계없이 변제할 수 있다(469조①②). 변제뿐만 아니라 대물변제, 공탁도 할 수 있다고 해석되나, 상계를 할 수 있는지에 관하여는 긍정설[287]과 부정설[288]이

287) 김형배, 665면; 이은영, 708면; 지원림, 805면
288) 곽윤직, 247면; 김상용, 440면; 김대정, 329면

대립되고 있다. 제3자가 가지는 채권은 상계적상이 있지 않으므로 상계를 부정하는 것이 타당하다고 본다. 이때 이해관계가 있다는 것은 주관적으로 이해관계가 있는 것이 아니라 법률상 이해관계가 있다고 인정되는 지위를 가진 경우라야 하는데, 연대채무자, 보증인, 물상보증인, 저당부동산의 제3취득자 등이 이에 해당한다.

예를 들어 A가 X은행으로부터 1억원을 대출받을 때 B가 자신의 주택을 담보로 제공하였는데, A의 채무불이행으로 인하여 X은행이 B의 주택에 대하여 임의경매를 신청하였다고 하자. 이러한 경우 B는 자신의 주택이 경매될 위기에 처하였으므로 당연히 X은행에 대출금을 변제하고 근저당권을 말소시킬 수 있어야 할 것이다. 따라서 물상보증인 B는 이해관계 있는 제3자이고, 설령 채무자 A가 B의 변제를 원하지 않는다 하더라도 변제를 할 수 있는 것이다.

다. 이해관계 없는 제3자의 변제

이해관계 없는 제3자는 채무자의 의사에 반하여 변제하지 못한다(469조②). 이 규정에 관하여는 입법론상 의문이라는 견해도 있다.[289]

라. 채무의 성질, 의사표시에 의한 제3자의 변제 제한

채무의 성질 또는 당사자의 의사표시로 제3자의 변제를 허용하지 아니하는 때에는 제3자가 변제할 수 없다(469조① 단서). 즉, 채무자가 직접 이행하지 않으면 채권을 만족시킬 수 없는 일신전속적인 급부의 경우나 당사자가 제3자의 변제는 허용하지 않기로 약정한 경우에는 제3자가 변제할 수 없다. 이때 이해관계 있는 제3자라

---

289) 김대정, 327면.

도 채권자·채무자 쌍방의 제3자 변제금지의 의사표시가 있는 경우에는 변제할 수 없다는 점을 주의해야 한다. 즉, 이해관계 있는 제3자는 채무자의 일방적 의사표시에 반하여 변제할 수 있지만, 채권자·채무자 쌍방의 합의로 제3자의 변제를 금지한 경우에는 변제할 수 없는 것이다. 채무가 단독행위에 의하여 발생된 경우에 그 단독행위를 한 당사자가 제3자의 변제를 금지한 경우에도 제3자가 변제할 수 없다.

6. 변제수령자

第470條 (債權의 準占有者에 對한 辨濟)
債權의 準占有者에 對한 辨濟는 辨濟者가 善意이며 過失없는 때에 限하여 效力이 있다.

第471條 (領收證所持者에 對한 辨濟)
領收證을 所持한 者에 對한 辨濟는 그 所持者가 辨濟를 받을 權限이 없는 境遇에도 效力이 있다. 그러나 辨濟者가 그 權限없음을 알았거나 알 수 있었을 境遇에는 그러하지 아니하다.

第472條 (權限없는 者에 對한 辨濟)
前2條의 境遇外에 辨濟받을 權限없는 者에 對한 辨濟는 債權者가 利益을 받은 限度에서 效力이 있다.

가. 적법한 변제수령자

변제를 받을 사람은 원칙적으로 채권자이다. 그러나 채권이 압류되거나 채권을 입질(入質)하여 질권의 목적으로 한 경우, 채권자가 파산한 경우에는 채권자가 변제를 받을 수 없고, 압류채권자, 질권자, 파산관재인이 변제를 수령하게 된다. 채권자의 대리인, 부재자의 재산관리인, 채권자대위권을 행사하는 채권자도 제3채무자로부터 변제를 수령할 수 있다.

나. 채권의 준점유자에 대한 변제

(1) 의의 및 요건

채권의 준점유자에 대한 변제는 변제자가 선의이며 과실 없는 때에 한하여 효력이 있다(470조). 재산권을 사실상 행사하는 것을 준점유라고 하므로(210조), 채권의 준점유자란 '채권을 사실상 행사하는 사람'이다. 이때 채권을 사실상 행사한다는 것은 거래관념상 채권을 행사할 정당한 권한을 가진 것으로 믿을 만한 외관을 가지는 것을 의미한다. 이를테면 채권증서와 인장을 가진 자, 채권양도가 무효 또는 취소된 경우의 채권양수인, 무효인 전부명령을 받은 사람 등이 채권의 준점유자로 인정된다. 한편, 채권자의 대리인임을 사칭한 사람에게 변제를 한 경우에 채권의 준점유자에 대한 변제로 볼 것인지 표현대리의 법리에 의할 것인지의 문제가 있는데, 판례는 채권의 준점유자에 대한 변제로 보고 있다.[290]

(2) 예금채권의 준점유자에 관한 문제

채권의 준점유자에 대한 변제인지 여부는 특히 예금명의자가 아닌 사람이 예금을 인출하거나 예금계약을 해지하는 경우에 자주 발생하는 문제이다. 판례는 금융실명제 시행 이후에는 주민등록증을 통하여 실명확인을 한 예금명의자를 예금계약의 당사자로 보아야 하므로, 대리인이 본인의 주민등록증과 인감을 가지고 가서 본

290) 대법원 2004. 4. 23. 선고 2004다5389 판결.

인 명의로 예금계약을 체결한 경우에 예금통장도 소지하고 있지 않고 예금명의자도 아닌 대리인은 특별한 사정이 없는 한 예금채권의 준점유자가 아니라고 하였다.[291] 그러나 예금주의 대리인이라고 주장하는 자가 예금주의 통장과 인감을 소지하고 예금반환청구를 한 경우, 은행이 예금청구서에 나타난 인영과 비밀번호를 신고된 것과 대조 확인하는 외에 주민등록증을 통하여 예금주와 청구인의 호주가 동일인이라는 점까지 확인하여 예금을 지급한 경우에는 채권의 준점유자에 대한 변제로서 유효하다고 판단하였다.[292]

이와 같은 판례의 태도를 종합하면, 예금명의자가 아닌 경우 예금행위를 한 사실만으로는 채권의 준점유자로 볼 수 없으나, 예금통장과 인장을 소지하고 비밀번호를 알고 있는 등 예금명의자로부터 예금의 인출권한을 수여받은 것처럼 보이는 외관을 가지고 있는 경우에는 채권의 준점유자로 볼 수도 있다는 취지로 이해할 수 있다.

(3) 입증책임

변제수령자가 채권의 준점유자라는 점에 관하여는 변제자가 입증하여야 하지만, 변제자가 악의이거나 과실이 있었다는 점은 채권자가 입증하여야 한다.

(4) 채권의 준점유자에 대한 변제의 효과

(가) **견해의 대립** 채권의 준점유자에 대한 변제가 유효한 경우에 채권이 소멸되고 채무자는 채무를 면할 수 있다. 이 경우 변제를 받은 채권의 준점유자는 변제를 수령할 권한이 없으면서 변제

291) 대법원 2002. 6. 14. 선고 2000다38992 판결.

292) 대법원 2004. 4. 23. 선고 2004다5389 판결.

를 받은 것이므로 부당이득을 얻고 있다. 이때 누가 그 부당이득의 반환을 구할 수 있는지에 관하여 견해가 대립된다. 절대적 효력설은 채권의 준점유자에 대한 변제로서 채무자는 채무를 면하고 그 효과는 확정적이므로 채무자는 부당이득 반환청구를 할 수 없고, 진정한 채권자만이 변제수령자에 대하여 부당이득 반환청구를 할 수 있다고 한다.[293] 반면, 상대적 효력설은 제470조의 규정은 선의, 무과실로 채권의 준점유자에게 변제한 채무자에게 변제로서의 효력을 주장할 수 있는 항변권을 수여하는 규정으로 이해하므로, 변제자가 변제수령자를 상대로 부당이득 반환청구를 하여 반환을 받은 뒤 다시 진정한 채권자에게 변제할 수 있다고 한다.[294]

(나) **저자의 의견** 다수설이 일견 간명한 해석인 것처럼 보이지만, 실제 사례에서 변제수령권자 아닌 자에게 변제를 한 경우에 그것이 채권의 준점유자에 대한 변제로서 유효한지 여부는 반드시 명확한 것이 아니어서 소송을 통해 결론이 내려진 다음에야 변제가 유효한지 여부를 확인할 수 있는 경우가 많다. 즉, 변제자의 입장에서는 변제를 수령한 사람이 변제수령권자가 아니라는 점을 알게 되었을 때 그 사람이 채권의 준점유자에 해당하는지, 자신이 과실이 없는지 여부를 즉시 판단하기 어렵다.[295] 그러므로 그 경우 변제자가 변제수령자를 상대로 곧바로 반환청구를 하거나 가압류

293) 곽윤직, 250면; 김대정, 339면; 지원림, 807면.

294) 김상용, 448면; 김형배, 682면; 이은영, 695면.

295) 채권자 역시 자신의 채권이 소멸되었으므로 변제수령자에게 부당이득반환청구를 해야 하는지 아니면 채무자에게 이행청구를 해야 하는지를 확신하기 어렵다. 이러한 상황에서 채권자가 변제수령자에게 부당이득반환청구를 하는 것은 자칫 스스로 채권의 준점유자에 대한 변제를 인정하여 자신의 채무가 소멸하였음을 자인하는 것이 될 수 있으므로, 채권자도 변제수령자에 대한 부당이득반환청구를 주저할 가능성이 높다.

등 보전처분을 할 수 있도록 할 필요성이 있다. 그리고 채권의 준점유자에 대한 변제도 일정한 요건 아래 유효하다고 규정한 것은 진정한 변제수령권한을 가진 것 같은 외관을 신뢰한 변제자를 특별히 보호하고자 하는 취지이지 그것에 진정한 변제와 같은 실체법적 효력을 부여하고자 하는 취지로 볼 수는 없다. 따라서 채권의 준점유자에 대한 변제는 진정한 의미의 변제가 아니기 때문에 그로 인하여 채권이 소멸되는 것은 아니지만 민법 제470조에 의하여 과실 없는 변제자는 진정한 채권자에게 변제를 거절할 수 있는 권리를 특별히 부여받은 것이라고 해석하는 것이 타당하다. 그러므로 변제자는 채권자에 대하여 채권의 준점유자에 대한 변제를 주장할 것인지 아니면 변제수령자로부터 부당이득 반환을 받아 다시 정당한 변제수령권자에게 변제할 것인지를 선택할 수 있다고 보아야 할 것이다.

다. 영수증 소지자에 대한 변제

영수증을 소지한 자에 대한 변제는 그 소지자가 변제를 받을 권한이 없는 경우에도 효력이 있다. 그러나 변제자가 그 권한 없음을 알았거나 알 수 있었을 경우에는 그러하지 아니하다(471조). 통설은 제471조의 적용을 받는 영수증은 진정한 것에 한정되며 위조된 영수증을 소지한 자에게 변제한 경우에는 제470조의 채권의 준점유자에 대한 변제의 문제로 다루어야 한다고 해석한다.[296] 변제수령자가 영수증을 소지했다는 사실, 영수증이 진정한 것이라는 사실은 변제자가 입증하여야 하며, 변제자의 악의 또는 과실은 채권자가 입증해야 한다. 영수증 소지자에 대한 변제의 효력은 채권의 준점

296) 곽윤직, 251면; 김대정, 339면; 김상용, 448면 김형배, 683면.

유자에 대한 변제의 효력과 마찬가지이며, 그에 대한 견해 대립은 앞서 본 바와 같다.

라. 권한 없는 자에 대한 변제

채권의 준점유자, 영수증 소지자가 아닌 변제수령권 없는 자에 대한 변제는 원칙적으로 효력이 없어야 할 것이나, 그로 인하여 채권자가 이익을 받은 경우 그 한도에서 변제로서 효력이 있다(472조). 채권자의 이익은 반드시 직접적으로 발생되어야 하는 것은 아니고, 변제와 인과관계 있는 이익이면 된다.

마. 증권소지인에 대한 변제

지시채권, 무기명채권, 지명소지인출급채권의 증권소지인에 대한 변제는 그 증권소지인이 진정한 권리자가 아닌 경우에도 변제자가 악의 또는 중과실이 없으면 유효하다(518조, 524조, 525조). 제471조, 제472조와 달리 경과실이 있어도 변제가 유효하다는 점을 주의하여야 한다.

7. 변제비용 · 영수증 등

第473條 (辨濟費用의 負擔)
辨濟費用은 다른 意思表示가 없으면 債務者의 負擔으로한다. 그러나 債權者의 住所移轉 其他의 行爲로 因하여 辨濟費用이 增加된 때에는 그 增加額은 債權者의 負擔으로 한다.

第474條 (領收證請求權)
辨濟者는 辨濟를 받는 者에게 領收證을 請求할 수 있다.

第475條 (債權證書返還請求權)

債權證書가 있는 境遇에 辨濟者가 債務全部를 辨濟한 때에는 債權證書의 返還을 請求할 수 있다. 債權이 辨濟以外의 事由로 全部消滅한 때에도 같다.

변제비용은 채무자가 부담하는 것이 원칙이나 채권자의 주소이전 등 채권자의 행위로 인하여 변제비용이 증가된 경우에는 그 증가분은 채권자가 부담한다. 변제자는 영수증을 청구할 수 있고, 채무 전부를 변제하였거나 채무 전부가 소멸된 경우에는 채권증서의 반환을 청구할 수 있다.

8. 변제의 충당

第476條 (指定辨濟充當)

① 債務者가 同一한 債權者에 對하여 같은 種類를 目的으로 한 數個의 債務를 負擔한 境遇에 辨濟의 提供이 그 債務全部를 消滅하게 하지 못하는 때에는 辨濟者는 그 當時 어느 債務를 指定하여 그 辨濟에 充當할 수 있다.

② 辨濟者가 前項의 指定을 하지 아니할 때에는 辨濟받는 者는 그 當時 어느 債務를 指定하여 辨濟에 充當할 수 있다. 그러나 辨濟者가 그 充當에 對하여 卽時異議를 한 때에는 그러하지 아니하다.

③ 前2項의 辨濟充當은 相對方에 對한 意思表示로써 한다.

第477條 (法定辨濟充當)

當事者가 辨濟에 充當할 債務를 指定하지 아니한 때에는 다음 各號의 規定에 依한다.

1. 債務中에 履行期가 到來한 것과 到來하지 아니한 것이 있으면 履行期가 到來한 債務의 辨濟에 充當한다.
2. 債務全部의 履行期가 到來하였거나 到來하지 아니한 때에는 債務者에게 辨濟利益이 많은 債務의 辨濟에 充當한다.
3. 債務者에게 辨濟利益이 같으면 履行期가 먼저 到來한 債務나 먼저 到來할 債務의 辨濟에 充當한다.

4. 前2號의 事項이 같은 때에는 그 債務額에 比例하여 各債務의 辨濟에 充當한다.

第478條 (不足辨濟의 充當)
1個의 債務에 數個의 給與를 要할 境遇에 辨濟者가 그 債務全部를 消滅하게 하지 못한 給與를 한 때에는 前2條의 規定을 準用한다.

第479條 (費用, 利子, 元本에 對한 辨濟充當의 順序)
① 債務者가 1個 또는 數個의 債務의 費用 및 利子를 支給할 境遇에 辨濟者가 그 全部를 消滅하게 하지 못한 給與를 한 때에는 費用, 利子, 元本의 順序로 辨濟에 充當하여야 한다.
② 前項의 境遇에 第477條의 規定을 準用한다.

가. 의의

채무가 여러 개이거나 하나의 채무에 관하여 원본, 이자, 비용을 지급하여야 할 경우에 전액을 변제하지 못하고 일부만 변제하는 경우에 어느 채무 또는 어느 항목을 변제한 것으로 처리할 것인가의 문제가 변제의 충당이다. 예를 들어서 원금 100만원, 이자 10만원이 발생한 상황에서 60만원을 변제하였다고 하자. 이때 그것을 원금에 충당하면 원금 40만원과 확정이자 10만원이 남아 있으므로 앞으로 발생할 이자는 원금 40만원에 이율을 곱한 금액이 된다. 그러나 위 60만원 중 10만원을 우선 이자에 충당하고 나머지를 원금에 충당한다고 하면 원금 50만원이 남은 상태가 되므로 앞으로 발생할 이자는 원금 50만원에 이율을 곱한 금액이 된다. 따라서 채권자, 채무자는 일부 변제한 금액을 어디에 충당할 것인지에 따라 이해관계가 달라진다.

나. 변제충당의 순서

변제충당은 다음과 같은 순서로 하여야 한다. ① 당사자 사이에 합의가 있는 경우에는 그에 따라 변제충당을 한다. ② 변제자가 지정한 순서에 의하여 충당한다. ③ 변제수령자가 지정한 순서에 의하여 충당한다. ④ 제477조에서 정한 법정충당 순서에 의하여 충당한다. 아래에서는 각 충당방법에 관한 세부사항에 대하여 설명한다.

다. 합의충당

합의충당에 관한 법률 규정은 없다. 그러나 사적 자치의 원칙상 당사자들의 합의에 의하여 변제충당 방법을 정하는 것은 당연히 허용된다. 그리고 변제충당에 관한 합의는 민법에 규정된 다른 충당방법보다 우선하여 효력이 있다. 따라서 지정충당의 경우에 반드시 지켜야 하는 비용, 이자, 원본의 순서에 관하여도 자유로이 정할 수 있다. 또 충당의 방법에 관하여 구체적으로 정하지 않고 채권자가 적당하다고 인정하는 순서와 방법에 의하여 충당하기로 하는 합의충당도 유효하다.[297] 합의충당이 언제나 허용되는 것은 아니며, 강제경매나 담보권실행을 위한 경매에서는 다수의 이해관계인이 있기 때문에 획일적으로 공평·타당한 충당방법인 법정충당만 허용되고, 합의충당이나 지정충당은 허용되지 않는다.[298]

---

297) 대법원 2004. 3. 25. 선고 2001다53349 판결.

298) 대법원 2000. 12. 8. 선고 2000다51339 판결.

라. 지정충당

(1) 변제자의 지정에 의한 변제충당

변제충당에 관한 합의가 없는 경우 변제자가 채무를 지정하여 변제에 충당할 수 있다(476조①). 지정충당은 상대방에 대한 의사표시로 한다(476조③). 한편, 제479조 제1항은 "채무자가 1개 또는 수개의 채무의 비용 및 이자를 지급할 경우에 변제자가 그 전부를 소멸하게 하지 못한 급여를 한 때에는 비용, 이자, 원본의 순서로 변제에 충당하여야 한다."라고 규정하고 있다. 위 규정은 임의규정으로서 당사자의 '합의'에 의하여 적용을 배제할 수 있다고 이해되고 있으나, 제476조 제1항의 지정충당에 의하여 적용을 배제할 수는 없다는 것이 판례이다.[299] 따라서 변제자가 채무를 지정하여 변제하는 경우에 비용, 이자, 원본의 순서는 변경할 수 없다.

예를 들어 A채무의 원금이 1억원이고 미지급 이자가 900만원, B채무의 원금이 3,000만원이고 미지급 이자가 300만원인 경우, 채무자가 5,000만원을 변제하면서 이를 A채무의 변제에 충당한다고 지정하여도 이는 효력이 없다. 채무자의 지정대로라면 B채무의 이자 변제에 먼저 충당되어야 할 300만원이 A채무 원금 변제에 충당되는 결과가 되므로, 그러한 지정은 효력이 없는 것이다. 물론 그러한 지정에 대하여 상대방이 이의하지 않아 묵시적인 합의충당이 성립되었다고 인정되는 경우에는 지정한 순서대로 충당할 수 있다.

---

299) 대법원 2002. 1. 11. 선고 2001다60767 판결. 다만, 비용, 이자, 원본의 순서에 위반한 지정에 대하여 상대방이 이의하지 않은 경우에 묵시적 합의에 의한 합의충당이 성립될 가능성이 있다(대법원 2002. 5. 10. 선고 2002다12871 판결).

(2) 변제수령자의 지정에 의한 변제충당

변제자가 변제충당의 지정을 하지 않은 경우 변제수령자가 충당할 채무를 지정할 수 있다. 그러나 변제자가 그 충당에 대하여 즉시 이의를 한 때에는 그러하지 아니하다(476조②). 변제자가 이의한 경우에 변제자의 지정권이 부활하는가의 문제가 있는데, 통설은 변제자의 지정권은 부활하지 않고 법정충당에 의한다고 해석하고 있다.[300]

마. 법정충당

(1) 민법의 규정

변제충당에 관하여 합의 또는 지정이 없는 경우에는 민법 제477조에 의하여 충당한다. 또 강제경매나 담보권실행경매의 경우에는 합의충당, 지정충당이 허용되지 않고 제477조의 법정충당에 의한다. 제477조는 다음과 같이 규정하고 있다. 채무 중에 이행기가 도래한 것과 도래하지 아니한 것이 있으면 이행기가 도래한 채무의 변제에 충당한다(1호). 채무전부의 이행기가 도래하였거나 도래하지 아니한 때에는 채무자에게 변제이익이 많은 채무의 변제에 충당한다(2호). 채무자에게 변제이익이 같으면 이행기가 먼저 도래한 채무나 먼저 도래할 채무의 변제에 충당한다(3호). 제2호, 제3호의 사항이 같은 때에는 그 채무액에 비례하여 각 채무의 변제에 충당한다(4호).

(2) 변제이익의 비교

제477조 각호의 규정 중에서 이행기가 도래하였는지 여부 및 어

300) 곽윤직, 256면; 김상용, 463면; 김형배, 698면; 지원림, 819면.

느 채무가 이행기가 먼저 도래하였는지 또는 도래하는지 여부를 판명하는 것은 비교적 쉽다. 그러나 어느 채무를 변제하는 것이 채무자에게 변제이익이 많은가 하는 점은 반드시 명백하지 않다. 통설과 판례에 의한 기준들을 열거하면 아래와 같다. ① 이자 있는 채무와 이자 없는 채무가 있는 경우 당연히 이자 있는 채무를 변제하는 것이 채무자에게 이익이다. ② 여러 채무 모두 이자가 있는 경우에는 이율이 높은 것을 변제하는 것이 채무자에게 이익이다. ③ 변제자가 타인의 채무에 대한 보증인으로서 부담하는 보증채무보다는 변제자 자신의 채무를 변제하는 것이 변제이익이 많고, 연대채무보다는 단순채무를 변제하는 것이 변제이익이 많다.[301] ④ 주채무자가 변제자인 경우, 담보로 제3자가 발행 또는 배서한 약속어음이 교부된 채무와 다른 채무 사이에 변제이익의 점에서 차이가 없으나, 담보로 주채무자 자신이 발행 또는 배서한 어음이 교부된 채무는 다른 채무보다 변제이익이 많다.[302] ⑤ 변제자가 주채무자인 경우 보증인이 있는 채무와 보증인이 없는 채무는 변제이익에 차이가 없다.[303] 채무의 내용은 다양하기 때문에 위에서 언급한 기준만으로 변제이익을 비교할 수는 없고 개별 사안에 따라서 그 외의 기준들이 적용될 수 있다. 또 어떤 기준에 의하면 A 채무가, 다른 기준에 의하면 B 채무가 변제이익이 많다고 인정되는 경우도 있을 수 있는데, 변제자를 기준으로 하여 어떤 채무의 변제가 가장 이익인지를 개별적으로 따질 수밖에 없다고 본다.

---

301) 대법원 1999. 7. 9. 선고 98다55543 판결.
302) 대법원 1999. 8. 24. 선고 99다22281 판결.
303) 대법원 1999. 8. 24. 선고 99다26481 판결.

9. 변제자대위

第480條 (辨濟者의 任意代位)

① 債務者를 爲하여 辨濟한 者는 辨濟와 同時에 債權者의 承諾을 얻어 債權者를 代位할 수 있다.

② 前項의 境遇에 第450條 乃至 第452條의 規定을 準用한다.

第481條 (辨濟者의 法定代位)

辨濟할 正當한 利益이 있는 者는 辨濟로 當然히 債權者를 代位한다.

第482條 (辨濟者代位의 效果, 代位者間의 關係)

① 前2條의 規定에 依하여 債權者를 代位한 者는 自己의 權利에 依하여 求償할 수 있는 範圍에서 債權 및 그 擔保에 關한 權利를 行使할 수 있다.

② 前項의 權利行使는 다음 各號의 規定에 依하여야 한다.

1. 保證人은 미리 傳貰權이나 抵當權의 登記에 그 代位를 附記하지 아니하면 傳貰物이나 抵當物에 權利를 取得한 第三者에 對하여 債權者를 代位하지 못한다.
2. 第3取得者는 保證人에 對하여 債權者를 代位하지 못한다.
3. 第3取得者中의 1人은 各不動産의 價額에 比例하여 다른 第3取得者에 對하여 債權者를 代位한다.
4. 自己의 財産을 他人의 債務의 擔保로 提供한 者가 數人인 境遇에는 前號의 規定을 準用한다.
5. 自己의 財産을 他人의 債務의 擔保로 提供한 者와 保證人間에는 그 人員數에 比例하여 債權者를 代位한다. 그러나 自己의 財産을 他人의 債務의 擔保로 提供한 者가 數人인 때에는 保證人의 負擔部分을 除外하고 그 殘額에 對하여 各財産의 價額에 比例하여 代位한다. 이 境遇에 그 財産이 不動産인 때에는 第1號의 規定을 準用한다.

第483條 (一部의 代位)

① 債權의 一部에 對하여 代位辨濟가 있는 때에는 代位者는 그 辨濟한 價額에 比例하여 債權者와 함께 그 權利를 行使한다.

② 前項의 境遇에 債務不履行을 原因으로 하는 契約의 解止 또는 解除는 債權者만이 할 수 있고 債權者는 代位者에게 그 辨濟한 價額과 利子를 償還하여야 한다.

第484條 (代位辨濟와 債權證書, 擔保物)
① 債權全部의 代位辨濟를 받은 債權者는 그 債權에 關한 證書 및 占有한 擔保物을 代位者에게 交付하여야 한다.
② 債權의 一部에 對한 代位辨濟가 있는 때에는 債權者는 債權證書에 그 代位를 記入하고 自己가 占有한 擔保物의 保存에 關하여 代位者의 監督을 받아야 한다.

第485條 (債權者의 擔保喪失, 減少行爲와 法定代位者의 免責)
第481條의 規定에 依하여 代位할 者가 있는 境遇에 債權者의 故意나 過失로 擔保가 喪失되거나 減少된 때에는 代位할 者는 그 喪失 또는 減少로 因하여 償還을 받을 수 없는 限度에서 그 責任을 免한다.

第486條 (辨濟以外의 方法에 依한 債務消滅과 代位)
第三者가 供託 其他 自己의 出財로 債務者의 債務를 免하게 한 境遇에도 前6條의 規定을 準用한다.

가. 의의

변제자대위를 쉽게 설명하면, 채무자 아닌 제3자가 변제를 한 경우에 그 변제자가 채권자의 종전 지위를 승계하여 채무자에게 권리를 행사할 수 있게 되는 것을 말한다. 즉, 채권자가 채무자에게 가지고 있던 채권 및 그에 부수하는 권리들이 변제자에게 이전되는 것을 변제자대위라고 한다. 변제자대위 제도의 취지는 다음과 같다. 채무자 대신 제3자가 변제를 한 경우에 그 제3자는 채무자에 대하여 구상권을 취득하게 된다. 구상권은 변제가 이루어진 기존 채권과는 다른 별개의 권리로 취급된다. 그런데 변제자대위 제도가 없다면 변제로 인하여 채권이 소멸됨과 동시에 그에 대한 담보물권이나 보증 등 인적 담보도 모두 소멸될 것이다. 그러한 결과는 구상권을 행사하는 변제자에게 불리하다. 따라서 민법은 제3자가 변제한 금액을 채무자로부터 회수하기 쉽게 하기 위하여 변제 이전에 채권자가 가지고 있던 채권과 그에 대한 인적, 물적 담보권을 변제자에게 이전시키는 제도를 두고 있는데, 이를 변제자대위라고 한다. 변제자대위에 의하여 취득하는 채권과 구상권은 별개의 채권이므로 변제자는 두 권리 중 어느 하나를 선택하여 행사할 수 있다. 그러나 변제자대위는 구상권의 실현을 위한 제도이므로 구상권의 범위에서만 채권 및 그 담보에 관한 권리를 행사할 수 있고[304], 구상권이 없는 경우에는 변제자대위도 일어나지 않는다.[305]

나. 법정대위와 임의대위

(1) 법정대위

변제자대위는 법정대위와 임의대위 두 종류가 있다. 민법 제481조는 "변제할 정당한 이익이 있는 자는 변제로 당연히 채권자를 대위한다."라고 규정하고 있다. 이때 '당연히' 채권자를 대위한다는 의미는 당사자의 의사에 의하지 않고 법률 규정에 의하여 채권자의 권리가 변제자에게 이전된다는 의미이다. 그래서 그러한 형태의 대위를 법정대위라고 한다. 이때 '변제할 정당한 이익이 있는 자'란 변제를 하지 않으면 채권자로부터 집행을 받게 되거나 또는 채무자에 대한 자기의 권리를 잃게 되는 지위에 있기 때문에 변제함으로써 당연히 대위의 보호를 받아야 할 법률상의 이익을 가지는 자

---

304) 대법원 1997. 5. 30. 선고 97다1556 판결.
305) 대법원 1994. 12. 9. 선고 94다38106 판결.

를 가리키며 사실상의 이해관계를 가지는 자는 포함되지 않는다.[306]

(2) 임의대위

변제할 정당한 이익이 없는 제3자가 변제를 한 경우에는 변제와 동시에 채권자의 승낙을 얻어야 채권자를 대위할 수 있다(480조①). 이때 채권양도의 대항요건에 관한 제450조~제452조가 준용되므로(480조②), 채권자가 채무자에게 변제자대위를 승낙하였다는 통지를 보내거나 채무자가 대위를 승낙하여야 변제자가 채무자에게 대항할 수 있고, 제3자에게 대항하기 위해서는 위 통지 또는 승낙을 확정일자 있는 문서에 의해서 하여야 한다. 이때 제3자는 대위의 목적인 채권 자체에 관하여 대위변제자와 양립할 수 없는 법률상 지위에 있는 자를 의미한다.[307]

다. 변제자대위의 요건

변제자대위의 요건은 ① 채무자가 아닌 사람이 변제 등 채권을 만족시키는 행위를 하였을 것, ② 그로 인하여 구상권이 발생하였을 것, ③ 변제할 정당한 이익이 있거나 변제와 동시에 채권자의 승낙이 있을 것이다. '변제자' 대위라고 표현하지만 변제 외에도 채권자를 만족시키는 공탁, 대물변제, 연대채무자의 상계, 물상보증인이 제공한 담보물의 경매 등이 있는 경우에도 변제자대위가 일어난다. 구상권이 발생하였을 것이 요건인 이유는 앞서 설명한 바와 같이 변제자대위는 구상권의 확보를 위한 제도이기 때문이다.

---

306) 대법원 1990. 4. 10. 선고 89다카24834 판결.
307) 대법원 1996. 2. 23. 선고 94다21160 판결.

라. 변제자대위의 효과

(1) 권리의 이전

변제자대위에 의하여 채권자가 채무자에 대하여 가지던 이행청구권, 손해배상청구권, 담보에 관한 권리가 변제자에게 이전된다. 판례는 '담보에 관한 권리'에는 질권, 저당권이나 보증인에 대한 권리 등과 같이 전형적인 물적, 인적 담보뿐만 아니라, 채권자와 채무자 사이에 채무의 이행을 확보하기 위한 특약이 있는 경우에 그 특약에 기하여 채권자가 가지게 되는 권리도 포함된다고 한다.[308]

(2) 법정대위권자들 사이의 관계

민법 제482조 제2항은 법정대위권자 사이의 관계에 관하여 다음과 같이 규정하고 있다. 보증인은 미리 전세권이나 저당권의 등기에 그 대위를 부기하지 아니하면 전세물이나 저당물에 권리를 취득한 제3자에 대하여 채권자를 대위하지 못한다(1호). 제3취득자는 보증인에 대하여 채권자를 대위하지 못한다(2호). 제3취득자 중의 1인은 각 부동산의 가액에 비례하여 다른 제3취득자에 대하여 채권자를 대위한다(3호). 자기의 재산을 타인의 채무의 담보로 제공한 자가 수인인 경우에는 전호의 규정을 준용한다(4호). 자기의 재산을 타인의 채무의 담보로 제공한 자와 보증인간에는 그 인원수에 비례하여 채권자를 대위한다. 그러나 자기의 재산을 타인의 채무의 담보로 제공한 자가 수인인 때에는 보증인의 부담부분을 제외하고 그 잔액에 대하여 각 재산의 가액에 비례하여 대위한다. 이 경우에 그 재산이 부동산인 때에는 제1호의 규정을 준용한다(5호).

---

[308] 대법원 1997. 11. 14. 선고 95다11009 판결.

(3) 법정대위권자들의 관계에 관한 예

위에서 본 제482조 제2항의 규정만으로 법정대위권자 사이의 관계를 파악하는 것은 쉽지 않다. 아래의 예를 살펴보면 조금 더 쉽게 이해할 수 있을 것이다.

> 사례 : A는 X로부터 6,000만원을 차용하였고, 이에 대하여 B와 C가 보증하였다. D는 그가 소유하는 시가 2,000만원인 토지에 저당권을 설정하여 주었고, E는 그가 소유하는 시가 4,000만원인 토지에 저당권을 설정하여 주었다.

① 위 사례에서 만약 보증인 B가 6,000만원을 변제하였다면, B는 누구에게 얼마를 대위할 수 있는가? 먼저 보증인과 물상보증인이 다수인 경우 각 보증인에 대한 대위의 범위는 대위변제액을 보증인과 물상보증인의 인원수 합계로 나눈 금액이 된다. 따라서 보증인 C에 대해서는 1,500만원(6,000만원÷4)을 대위할 수 있다. 다음으로 물상보증인들에 대해서는 우선 물상보증인들 전체에 대하여 대위할 금액을 계산한 후 그것을 다시 담보물 가액의 비율로 분할하여 대위하게 된다. 사례에서 보증인, 물상보증인 4명 중 물상보증인은 두 사람이므로 물상보증인들에 대하여 대위할 금액은 3,000만원(6,000만원×2/4)이 되는데, 이를 다시 담보물 가액의 비율로 나누면 D에 대하여 1,000만원, E에 대하여 2,000만원을 대위하게 된다.

② 위 사례에서 물상보증인 E가 6,000만원을 변제한 경우 E는 누구에게 얼마를 구상할 수 있는가? 위에서 본 방법에 의하여 보증인 B, C에 대하여 각 1,500만원씩을 대위할 수 있고, 물상보증인

D에 대하여 1,000만원을 대위할 수 있다.

③ 만약 E가 위 담보물을 F에게 매도하여 F가 소유권이전등기를 한 뒤 F가 6,000만원을 변제하였다면 F는 누구에게 얼마를 대위할 수 있는가? F는 저당부동산의 제3취득자이므로 보증인 B, C에 대하여 대위하지 못한다. 그러나 물상보증인 D에 대해서는 앞서 본 계산방식에 따라 1,000만원 범위에서 대위할 수 있다.

(4) 구상권과 변제자대위의 관계

구상권과 변제자대위에 의해 취득하는 권리는 별개이므로 변제자는 두 권리를 선택적으로 행사할 수 있다. 그러나 변제자대위는 구상권의 실현을 확보하는 제도이므로, 대우의 범위는 구상권 범위를 넘을 수 없고, 구상권이 없으면 대위는 일어나지 않는다.

Ⅲ. 대물변제

1. 대물변제의 의의와 법적 성격

第466條 (代物辨濟)
債務者가 債權者의 承諾을 얻어 本來의 債務履行에 갈음하여 다른 給與를 한 때에는 辨濟와 같은 效力이 있다.

가. 학설과 판례

대물변제는 본래의 급부에 갈음하여 다른 급부를 현실적으로 함으로써 채권을 소멸시키는 것을 말한다. 그런데 그 법적 성질에 관하여는 요물계약이라는 견해[309]와 대물변제는 본질적으로 변제의 일종이며 계약이 아니라고 하는 견해[310]가 대립하고 있다. 판례는 대물변제를 요물계약으로 보고 있다.[311] 대물변제를 계약으로 보는 견해는 대물변제로 채무를 면하기 위해서는 채권자, 채무자의 합의가 있어야 한다는 점을 중요시하고, 대물변제를 계약으로 보지 않는 견해는 채무소멸의 원인인 변제와의 유사성을 중시하는 것으로 보인다.

나. 저자의 의견

대물변제의 과정을 살펴보면, 본래의 급부 외의 다른 급부를 현실적으로 이행하고 그 즉시 그로 인하여 채무를 소멸시키기로 하는 합의가 일어나는 것이 아니라, 일반적으로는 다른 급부를 하면 채무를 면한다는 합의가 사전에 이루어지고, 그 합의의 이행으로써 현실적인 대물급부가 일어난다고 생각된다. 그러면 대물변제를 하기로 하는 합의의 성격은 무엇인가? 통상 소비대차계약 당시 또는 채무의 변제기가 되기 전에 미리 그와 같은 합의를 하는 것을 '대물변제의 예약'이라고 하는 것으로 보인다. 한편, 요물계약설에 의하면 변제기 이후에 대물급부의 합의만 하고 아직 대물급부를 현실로 하지 않은 단계에 관하여도 대물변제의 예약이라고 해야 하는데, 그러한 경우는 '대물변제계약'이라고 하는 것이 자연스럽지 않은가 한다.[312] 그러한 의미에서 대물변제계약은 요물계약이 아

---

309) 곽윤직, 270면; 장재현, 435면.

310) 김대정, 400면; 김상용, 493면; 김형배, 718면; 이은영, 725면.

311) 대법원 1999. 11. 12. 선고 98두17067 판결.

312) 대법원 1972. 5. 23. 선고 72다414 판결은 채권계약으로서의 대물변제계약이 성립된 이상 이를 원인으로 하는 소유권이전등기 절차 이행을 청구할 수 있다고 한다. 이는 최종적으로 채권을 소멸시키는 '대물변제'에 앞서서 대물변제계약이 존재한다는 것을 긍정한 것이다.

니라 낙성계약이고, 대물변제는 대물변제계약의 이행인 동시에 기존 채권과의 관계에서는 채권을 소멸시키는 변제와 유사한 준법률행위로 보는 것이 타당하다고 생각한다.[313] 그리고 민법의 규정체계를 보더라도 채권의 소멸사유에 관하여 변제, 공탁, 상계, 경개, 면제, 혼동을 별개의 절로 나누어 규정한 것에 비해 대물변제는 변제에 포함시켜서 하나의 규정을 두고 있을 뿐인데, 이는 입법자가 대물변제를 변제의 일종 또는 변제와 유사한 것으로 인식하였다는 근거가 될 수 있다고 본다.

2. 대물변제의 요건

가. 일반론

대물변제의 요건은 채권자의 채권이 존재하고, 대물변제의 합의 또는 대물변제계약이 체결되어야 하며, 그 대물변제계약에 의하여 본래 급부와 다른 급부가 행해져야 한다. 사견에 의하면 대물변제계약의 내용은 본래 급부와 다른 급부가 행해지는 것을 조건으로 기존 채무를 소멸시키는 것이므로, 실제로 급부가 행해지기 전에는 채무 소멸의 효과가 없다.[314] 이러한 점이 경개와 다른 점이다.

---

313) 한편, 저자는 대물변제예약의 경우 채무불이행이 있으면 채권자의 예약완결권 행사에 의하여 대물변제계약이 체결되고, 그 대물변제계약의 이행으로 대물변제가 이루어지는 것이라고 본다.

314) 요물계약설에 의하면 대물급부가 이행되기 전에는 요물계약인 대물변제계약이 효력을 발생하지 않으므로 기존 채무가 소멸되지 않는다는 논리를 취하게 된다.

나. 계약의 무효 · 취소와 대물변제

대물변제를 하였지만 채권의 발생원인인 계약 등이 무효이거나 취소된 경우에 대물변제한 물건의 소유권은 대물변제자에게 당연히 복귀하는가 아니면 소유권은 당연히 복귀되지 않고 대물변제자는 부당이득반환청구권만 가지게 되는가의 문제가 있다. 이는 물권행위의 무인성을 인정할 것인가에 관한 문제인데, 현재의 통설과 판례가 취하는 유인설에 의하면 원인관계가 무효, 취소되면 물권행위도 효력을 상실하므로 위와 같은 경우 대물변제 당시 채권이 존재하지 않았던 경우에는 당연히 대물변제자에게 목적물의 소유권이 복귀한다고 보게 된다.[315] 따라서 대물변제자는 소유권에 기하여 물건의 반환을 구할 수 있다.

다. 어음 · 수표의 교부

금전채무와 관련하여 어음 · 수표를 교부한 경우에 대물변제로 인정되는지의 문제가 있다. 그런데 일반적으로 어음 · 수표의 교부는 변제에 갈음하는 것이 아니라 변제를 위하여 교부하는 것으로 추정된다. 따라서 보통의 경우라면 어음 · 수표의 교부는 대물변제가 아니라 금전의 지급수단에 지나지 않는다고 보므로, 어음 · 수표가 결제되어야 변제한 것으로 인정된다. 그러나 당사자의 의사 해석상 변제에 갈음하여 어음 · 수표를 교부하였다고 인정되는 경우에는 대물변제로 인정될 수 있고, 신용 있는 은행이 발행한 자기앞수표와 같이 지급이 확실하여 거의 현금처럼 사용되는 경우에는 변제로 인정될 수도 있다.

---

315) 선의의 제3자가 보호되는 경우에는 물권이 복귀되지 않는다.

3. 대물변제의 효과

대물변제는 변제와 같은 효력이 있으므로(466조), 채권이 소멸된다. 앞서 주장한 바와 같이 대물변제는 대물변제계약의 이행인데, 대물변제계약은 대물급부를 하면 기존 급부가 소멸되는 일종의 유상계약으로 볼 수 있으므로, 매도인의 담보책임에 관한 규정은 대물변제에 관하여 적용된다.[316]

Ⅳ. 변제공탁

第487條 (辨濟供託의 要件, 效果)
債權者가 辨濟를 받지 아니하거나 받을 수 없는 때에는 辨濟者는 債權者를 爲하여 辨濟의 目的物을 供託하여 그 債務를 免할 수 있다. 辨濟者가 過失없이 債權者를 알 수 없는 境遇에도 같다.

第488條 (供託의 方法)
① 供託은 債務履行地의 供託所에 하여야 한다.
② 供託所에 關하여 法律에 特別한 規定이 없으던 法院은 辨濟者의 請求에 依하여 供託所를 指定하고 供託物保管者를 選任하여야 한다.
③ 供託者는 遲滯없이 債權者에게 供託通知를 하여야 한다.

---

316) 같은 취지: 곽윤직, 732면; 김대정, 408면. 이에 관하여 본래의 급부에 관한 원인행위가 유상계약이면 매도인의 담보책임이, 무상계약이면 증여자의 담보책임이 적용된다는 견해도 유력하게 제시되고 있다(김형배, 732면; 이은영, 730면; 송덕수, 986면). 한편, 저자는 대물변제계약의 유상성은 대물변제와 기존 급부 소멸 사이에 존재한다고 보므로, 기존 급부의 원인이 유상계약이든 무상계약이든 관계없이 대물변제계약은 언제나 유상계약이라고 본다.

第489條 (供託物의 回收)
① 債權者가 供託을 承認하거나 供託所에 對하여 供託物을 받기를 通告하거나 供託有效의 判決이 確定되기까지는 辨濟者는 供託物을 回收할 수 있다. 이 境遇에는 供託하지 아니한 것으로 본다.
② 前項의 規定은 質權 또는 抵當權이 供託으로 因하여 消滅한 때에는 適用하지 아니한다.

第490條 (自助賣却金의 供託)
辨濟의 目的物이 供託에 適當하지 아니하거나 滅失 또는 毁損될 念慮가 있거나 供託에 過多한 費用을 要하는 境遇에는 辨濟者는 法院의 許可를 얻어 그 物件을 競賣하거나 市價로 放賣하여 代金을 供託할 수 있다.

第491條 (供託物受領과 相對義務履行)
債務者가 債權者의 相對義務履行과 同時에 辨濟할 境遇에는 債權者는 그 義務履行을 하지 아니하면 供託物을 受領하지 못한다.

1. 의의

공탁은 금전, 유가증권, 기타의 물건을 공탁소에 임치하는 것이다. 공탁은 변제공탁, 집행공탁, 보관공탁 등 여러 종류가 있는데, 민법은 그 중 변제공탁에 관한 규정을 두고 있다. 변제공탁은 채무자가 목적물을 공탁함으로써 채무를 면할 수 있도록 하는 것이다.

2. 변제공탁의 요건 : 공탁원인

변제공탁은 ① 채권자가 변제를 받지 아니하거나 받을 수 없는 때와 ② 변제자가 과실 없이 채권자를 알 수 없는 경우에 할 수 있다.

가. 채권자가 변제를 받지 않거나 받을 수 없는 때

'채권자가 변제를 받지 아니하거나 받을 수 없는 때'는 채권자지체의 요건과 표현이 같지만, 판례와 통설은 공탁의 경우에는 채권자가 미리 수령을 거절하면 구두의 제공 없이 곧바로 공탁을 할 수 있다고 하여 채권자지체의 경우보다 요건을 완화하여 해석하고 있다.[317] 또 채권이 가압류된 경우도 이에 해당한다.

나. 과실 없이 채권자를 알 수 없는 경우

채권자를 알 수 없는 경우란 채권자라고 주장하는 사람이 여럿이거나 채권자가 사망한 경우 상속인들을 잘 알 수 없는 때, 채권이 양도되었으나 그 효력에 관하여 양도인과 양수인이 다투고 있거나 효력에 의문이 있는 경우 등을 말하는 것이다. 이 경우변제공탁을 할 수 있지만, 변제자에게 과실이 있는 경우에는 공탁의 효력이 인정되지 않는다.

3. 공탁의 방법

가. 일반론

공탁은 채무이행지의 공탁소에 하여야 한다. 채무자는 물론 제3자도 공탁을 할 수 있다. 공탁자는 지체 없이 채권자에게 공탁통지를 하여야 한다.[318] 공탁소는 지방법원, 지방법원지원, 시군법원에

---

317) 대법원 1981. 9. 8. 선고 80다2851 판결; 곽윤직, 278면; 김대정, 417면; 이은영, 737면.

318) 실제로는 공탁공무원이 채권자에게 공탁통지서를 발송하여 통지한다.

둔다. 공탁사무는 법원이 처리하지만 실제 공탁물을 보관하는 것은 법원이 지정한 은행 또는 창고업자이다. 공탁의 목적물은 변제할 목적물과 동일해야 하지만, 변제의 목적물이 공탁에 적당하지 아니하거나 멸실 또는 훼손될 염려가 있거나 공탁에 과다한 비용을 요하는 경우에는 변제자는 법원의 허가를 얻어 그 물건을 경매하거나 시가로 방매하여 대금을 공탁할 수 있다.

현재 공탁실무를 요약하면 다음과 같다. 공탁을 하고자 하는 사람은 공탁서 2통을 첨부서면과 함께 관할 공탁소의 공탁공무원에게 제출한다. 공탁공무원은 공탁서를 접수하여 심사한 후 공탁수리 여부를 결정하고, 공탁을 수리하는 경우 제출한 공탁서 중 1통에 공탁을 수리한다는 내용과 사건번호 및 공탁물 납입기일 등을 기재하여 공탁자에게 교부한다. 공탁자는 공탁서에 기재된 공탁물보관자에게 납일기일까지 공탁서를 제시하고 공탁물을 납입하고, 공탁물보관자는 영수증을 교부한다. 공탁물보관자는 공탁공무원에게 공탁물납입의 통지를 하고, 통지를 받은 공탁공무원은 공탁통지서를 채권자에게 발송한다.

나. 구체적 문제

(1) 부동산 공탁이 허용되는지 여부

(가) 학설 다수설은 공탁의 목적물은 제한이 없으므로, 금전, 유가증권, 동산, 부동산 모두 공탁을 할 수 있다고 한다.[319] 반면, 소수설은 부동산은 보관이 불편할 뿐만 아니라 공탁이라고 하려면 공탁에 의하여 바로 채무를 면해야 하는데, 물권변동에 관하여 성립요건주의를 취하는 결과 부동산을 공탁하여도 채권자에게 소유

---

319) 곽윤직, 279면; 김대정, 420면; 이은영, 738면.

권이전등기가 되기 전에는 채권이 소멸되지 않을 것이기 때문에, 그러한 공탁은 공탁의 개념에 위배되므로, 부동산은 공탁할 수 없다고 한다.[320)]

(나) **저자의 의견** 부동산 관리업자 등에게 관리를 맡기는 방법으로 부동산을 보관하는 것이 불가능하지 않으므로, 부동산 공탁이 논리적으로 불가능하다고 볼 수는 없다. 그러나 현재 공탁법상 부동산 공탁에 관한 규정이 존재하지 않고, 실제로 부동산을 공탁하는 사례도 없는 것으로 생각된다. 또한 등기를 이전할 의무를 부담하는 채무자는 이른바 등기인수청구권을 행사하여 채권자로 하여금 이전등기를 받으라는 청구를 할 수 있고, 그러한 내용의 판결을 받아 일방적으로 채권자 명의의 이전등기를 할 수 있으므로, 부동산 공탁의 필요성은 상대적으로 낮다고 할 수 있다. 현행 공탁제도에서는 부동산 공탁이 허용되지 않는다고 보는 것이 타당하다.

(2) 일부공탁이 허용되는지 여부

판례는 변제공탁이 유효하려면 채무 전부에 대한 변제의 제공 및 채무 전액에 대한 공탁이 있어야 하고, 채무 전액이 아닌 일부에 대한 공탁은 그 부족액이 아주 근소하다는 등의 특별한 사정이 있는 경우를 제외하고는 채권자가 이를 수락하지 않는 한 그 공탁 부분에 관하여서도 채무소멸의 효과가 발생하지 않는다고 한다.[321)] 이러한 법리는 계속적인 금전거래에서 발생하는 다수의 채무의 일부를 공탁한 경우에도 마찬가지로 적용된다. 즉, 그러한 다수 채무의 일부를 공탁한 경우 공탁금액 범위에서 채무가 소멸하는 것이

---

320) 지원림, 853면.

321) 대법원 1998. 10. 13. 선고 98다17046 판결.

아니고 그 공탁 전체가 무효가 된다.[322] 그러나 채권자에 대한 변제자의 공탁금액이 채무의 총액에 비하여 아주 근소하게 부족한 경우에는 당해 변제공탁은 신의칙상 유효한 것이라고 보아야 한다.[323] 한편, 채무자가 공탁한 금액이 채권 전부를 소멸시키기에 부족한 경우에도 채권자가 그것을 일부변제에 충당한다고 이의를 유보하면서 공탁물을 수령할 수 있는데, 그 경우에는 일부변제의 효력이 있다.

(3) 조건부공탁이 허용되는지 여부

민법 제491조는 "채무자가 채권자의 상대의무이행과 동시에 변제할 경우에는 채권자는 그 의무이행을 하지 아니하면 공탁물을 수령하지 못한다."라고 규정하고 있다. 따라서 기존 계약에 의하여 채권자가 선이행해야 하거나 동시에 이행해야 하는 반대급부가 있는 경우, 그 반대급부 이행을 조건으로 하여 공탁하는 것은 허용된다. 본래의 계약에 의하여 채권에 부착된 조건을 그대로 붙여서 공탁하는 것도 허용된다.

그러나 채권자가 선이행 또는 동시이행할 의무가 없는 반대급부나 본래 채권에 부착되어 있지 않은 조건을 붙여서 한 공탁은 채권자가 이를 수락하지 않는 한 무효이다. 예를 들어 근저당권설정등기의 말소는 피담보채무의 변제와 동시이행관계가 아니고 피담보채무의 변제 후 말소하면 되는 것인데, 채무자가 변제공탁을 하

322) 대법원 2005. 10. 13. 선고 2005다37208 판결.

323) 대법원 1988. 3. 22. 선고 86다카909 판결. 위 사안은 49,050,000원을 공탁해야 할 것을 48,986,300원을 공탁하여 불과 63,700원이 적게 공탁되었던 사건이다. 그런데 이 사건은 채무자가 일부공탁을 한 것이 아니라 전부공탁의 의사로 공탁을 하였으나 계산 착오로 근소한 부족이 생긴 경우로서 처음부터 채무 일부를 공탁한 경우와는 구별되어야 한다.

면서 근저당권 말소등기서류의 교부를 조건으로 하여 공탁을 하는 것은 허용되지 않고, 설령 공탁이 되었다 하더라도 무효이다.

4. 공탁의 효과

가. 일반론

공탁을 하면 채무자는 채무를 면한다. 즉, 채무가 소멸된다. 채권자는 채무자에게 이행을 청구하지 못하는 대신 공탁소에 공탁물 지급을 청구할 수 있다. 그런데 채무자는 일정한 경우 공탁물을 회수할 수 있고, 그 경우 공탁을 하지 않은 것으로 본다.

나. 채무의 소멸

(1) 정지조건설과 해제조건설

공탁에 의하여 채무자는 채무를 면한다. 그런데 민법 제489조 제1항은 채권자가 공탁을 승인하거나 공탁소에 대하여 공탁물을 받기를 통고하거나 공탁유효의 판결이 확정되기까지는 변제자는 공탁물을 회수할 수 있고, 그 경우에는 공탁하지 아니한 것으로 본다고 규정하고 있다. 이와 같이 공탁에 의하여 채무가 소멸한다고 하면서도 그 소멸의 효과는 유동적인데, 이를 해석하는 시각은 크게 두 가지로 나뉜다. 정지조건설은 공탁물회수권의 소멸을 정지조건으로 하여 공탁시에 소급하여 채권이 소멸한다고 본다.[324] 반면, 해제조건설은 공탁에 의하여 곧바로 채권이 소멸되나 공탁물 회수가 있으면 채권이 소급해서 소멸되지 않았던 것으로 된다고 본

324) 김상용, 513면; 김형배, 749면.

다.[325]

(2) 저자의 의견

제489조 제1항 후문의 "이 경우에는 공탁하지 아니한 것으로 본다."라는 문구는 정지조건보다는 해제조건에 가까운 표현이라 생각된다. 또한 제489조 제2항은 질권 또는 저당권이 공탁으로 인하여 소멸한 때에는 공탁물을 회수하지 못하도록 규정하고 있는데, 위 규정은 공탁과 동시에 채무가 소멸되는 것을 당연한 전제로 하는 것으로 생각된다. 따라서 해제조건설에 동의한다.

다. 채권자의 공탁물 수령

공탁에 의하여 본래의 채권은 소멸하고, 채권자는 공탁물출급청구권을 취득한다. 이때 채권자의 수익의 의사표시는 필요 없다고 해석된다.[326] 채권자가 공탁물출급청구권을 행사하여 공탁물을 수령하기 위해서는 그 권리를 증명해야 한다. 공탁물출급청구권은 본래의 채권에 갈음하는 것이므로 그 권리의 성질과 범위는 본래의 급부청구권과 동일하다. 그래서 채무자는 동시이행관계 또는 채권자가 선이행해야 할 반대급부를 이행할 것을 조건으로 하여 공탁할 수 있고, 그 경우 채권자는 그 반대급부를 이행해야 공탁물을 수령할 수 있다. 채무자가 부당한 조건을 붙여서 공탁을 한 경우에 그 공탁은 무효이지만, 채권자가 그 조건을 수락하여 조건을 충족시켜 공탁물을 수령하는 것은 가능하다. 그러나 그 조건만 무효라고 하면

---

325) 곽윤직, 281면; 김대정, 424면; 지원림, 854면; 이은영, 742면도 기본적으로 해제조건설과 취지를 같이하지만 공탁물회수는 해제조건이 아니라 철회에 해당한다고 한다.

326) 곽윤직, 281면; 김대정, 424면; 지원림, 855면.

서 조건 충족 없이 공탁물을 수령하는 것은 허용되지 않는다.

라. 공탁물 소유권의 이전

공탁물이 금전 기타 소비물인 경우에는 공탁물의 소유권이 일단 공탁소에 귀속되고, 채권자는 그와 같은 종류, 품질, 수량의 물건을 수령하여 소유권을 취득한다. 공탁물이 특정물인 경우에는 공탁소가 소유권을 취득하지 않으며 채권자가 공탁물을 수령하면 소유권이 이전된다.[327]

5. 공탁자의 공탁물 회수

공탁을 한 자는 채권자가 공탁을 승인하거나 공탁소에 대하여 공탁물을 받기를 통고하거나 공탁유효의 판결이 확정되기 전에는 공탁물을 회수할 수 있고, 그 경우 공탁하지 않은 것으로 본다. 그러나 공탁으로 인하여 질권 또는 저당권이 소멸한 때에는 공탁물을 회수할 수 없다.[328] 착오로 공탁을 한 때, 공탁원인이 소멸한

---

327) 부동산공탁을 긍정하는 견해는 공탁물이 부동산인 경우 채권자가 소유권 이전등기를 한 때 소유권이 공탁자로부터 채권자로 이전된다고 한다(곽윤직, 282면; 김대정, 425면).

328) 이와 관련하여 대법원 1982. 7. 27. 선고 81다495 판결은 "민법 제489조의 규정은 공탁으로 인하여 질권 또는 저당권이 소멸한 경우를 제외하고, 채권자가 공탁을 승인하거나 공탁소에 대하여 공탁물을 받기를 통고하거나 공탁유효의 판결이 확정되기까지, 변제자는 공탁물을 회수할 수 있고 이 경우에는 공탁하지 아니한 것으로 본다고 규정하고 있을 뿐, 가등기 및 본등기에 의하여 담보된 채무의 변제공탁으로 인하여 가등기담보권이나 양도담보권이 소멸하는 경우에도 변제자가 공탁물을 회수할 수 없다는 취지를 포함하는 것은 아니므로, 변제자의 채권자는 공탁금회수청구권을 압류·전부받아 변제공탁금을 회수할 수 있다."라고 하였다. 그러나 위 판결은 「가등기담보 등에 관한 법률」이 제정되기 전의 판결이어서 현재도 유효하다고 보기 어렵다. 위 법률은 가등기담보를 저당권과 유사한 담보물권으

때에도 공탁물을 회수할 수 있다(공탁법 제8조②).

V. 상계

第492條 (相計의 要件)
① 雙方이 서로 같은 種類를 目的으로 한 債務를 負擔한 境遇에 그 雙方의 債務의 履行期가 到來한 때에는 各債務者는 對等額에 關하여 相計할 수 있다. 그러나 債務의 性質이 相計를 許容하지 아니할 때에는 그러하지 아니하다.
② 前項의 規定은 當事者가 다른 意思를 表示한 境遇에는 適用하지 아니한다. 그러나 그 意思表示로써 善意의 第三者에게 對抗하지 못한다.

第493條 (相計의 方法, 效果)
① 相計는 相對方에 對한 意思表示로 한다. 이 意思表示에는 條件 또는 期限을 붙이지 못한다.
② 相計의 意思表示는 各債務가 相計할 수 있는 때에 對等額에 關하여 消滅한 것으로 본다.

第494條 (履行地를 달리하는 債務의 相計)
各債務의 履行地가 다른 境遇에도 相計할 수 있다. 그러나 相計하는 當事者는 相對方에게 相計로 因한 損害를 賠償하여야 한다.

第495條 (消滅時效完成된 債權에 依한 相計)
消滅時效가 完成된 債權이 그 完成前에 相計할 수 있었던 것이면 그 債權者는 相計할 수 있다.

第496條 (不法行爲債權을 受動債權으로 하는 相計의 禁止)
債務가 故意의 不法行爲로 因한 것인 때에는 그 債務者는 相計로 債權者에

로 구성하고 있고, 제12조에서는 경매에 관하여 담보가등기권리를 저당권으로 본다고까지 규정하고 있다. 이러한 취지에 비추어 볼 때, 변제공탁에 의하여 「가등기담보 등에 관한 법률」의 규율을 받는 가등기담보나 부동산양도담보가 소멸된 경우에는 공탁물을 회수할 수 없다고 보아야 할 것이다.

게 對抗하지 못한다.

第497條 (押留禁止債權을 受動債權으로 하는 相計의 禁止)
債權이 押留하지 못할 것인 때에는 그 債務者는 相計로 債權者에게 對抗하지 못한다.

第498條 (支給禁止債權을 受動債權으로 하는 相計의 禁止)
支給을 禁止하는 命令을 받은 第三債務者는 그 後에 取得한 債權에 依한 相計로 그 命令을 申請한 債權者에게 對抗하지 못한다.

第499條 (準用規定)
第476條 乃至 第479條의 規定[329]은 相計에 準用한다.

1. 의의

상계는 채권자와 채무자가 서로 같은 종류를 목적으르 하는 채권·채무를 가지고 있는 경우에 일방적인 의사표시에 의하여 그 채무들을 대등한 액수에서 소멸시키는 단독행위이다.

2. 상계의 요건 : 상계적상

상계가 유효하려면 ① 당사자 쌍방이 같은 종류의 목적을 가지는 채무를 부담할 것, ② 상대방 채무가 변제기에 있을 것, ③ 채무의 성질이 상계를 허용하는 것이고, 상계가 금지되어 있지 않을 것이 요구된다. 이러한 요건을 갖춘 것을 상계적상이라고 한다.

329) 제476조~제479조는 변제충당에 관한 규정들이다.

가. 쌍방의 동종 목적 채무 부담

상계를 하기 위해서는 쌍방이 서로 상대방에 대하여 채무를 부담하는 경우이어야 한다. 다만, 위 원칙에는 예외가 있다. 연대채무의 경우 다른 연대채무자의 부담부분 한도에서 그 연대채무자가 채권자에 대하여 가지는 채권으로 상계하는 것이 허용되고(418조②), 보증채무의 경우 보증인은 주채무자가 채권자에 대하여 가지는 채권으로 상계하는 것이 허용된다(434조). 한편, 제3자가 채무자를 위하여 상계하는 것이 허용되는지에 관하여 견해가 대립되고 있음은 앞서 설명한 바 있다. 저자는 부정설을 지지한다. 한편, 상계가 허용되는 채권은 종류채권, 금전채권 뿐이고, 두 채권의 목적이 같은 종류이어야 한다. 주로 금전채권에 관해서 상계가 이루어지고 있다.

나. 상대방 채무의 이행기 도달

(1) 일반론

상계를 하기 위해서는 상대방의 채무가 이행기에 도달되어 있어야 한다. 제492조는 '쌍방 채무의 이행기가 도래한 때'라고 표현하고 있으나, 상계의 의사표시를 하는 사람이 부담하는 채무가 이행기에 도달되지 않은 경우에는 기한의 이익을 포기하여 즉시 이행기가 도래한 것으로 할 수 있으므로, 결국 상대방 채무의 이행기가 도래한 것이 요건이 된다.[330]

---

330) 이를 채권 사이의 관계로 표현하면, 상계의 의사표시를 하는 사람의 채권(자동채권)이 변제기에 도달되어 있으면 상대방의 채권(수동채권)이 변제기에 도달되어 있지 않더라도 기한이익을 포기하여 상계할 수 있다는 것이다.

(2) 상대방이 항변권을 가지는 경우

한편, 상대방이 채무 이행을 거절할 수 있는 항변권을 가지는 경우 상대방은 이행기 이후에도 항변권을 행사하면서 이행을 거절할 수 있으므로, 상대방 채무가 이행기에 도달되지 않은 경우에 준하여 상계의 요건을 갖추지 못한 것으로 보아야 한다.[331] 따라서 상대방의 항변권을 소멸시키는 것이 상계의 효력발생요건이 된다.[332]

다. 성질상 상계가 허용되고, 상계가 금지되지 않을 것

하는 채무와 같이 현실로 이행하지 않으면 목적을 달성할 수 없는 채권이나 특정물채권과 같이 동종 목적의 반대채권이 존재할 수 없는 채권은 상계할 수 없다. 그리고 종류채권, 금전채권이어서 성질상 상계는 가능하지만 상계금지의 특약[333]이 있거나 법률에 의하여 상계가 금지되는 경우에는 상계할 수 없다. 예를 들어 채무가 고의의 불법행위로 인한 것인 경우 그 채무자는 상계로 채권자에게 대항하지 못한다(496조). 그 외에 압류금지채권의 채무자가 상

331) 보통 항변권이 부착되어 있는 경우에 상계금지채권의 하나로 분류하여 설명하고 있으나, 여기에서는 이행기가 도래하지 않은 경우와 유사하게 보는 것이다. 결과에 있어서 차이는 없다.

332) 예를 들어 소송 외에서 어음채권을 자동채권으로 하여 상계의 의사표시를 하는 경우에는 어음채무자의 승낙이 있다는 등의 사정이 없는 이상 어음의 교부가 필요불가결하고 어음의 교부가 없으면 상계의 효력이 생기지 않으며, 이때 어음의 교부는 상계의 효력발생요건이라 할 것이므로 상계의 의사표시를 하는 자가 이를 주장·입증하여야 한다(대법원 2008. 7. 10. 선고 2005다24981 판결). 위 판결은 상대방이 어음채무자인 경우 상대방은 어음을 교부할 때까지 어음금을 지급할 수 없다는 항변을 할 수 있으므로 그 항변권을 소멸시켜야 비로소 상계의 효력이 발생할 수 있다는 취지의 판결이다.

333) 상계금지의 특약은 선의의 제3자에게 대항하지 못한다는 점을 주의해야 한다.

계하는 것(497조), 압류 또는 가압류명령을 받은 제3채무자가 그 이후 취득한 채권으로 상계하는 것(498조), 질권이 설정된 채권에 대하여 상계하는 것[334], 사용자는 전차금이나 그 밖에 근로할 것을 조건으로 하는 전대채권과 임금을 상계하지 못한다(근로기준법 21조).

라. 상계적상의 현존과 그 예외

위와 같은 상계의 요건은 상계의 의사표시 당시에 존재하고 있어야 한다. 그런데 소멸시효의 경우 예외가 인정된다. 상대방의 채무가 소멸시효 완성에 의하여 소멸된 경우라도 소멸시효 완성 전에 상계할 수 있었던 것이면 상계를 할 수 있다(495조).

마. 채권양도와 상계 : 상계권 남용의 문제

상계의 대상이 되는 채권은 상대방과 사이에서 직접 발생한 채권에 한하는 것이 아니라, 제3자로부터 양수받은 채권으로 상계하는 것도 가능하다. 그런데 이를 무한정 허용하면 오히려 불공평한 결과가 초래될 수도 있다. 예를 들어 자력이 충분한 채무자가 자신의 채무를 면하기 위하여 사실상 부도 상태인 채권을 헐값에 양수하여 상계를 하는 것은 공정하지 못하고, 공평을 추구하는 상계제도의 취지에 배치된다. 판례도 이러한 경우에는 상계권 행사가 권리남용에 해당하여 허용되지 않는다고 하며, 그 경우 일반적인 권리 남용의 경우에 요구되는 주관적 요건[335]을 필요로 하지 않는다고 하였다.[336]

---

334) 채권에 질권이 설정되면 지급금지의 효력이 발생되므로 제498조에 준하여 상계가 금지된다고 해석할 수 있다.

335) 일반적인 경우 권리행사의 목적이 주관적으로 상대방에게 고통을 주고 손해를 입히려는 데 있어야 권리남용으로 인정될 수 있다.

3. 상계의 방법

상계는 상대방에 대한 의사표시로 하는데, 그 의사표시에는 조건 또는 기한을 붙이지 못한다(493조①). 상계의 의사표시는 재판 외에서 할 수도 있고, 재판에서 할 수도 있다. 각 채무의 이행지가 다른 경우에도 상계할 수 있으나, 그로 인한 손해를 배상하여야 한다(494조).

4. 상계의 효과

가. 채무의 소멸

상계의 의사표시가 있으면 각 채무가 상계할 수 있는 때에 대등액에 관하여 소멸한 것으로 본다(493조②). 즉, 상계의 의사표시를 한 때를 기준으로 하여 채무를 소멸시키는 것이 아니라 상계적상이 있었던 때를 기준으로 하여 채무를 소멸시키며 채무소멸의 효과도 상계적상이 있었던 때에 소급하여 발생한 것으로 보는 것이다. 그런데 이는 과거에 상계적상이 있었다고 하여 현재 상계적상이 없어도 상계의 의사표시를 할 수 있다는 뜻이 아니라는 점을 주의해야 한다. 상계의 의사표시 당시에도 상계적상이 있어야 하고, 상계의 효력발생만 최초에 상계적상이 있었던 때에 소급한다는 의미이다.

---

336) 대법원 2003. 4. 11. 선고 2002다59481 판결.

나. 변제충당에 관한 규정의 준용

변제충당에 관한 제476조 내지 제479조는 상계에 관하여 준용된다.

Ⅵ. 경개

第500條 (更改의 要件, 效果)
當事者가 債務의 重要한 部分을 變更하는 契約을 한 때에는 舊債務는 更改로 因하여 消滅한다.

第501條 (債務者變更으로 因한 更改)
債務者의 變更으로 因한 更改는 債權者와 新債務者間의 契約으로 이를 할 수 있다. 그러나 舊債務者의 意思에 反하여 이를 하지 못한다.

第502條 (債權者變更으로 因한 更改)
債權者의 變更으로 因한 更改는 確定日字있는 證書로 하지 아니하면 이로써 第三者에게 對抗하지 못한다.

第503條 (債權者變更의 更改와 債務者承諾의 效果)
第451條 第1項의 規定은 債權者의 變更으로 因한 更改에 準用한다.

第504條 (舊債務不消滅의 境遇)
更改로 因한 新債務가 原因의 不法 또는 當事者가 알지 못한 事由로 因하여 成立되지 아니하거나 取消된 때에는 舊債務는 消滅되지 아니한다.

第505條 (新債務에의 擔保移轉)
更改의 當事者는 舊債務의 擔保를 그 目的의 限度에서 新債務의 擔保로 할 수 있다. 그러나 第三者가 提供한 擔保는 그 承諾을 얻어야 한다.

1. 의의 · 요건

경개는 채무의 중요한 부분을 변경함으로써 신채무를 성립시키는 동시에 구채무를 소멸시키는 계약이다. 채무의 중요한 부분이 변경되어야 하므로 신 · 구채무 사이에 동일성이 없는 경우에만 경개로 인정된다. 경개, 대물변제, 대물변제예약은 매우 유사하여 구별하기 어려운 경우도 있는데, 예를 들어 구별하자면 다음과 같다. 원래의 채무는 1억원을 지급하는 것이라고 할 때, ① 당사자들의 계약에 의하여 1억원 지급의무를 소멸시키는 동시에 아파트의 소유권을 이전할 의무를 발생시키는 것은 경개이고, ② 실제로 아파트의 소유권을 이전하면서 그 대신 1억원 지급의무는 소멸시키는 것은 대물변제이며[337], ③ 변제기에 1억원을 갚지 못하면 채권자는 채무자에게 1억원 대신 아파트의 소유권 이전을 청구할 수 있다고 약정하는 것은 대물변제의 예약이다.[338]

위와 같이 동일 당사자 사이에서 구채무를 소멸시키고 신채무를 성립시키는 경우가 경개의 전형적인 모습이지만 당사자가 변경되는 경개도 가능하다. 채무자 변경을 포함하는 경개[339]는 채권자와 신채무자간의 계약으로 할 수 있지만, 구채무자의 의사에 반하여 하지는 못한다(501조). 채권자 변경을 포함하는 경개는 형태상 채권양도의 경우와 유사하므로[340], 채권양도와 유사한 규정을 두고 있

337) 이 경우 현실적으로 아파트 소유권이 이전되고 있다는 점에서 경개와 다르다.

338) 이 경우 1억원 지급의무가 약정과 동시에 소멸되지는 않는다는 점에서 경개와 다르다.

339) 법문의 표현은 '채무자 변경으로 인한 경개'이지만 채무자와 채권 내용이 모두 변경될 수도 있으므로 위와 같이 표현하였다.

다. 그리하여 채권자 변경을 포함하는 경개는 확정일자 있는 증서로 하지 아니하면 제3자에게 대항하지 못하며, 채무자가 이의를 보류하지 아니하고 경개를 승낙한 때에는 구채권자에게 대항할 수 있는 사유로써 신채권자에게 대항하지 못한다(451조① 준용).

2. 효과

가. 일반론

경개에 의하여 구채무는 소멸되고 신채무가 성립된다. 구채무의 소멸은 신채무의 성립을 전제로 하는 것이므로, 경개로 인한 신채무가 원인의 불법 또는 당사자가 알지 못한 사유로 인하여 성립되지 아니하거나 취소된 때에는 구채무는 소멸되지 아니한다(504조). 경개에 의하여 성립된 신채무와 구채무는 동일성이 없으므로, 구채무에 관한 담보물권, 보증 등은 모두 소멸되는 것이 원칙이다. 그러나 당사자의 합의에 의하여 구채무의 담보를 신채무의 담보로 할 수는 있다(505조 본문). 그러나 구채무에 관하여 제3자가 제공한 담보는 그의 승낙을 얻어야 신채무의 담보로 할 수 있다(505조 단서).

나. 경개계약의 해제가 가능한지 여부

경개계약은 신채권이 성립함으로써 그 효과가 완결되므로 경개계약 자체의 이행의 문제는 발생할 여지가 없다. 따라서 경개에 의하여 성립된 신채무의 불이행을 이유로 경개계약을 해제할 수는 없다는 것이 판례이다.[341] 다만, 위 판결은 계약자유의 원칙상 경

340) 다만, 신·구채무의 동일성이 없다는 점에서 채권양도와 구별된다.
341) 대법원 2003. 2. 11. 선고 2002다62333 판결.

개계약의 성립 후에 그 계약을 합의해제하여 구채권을 부활시키는 것은 적어도 당사자 사이에서는 가능하다고 하였다.

Ⅶ. 면제

第506條 (免除의 要件, 效果)
債權者가 債務者에게 債務를 免除하는 意思를 表示한 때에는 債權은 消滅한다. 그러나 免除로써 正當한 利益을 가진 第三者에게 對抗하지 못한다.

면제는 채권자가 채무자에 대한 그의 채권을 무상으로 소멸시키는 단독행위이다. 면제는 채권자가 채무자에 대하여 일방적인 의사표시로 한다. 채권자가 면제를 하기 위해서는 그 채권에 관한 처분권한이 있어야 하므로, 채권이 압류 또는 가압류된 경우에는 면제를 할 수 없다. 채권이 질권의 목적으로 되어 있는 경우에도 면제를 할 수 없다.

Ⅵ. 혼동

第507條 (混同의 要件, 效果)
債權과 債務가 同一한 主體에 歸屬한 때에는 債權은 消滅한다. 그러나 그 債權이 第三者의 權利의 目的인 때에는 그러하지 아니하다.

혼동은 채권과 채무가 동일인에게 귀속하는 것을 말한다. 채무자가 상속, 채권양도 등에 의하여 채권을 취득하는 경우에 발생될 수 있다. 혼동이 있으면 원칙적으로 채권이 소멸되지만 채권의 존속을 인정해야 할 정당한 이익이 있으면 혼동으로 소멸되지 않는다. 예를 들어 해당 채권이 제3자의 권리의 목적이 된 경우, 즉 제3자가 해당 채권을 가압류하거나, 그 채권에 관하여 질권이 설정된 경우에는 채권이 소멸되지 않는다. 한편, 채무자의 이익을 위해서 혼동을 부인해야 하는 경우도 있다. 예를 들어 대항력 있는 주택임차인이 임대인으로부터 그 주택을 매수하여 소유권을 취득한 경우에 만약 주택임대차보다 후순위의 저당권자가 있다면 주택임차권은 혼동으로 소멸되지 않아야 한다. 만약 위 주택이 경매된다면 주택임차인이 저당권자보다 앞서서 배당을 받아야 하는데, 혼동으로 주택임차권이 소멸된다면 그 주택임차인은 저당권자보다 후순위가 되어 불리해지기 때문이다.

제 8 장

증권적 채권

Ⅰ. 지시채권

第508條 (指示債權의 讓渡方式)
指示債權은 그 證書에 背書하여 讓受人에게 交付하는 方式으로 讓渡할 수 있다.

第509條 (還背書)
① 指示債權은 그 債務者에 對하여도 背書하여 讓渡할 수 있다.
② 背書로 指示債權을 讓受한 債務者는 다시 背書하여 이를 讓渡할 수 있다.

第510條 (背書의 方式)
① 背書는 證書 또는 그 補充紙에 그 뜻을 記載하고 背書人이 署名 또는 記名捺印함으로써 이를 한다.
② 背書는 被背書人을 指定하지 아니하고 할 수 있으며 또 背書人의 署名 또는 記名捺印만으로 할 수 있다.

第511條 (略式背書의 處理方式)

背書가 前條 第2項의 略式에 依한 때에는 所持人은 다음 各號의 方式으로 處理할 수 있다.

1. 自己나 他人의 名稱을 被背書人으로 記載할 수 있다.
2. 略式으로 또는 他人을 被背書人으로 表示하여 다시 證書에 背書할 수 있다.
3. 被背書人을 記載하지 아니하고 背書없이 證書를 第三者에게 交付하여 讓渡할 수 있다.

第512條 (所持人出給背書의 效力)

所持人出給의 背書는 略式背書와 같은 效力이 있다.

第513條 (背書의 資格授與力)

① 證書의 占有者가 背書의 連續으로 그 權利를 證明하는 때에는 適法한 所持人으로 본다. 最後의 背書가 略式인 境遇에도 같다.

② 略式背書 다음에 다른 背書가 있으면 그 背書人은 略式背書로 證書를 取得한 것으로 본다.

③ 抹消된 背書는 背書의 連續에 關하여 그 記載가 없는 것으로 본다.

第514條 (同前-善意取得)

누구든지 證書의 適法한 所持人에 對하여 그 返還을 請求하지 못한다. 그러나 所持人이 取得한 때에 讓渡人이 權利없음을 알았거나 重大한 過失로 알지 못한 때에는 그러하지 아니하다.

第515條 (移轉背書와 人的抗辯)

指示債權의 債務者는 所持人의 前者에 對한 人的關係의 抗辯으로 所持人에게 對抗하지 못한다. 그러나 所持人이 그 債務者를 害함을 알고 指示債權을 取得한 때에는 그러하지 아니하다.

第516條 (辨濟의 場所)

證書에 辨濟場所를 定하지 아니한 때에는 債務者의 現營業所를 辨濟場所로 한다. 營業所가 없는 때에는 現住所를 辨濟場所로 한다.

第517條 (證書의 提示와 履行遲滯)
證書에 辨濟期限이 있는 境遇에도 그 期限이 到來한 後에 所持人이 證書를 提示하여 履行을 請求한 때로부터 債務者는 遲滯責任이 있다.

第518條 (債務者의 調査權利義務)
債務者는 背書의 連續與否를 調査할 義務가 있으며 背書人의 署名 또는 捺印의 眞僞나 所持人의 眞僞를 調査할 權利는 있으나 義務는 없다. 그러나 債務者가 辨濟하는 때에 所持人이 權利者 아님을 알았거나 重大한 過失로 알지 못한 때에는 그 辨濟는 無效로 한다.

第519條 (辨濟와 證書交付)
債務者는 證書와 交換하여서만 辨濟할 義務가 있다.

第520條 (領收의 記入請求權)
① 債務者는 辨濟하는 때에 所持人에 對하여 證書에 領收를 證明하는 記載를 할 것을 請求할 수 있다.
② 一部辨濟의 境遇에 債務者의 請求가 있으면 債權者는 證書에 그 뜻을 記載하여야 한다.

第521條 (公示催告節次에 依한 證書의 失效)
滅失한 證書나 所持人의 占有를 離脫한 證書는 公示催告의 節次에 依하여 無效로 할 수 있다.

第522條 (公示催告節次에 依한 供託, 辨濟)
公示催告의 申請이 있는 때에는 債務者로 하여금 債務의 目的物을 供託하게 할 수 있고 所持人이 相當한 擔保를 提供하면 辨濟하게 할 수 있다.

지시채권은 특정인 또는 그가 지시한 자에게 변제하여야 하는 증권적 채권이다. 어음, 수표, 화물상환증, 창고증권, 선하증권 등이 지시채권의 예이다. 예를 들어 약속어음에는 "○○○귀하, 금 ₩1,000,000, 위 금액을 귀하 또는 귀하의 지시인에게 이 약속어음과 상환하여 지급하겠습니다."라는 문구가 기재되어 있다. 지시채권은 증서에 배서하여 양수인에게 교부하는 방식으로 양도한다. 주의할 점은 지시채권에서 배서, 교부는 채권양도의 대항요건이 아니라 성립요건이라는 점이다. 따라서 배서, 교부가 없으면 당사자 사이에서도 채권양도가 일어나지 않는다. 지시채권에 관하여는 어음법, 수표법, 상법 등이 적용되며 민법이 적용되는 지시채권은 사실상 없다.

Ⅱ. 기타의 증권적 채권

第523條 (無記名債權의 讓渡方式)
無記名債權은 讓受人에게 그 證書를 交付함으로써 讓渡의 效力이 있다.

第524條 (準用規定)
第514條 乃至 第522條의 規定은 無記名債權에 準用한다.

第525條 (指名所持人出給債權)
債權者를 指定하고 所持人에게도 辨濟할 것을 附記한 證書는 無記名債權과 같은 效力이 있다.

第526條 (免責證書)
第516條, 第517條 및 第520條의 規定은 債務者가 證書所持人에게 辨濟하여 그 責任을 免할 目的으로 發行한 證書에 準用한다.

무기명채권은 채권자를 지정하지 않고 증서의 소지인에게 변제하는 증권적 채권이다. 상품권이나 양도성예금증서는 무기명채권의 대표적인 예이다. 무기명채권은 증서를 교부하는 방식으로 행하며 배서는 필요 없다. 지명소지인출급채권은 특정인 또는 증서의 정당한 소지인에게 변제하는 증권적 채권이다. 효력은 무기명채권과 같다. 면책증서 또는 면책증권은 소지인에게 변제하면 만약 그 소지인이 진정한 권리자가 아닌 경우에도 채무자가 선의이면 면책되는 증서이다. 면책증서는 유가증권이 아닌 단순한 자격증서로 분류된다.

찾아보기

[ㅊ]

[ㅌ]

[ㅎ]

[저자 약력]

• 김봉수

서울대학교 법과대학 졸업

제38회 사법시험 합격

사법연수원 제28기 수료

공익법무관(대한법률구조공단 근무)

창원지방법원 판사

변호사

현, 성신여자대학교 법학과 부교수

채권총론

2020년 3월 10일 중판인쇄

2020년 3월 15일 중판발행

저 자 김 봉 수

발행인 유 성 열

발행처 청목출판사

서울특별시 영등포구 신길로 40길 20

전화 (02) 849-6157(代) · 2820 / 833-6091

FAX (02) 849-0817

등록 제318-1994-000090호

파본은 바꾸어 드립니다.

값 17,000원

http : //www.chongmok.co.kr

ISBN 978-89-5565-329-8